내 마음 속에는 무엇이 들어 있을까?

최정민

박영story

아들은 왜 수업 시간에 집중하지 못할까?

몇 해 전, 아이들 학교에서 학부모 초청 공개수업이 있었다. 아내가 수업을 참관하러 가자고 말해 "공개수업에 엄마가 다녀가면 됐지, 굳이 아빠까지 가야겠냐?"라고 대답했다. 그러자 아내는 "요즘은 아빠들도 공개수업에 많이 와! 그리고 아빠와 엄마가 함께 다녀가면 '선생님이 부모가 민준이한테 관심이 많은가 보다'라고 생각하지 않을까?"라고 말했다. 가만 생각해 보니 아내 말이 일리가 있었다. 그래도 참석하는 게 내키지 않아 수업이 조절되는지, 그리고 주위 상황을 봐서 결정하겠다고 말해두었다.

때마침 수업 조정이 가능했기에 '애들 얼굴만 보고 와야겠다'라는 생각으로 아이들 학교로 향했다. 교실에 올라가니 아내가 이미 와 있었다. 아내와 함께 아들과 딸이 수업하는 교실을 둘러보았다. 초등학교 4학년인 딸의 교실에서는 선생님이 질문하고 아이들은 대답하는 방식으로 수업이 진행되고 있었다. 선생님의 질문에 아이들은 노래를 부르듯 한목소리로 교과서를 읽었다. 지저귀는 새들처럼 선생님의 지휘에 맞춰 합창하는 듯한 아이들을 보니 귀엽기도 하고 사랑스럽기도 했다. 교실 뒤에 서서, 아이들의 사진과 동영상을 찍고 있는데, 계속해서 웃음이 흘러나왔다. 수업에 참여하고 있는 아이들이 행복해 보여 기분이 좋았다.

아들의 교실에서는 4명을 한 조로 모둠 수업이 진행되고 있었다. 선생님은 다양한 예시를 활용하여 열정적으로 수업을 하고 있었다. 아이들의 눈은 반짝거렸고 선생님은 노련했다.

그런데, 특이한 행동을 하는 아이가 눈에 들어왔다. 그 아이는 필통 지퍼에 매달려 있는 고리에 집게손가락을 넣고서 필통을 빙글빙글 돌리고 있었다. 설마 했는데, 한눈에 보아도 아들인 것을 알 수 있었다. 아들은 선생님이 수업을 진행하는 바로 앞자리에 앉아서 천연덕스럽게 필통을 돌리고 있었다. 학부모들이 수업을 지켜보고 있는데도 아랑곳하지 않았다. 선생님은 학부모님들 앞에서 아이에게 야단을 치기도, 그렇다고 무시하기도 힘들었을 것이다.

선생님은 아들에게 눈길을 두어 번 주었지만, 아들은 선생님과 시선을 마주치지도 않았다. 아들은 수업과는 전혀 관계없이 하던 일에만 집중했다. 선생님은 아들의 행동을 무시하기로 했는지 더는 바라보지 않았다. 아들의 행동을 지켜보고 있는 내가 화가 날 지경이었다. 그렇다고 수업 중에 선생님의 수업을 방해해가며 아들에게 주의를 줄 수도 없고… 참으로 난감했다. 이런 내 마음을 아는지 모르는지 아들은 수업이 끝날 때까지 필통을 계속해서 돌리고 있었다.

나는 더 이상 그 모습을 지켜보기가 힘들어 방명록에 이름을 적고는 학교를 빠져나왔다. 다른 때도 아니고 선생님에게 가장 중요한 공개수업 시간에, 아들은 수업에 전혀 집중하지 못한다. 학부모 공개수업이라는 특별한 날에도 수업에 관심이 없는데, 평소의 우리 아들은 학교에서 어떻게 지낼까?

직장으로 돌아오는 동안 머리가 아팠다. 아들이 왜 저런 행동을 하는지 도저히 이해할 수 없었다. '왜 우리 아들만 저런 행동을 할까?' '내가 가정교육을 잘못시켰나?' '아들에게 무슨 문제라도 있나?' 별의별 생각이 다 들었다.

한참 동안 아들 생각을 하다가 '나는 초등학교 때 어떻게 지냈지?'라는 질문이 문뜩 떠올랐다.

"착하고 근면한 자질을 갖추고 있으나 장난이 심해 한 곳에 집중하지 못함"
"선생님이 지시하는 것을 잘 따르는 편이나 장난이 심해 학업에 지장이 있음"
"학급 부반장으로 리더의 자질은 있지만, 장난이 심함"

초등학교 때 성적표의 행동 특성 및 종합의견에 기록된 내용이다. 기억에 의존한 내용이라 정확히는 알 수 없지만, '장난이 심하다'라는 말이 거의 매년 반복되었다. 엄마는 내가 성적표를 받아오면 어김없이 "학교에서 장난 좀 치지 마라"라고 나무라셨다. 그렇기에 오래된 일임에도 '내가 장난이 심한 아이'였다는 것을 지금도 생생하게 기억한다.

엄마는 말 잘 듣고 착한 내가 학교에만 가면 달라지는 것을 이해할 수가 없었던 것 같다. 친구들을 괴롭히거나 나쁜 행동을 하는 것은 아니었지만, 어쨌든 집과 학교에서의 행동이 완전히 다른 나를 이상하게 생각하셨던 것 같다.

생활기록부에는 웬만해서는 단점을 기록하지 않는데, 담임 선생님마다 '내가 장난이 심하다'라고 기록해놓은 걸 보면, 도대체 나는 장난이 얼마나 심했던 것일까? 어른들의 말씀을 잘 듣는 내가 왜 그렇게 초등학교 시절에는 노는 데에만 정신이 팔렸을까?

그 시절, 대답하지 못했던 이 질문에 지금은 정확하게 응답할 수 있다. 나는 별난 아이도, 이상한 아이도 아니었다. 내가 친구들과 장난치고 노는 데에만 빠져 있던 이유는 '아버지의 영향'이 컸다. 지나치게 엄격하고 무서운 아버지로 인해 잔뜩 웅크리고 억눌린 아이의 감정이 학교를 다니면서 폭발해버렸기 때문이다.

학교는 나에게 천국과도 같았다. 마산으로 이사를 온 후에 아는 사람

하나 없던 나에게 친구를 선물해주었고, 뛰어놀 수 있는 운동장과 숨 쉴 공간도 마련해주었다. 집에서는 예상치 못한 순간에 폭발하는 아버지 때문에 내 마음이 쉴 수가 없었는데, 학교에서는 그렇지 않았다.

결국 내가 초등학교 시절에 정신없이 뛰어놀았던 이유는 아버지에게 억압된 마음을 풀어내기 위해서였다. 억눌린 자아를 친구들과 놀면서 달래기 위해서였다. 당연히 공부는 뒷전이었다. 고삐 풀린 망아지처럼, 천방지축으로 뛰어다니며 친구들과 장난치고 노는 데에만 집중했다.

선생님은 놀기에 미쳐 있는 나를 이상하게 생각했을 것이다. 교실에서 공놀이하고, 복도를 뛰어다니던 나를 요즘으로 말하자면, ADHD(주의력결핍 과잉행동장애)가 있는 학생으로 보았을지도 모른다. 생활기록부에 '장난이 심하다'라는 말이 공통으로 쓰여 있는 이유를 이제는 이해할 수 있다.

다시 공개수업을 받던 우리 아들 얘기로 돌아가보자. 어린 시절, 나의 상처받은 내면아이가 마음 줄 곳을 찾지 못해 친구들과 정신없이 어울려 다녔던 것처럼, 우리 아들도 나와 같은 이유로 수업 시간에 필통을 돌리고 있었는지 모른다. 아버지가 그랬던 것처럼, 나 역시 아들의 마음을 공감해주지 못해서, 아들과 친밀한 관계를 맺지 못해서 아이는 학교에서 방황하고 있다.

어린 시절의 내 모습과 아들의 현재 모습을 비교해보면, 나의 양육 방식이 아버지와 크게 다른 것이 없다는 것을 깨닫는다. 아버지와 달리 아이들에게 좋은 아빠가 되고 싶은데, 나 또한 아버지의 모습을 내면화해서 똑같은 상처를 아이에게 내려보내고 있다.

그러고 보니 지금 내가 겪고 있는 문제의 대부분은 아버지와 관련되어 있다. 어린 시절, 아버지에게 받은 상처를 지금 내가 있는 곳으로 가지고 와서 끔찍했던 과거의 경험을 재현하며, 그 당시에 마주했던 혼란스러운 감정에서 벗어나지 못하고 있다.

그 혼란스러운 감정의 원인이 무엇인지, 어떻게 대처해야 하는지를 몰라 마음이 힘들고 부대낀다. 힘없고 약한 시절에 억울하게 아버지에게 당할 때의 무기력감, 비참함, 부끄러움, 모욕감과 같은 수치스러운 감정들이 나를 뒤흔들고 있다.

그런 몸에 밴 상처로 인하여 지금도 주위에서 아버지처럼 자기 생각만 하고, 화를 내듯이 큰 소리로 말하는 사람을 보면, 심장이 벌렁거린다. 강압적이고 지배적인 사람을 만나면, 나도 모르게 위축되고 숨이 막힌다. 딱히 내 잘못이 아닌데도, 상대방이 무언가를 강하게 주장하면 왠지 내 책임인 것 같아 당당하게 대응하지도 못한다.

상대방에게는 아무것도 아닌 것처럼 쿨하게 양보해놓고서 마음속으로는 후회한다. 직장에서 업무와 관계된 일로 선생님과 협업할 때, 쉽게 주도권을 넘겨준다. 내가 먼저 결정해도 될 것을 상대에게 양보한다. 내가 결정하는 것보다 상대가 주도하는 것이 익숙하고 상대의 결정을 따르는 것이 안전하다고 여기는 나의 무의식 때문이다.

사람들은 나를 착하다고 말하지만, 그 이면에는 내 주장도 못하고, 너무 빨리 포기하고, 너무 답답하다는 성격상의 단점이 숨어 있다. 성격이라고 말했지만, 정확하게 말하면 아버지의 통제에 철저히 길들여진 상처받은 내면아이의 모습이다. 착한 사람이라는 인상을 상대에게 심어줘서 상대가 나를 떠나지 못하게 조종하려는 나의 생존전략이다.

M. 스캇펙은 《아직도 가야 할 길》에서 인생에서 부딪치는 크고 작은 문제에 대해 이렇게 말했다. "문제란 사라지지 않는다. 문제는 부딪쳐서 해결하지 않으면 그대로 남아 있어서 영혼의 성장과 발전에 영원히 장애가 된다."

나는 지금까지 내 인생에 문제가 있다는 것을 알고 있었지만 이를 대면하는 것을 피해왔다. 좀 더 정확하게 말하자면 대면할 용기가 없어서 문제로부터 도망쳐 다녔다고 말하는 것이 옳을 것이다. 시간이 지나면 문제가 저절로 없어지거나 축소될 것이라고 믿었다. 또 나이가 들면 내가 현명해져서 어려운 일도 잘 대처해나갈 것이라며 문제를 회피해

왔다.

부끄러운 이야기지만 나는 아버지와 관련된 문제를 해결하려고 노력한 적이 한 번도 없다. 가족과 관련된 문제에만 부딪치면 이상하게도 '내가 개선할 수 있는 일은 아무것도 없다'라는 어린 시절의 분별력 없는 패턴을 무의식적으로 반복하였다. 아버지를 설득할 자신이 없었기에, 그리고 아버지의 사랑이 사라질지도 모른다는 두려움 때문에, 아무것도 하지 않고서 문제에서 눈을 감아버렸다.

스캇펙의 말대로 인생의 어려운 문제는 부딪쳐서 해결해야 한다. 이 말을 나에게 적용해보면, 내 삶의 가장 어두운 면인 아버지와의 관계를 들여다보아야 한다는 말이 될 것이다. 이제는 내 삶의 가장 큰 목적 중 하나는 바로 '우리 가족에게 흐르는 내면의 상처 덩어리를 끊어내는 것'이라는 것을 안다. 그렇기에 나는 아버지의 영향에서 벗어나고 싶다고 울부짖는 내면아이의 외침에 귀를 기울이고자 한다. 내 마음 깊은 곳에 밀어 넣었던 상처를 들여다본 후에 나도 모르게 형성된 낮은 자존감과 부정적인 자아상, 당당하지 못한 내 모습을 개선하려고 한다.

어린 시절에는 부모에게 일방적으로 당할 수밖에 없었지만, 지금은 그렇지 않다. 지금의 나 자신을 응원하고 지지하는 것처럼, 어린 시절에 방황하던 내면아이를 응원하고 지지해줄 수 있다. 그 시절의 답답하고, 힘들고, 지치고, 울적한 나를 만나 그 아이를 안아주고 달래줄 수 있다. 무엇보다 그를 위해 울어줄 수 있다. 상처받은 나의 내면아이는 더 이상 혼자가 아니기 때문이다.

이 책에 아버지의 상처를 끊어내기 위해 지금까지 몸부림쳤던 과정을 담았다. 어린 시절의 상처를 대면하고 이를 어루만지고 나의 과거와 화해하는 과정을 담았다. 처음 아버지와 대면할 때는 커다란 사건 몇 개만 생각났는데, 상처를 대면하고 치유하고 나면 신기하게도 새로운 상처가 떠오른다. 그동안 마주치기 두려워 기억 저편에 밀어넣었던 상처일 것이다. 내가 상처를 마주할 준비가 되니 잊어버린 줄만 알았던 상처가 자기도 봐달라고 하나씩 찾아오는 것 같다.

그 상처까지도 깨끗하게 처리해서 일상의 고통으로부터 자유로워지라는 나의 무의식의 메시지가 아닐까?

이 책이 가부장적이고 권위적인 부모로부터 상처받은 사람들에게 작은 위로가 되고, 독자들의 인생길에 힘과 용기가 되었으면 좋겠다. 자신의 상처를 돌아보고, 그 상처를 껴안으며, 일상에서 되풀이되는 상처를 극복하는 데 도움이 되면 좋겠다. 또한 부모를 대면하기 힘들어하는 사람들에게 신선한 자극이 되어 가족관계에 작은 혁명이 일어나기를 기대한다.

contents

차 례

CHAPTER 03

아이를 통해 삶을 배우다

CHAPTER 04

불쑥 찾아오는 상처들

여행을 떠날 각오가 되어 있는 사람만이
자신을 묶고 있는 속박에서 벗어날 수 있다.

– 헤르만 헤세

CHAPTER 01

나를 알고 싶어요

나를 알고 싶어요

여행이 주는 선물

어린아이의 눈에 보이는 세상은 온갖 신기한 것들로 가득 차 있다. 학원도 과외도 없던 시절의 꼬맹이들에게는 마음껏 뛰어노는 특권이 허용되었다. 요즘처럼 스마트폰이나 놀이터도 없던 시절이지만, 나는 세상의 모든 것을 장난감 삼아 친구들과 휩쓸며 다녔다.

친구들은 모이기만 하면 술래잡기, 구슬놀이, 딱지치기, 연날리기, 비석치기, 진놀이, 오징어 만세, 개뼈다귀 등의 놀이를 했다. 짝이 맞지 않거나 노는 것이 지겨울 때는 즉흥적으로 새로운 놀이를 만들었다. 계절의 변화에 맞춰 메뚜기, 잠자리, 올챙이, 가재, 물고기 등을 잡으러 산으로 들로 다녔다.

밖에서 뛰노는 것이 어찌나 재미있던지 시간 가는 줄을 몰랐다. 주위가 어둑해져 친구들이 집으로 돌아갈 무렵에서야 '벌써 저녁인가?'라는 아쉬운 마음으로 발걸음을 돌리곤 했다. 요즘 같으면 친구들과 《뽀로로》의 주제곡인 '노는 게 제일 좋아. 친구들 모여라'를 날마다 열창하며 동네방네를 돌아다녔을 것이다.

그것이 오늘날까지 이어져 나는 캠핑과 같은 아웃도어 활동을 즐기고, 여행과 모험을 좋아한다. 나에게 있어서 캠핑은 한마디로 어린 시절의 재현이다. 가족과 야외로 나가 자연의 아름다움을 감상하고, 계곡물에 발을 담그고, 물고기를 잡는 일은 너무나 소중한 순간이다. 밤에는 이글이글 타오르는 화롯불에 고기를 구워 먹고 모닥불을 피운다. 캠프파이어로 몸을 따뜻하게 데우고 밤하늘에 떠있는 수많은 별을 바라보며 고구마를 구워 먹는다. 이 재미를 무엇과 비교할 수 있을까. 아이들에게 자연과 함께할 기회를 제공하는 것만으로도 캠핑의 가치는 충분하다.

이런 캠핑에도 즐거움만 가득한 것은 아니다. 텐트 장비를 아파트에서 차로 옮기고, 옮긴 용품들을 트렁크에 쑤셔 넣고, 캠핑장에 도착해서 텐트를 친다. 다음 날 아침, 다시 이 장비들을 역순으로 거둬들인 후 집으로 돌아오는 과정은 즐거움과는 완전히 다른 이야기이다. 단지 1박 2일의 즐거움을 위해 치러야 하는 대가가 만만치 않다.

게다가 내 차는 트렁크 공간이 일반 차량의 절반도 안 되는 LPG 차량이다. 캠핑 장비를 트렁크에 하나씩 쌓아 올리다가 쌓을 공간이 부족하면, 루프백에 짐을 올리고 그래도 부족하면, 다시 장비를 꺼내어 또다시 쌓기를 반복해야 한다. 마치 테트리스에서 효율적인 공간을 사용하지 못하면 더는 게임을 진행할 수 없는 것과 비슷한 원리이다. 이렇게 힘든 것을 알지만 캠핑을 가야만이, 나의 영혼이 숨을 쉬고 충전되는 이유를 그때는 알지 못했다.

캠핑이 어린 시절의 향수를 가져다주었다면 여행은 일상에서의 해방감을 맛보게 해주었다. 특히 해외여행은 진정한 자유와 설렘을 선물해주었다. 어디서 나오는지 알 수 없었지만, 나는 해외로 갈 때마다 에너지가 넘쳐났다. 낯선 곳에서의 흥분과 새로운 문화가 주는 설렘은 그 무엇과도 바꿀 수 없는 보물이었다. 많은 것을 보고 싶은 욕심에 온종일 돌아다녀도 나의 에너지는 고갈되지 않았다. 아마도 호기심이라는 에너지가 나를 원자로처럼 재충전시켰기 때문일 것이다. 무기력하고 소극적이던 아이가 스릴을 즐기는 열정적인 소년으로 변하는 순간이다.

어린 시절, 외국에서 살고 싶다는 꿈을 꾸었다. 무엇 때문인지는 몰라도 그냥 외국에서 사는 것이 재미있을 것 같았다. 외국에서 살면 '그 누구의 간섭도 받지 않고 내가 원하는 것을 자유롭게 할 수 있지 않을까?'라는 막연한 생각을 했던 것이다. 실제로 외국에서 사는 꿈을 실현하지는 못 했지만 나는 틈만 나면 외국으로 향했다. 경제적인 문제는 중요하지 않았다. 이런저런 이유를 따졌다면 해외로 나다니기가 쉽지 않았을 것이다.

2011년도에 교육청에서 주최한 영어집중 연수 프로그램에 참여한 적이 있다. 반 편성을 위한 인터뷰에서 캐나다 출신의 원어민 선생님은 이런 질문을 했다.

"If you could do anything right now, what do you want to do?"

나는 잠시 생각하다가 대답했다.

"Well, Mm. I'm going to travel around the world. Because, I just want to enjoy the God's creation of the world."

집으로 돌아가는 길에 내가 했던 말을 곰곰이 생각해보았다. 평소에 즐겨 듣던 조엘 오스틴 목사님의 설교 말씀 중 일부가 불쑥 튀어나와 놀라기도 했지만, 무엇보다 내 마음속에 꿈틀대고 있던 생각을 제대로 표현한 것 같아 뿌듯하기도 했다. 면접관으로 참석한 원어민 선생님도 나의 대답이 인상적이었는지 내가 답변할 때 'wow' 하고 감탄사를 연발하였다.

그날의 면접 이후 해외여행에 대한 갈증은 점점 더 간절해졌다. 사실 영어집중 연수 프로그램에 지원한 이유도 미국에서 1달 동안 생활하며 현지의 살아 있는 영어와 문화를 배울 수 있기 때문이었다. '미국에서 생활하며 영어를 배운다' 이 얼마나 멋지고 좋은 기회인가? 항상 꿈꿔왔던 일이 실현되는 순간이다.

그러면서 '나는 왜 그렇게 외국에서 살고 싶은 열망이 이토록 강할까?'라는 생각을 해보았다. 가만 보면 여행을 좋아하는 사람은 많아도 외국에서 살고 싶은 열망이 나처럼 강한 사람은 많지 않다는 게 이상했기 때문이다.

무엇이 나를 낯선 곳으로 끌어당기는 걸까?

나는 오랫동안 그 이유를 알지 못했다. 그저 '내가 여행을 좋아하기 때문이겠지'라는 잠정적인 결론을 내릴 뿐이었다. 그런 생각을 하던 중, 캠핑과 해외여행이 내 인생에서 어떤 의미를 지니는지 알게 되었다. 그것은 바로 아버지의 억압과 통제에서 벗어나고자 하는 내 안의 아우성 때문이었다.

어린 시절, 나는 아버지가 너무나 무서웠다. 아버지가 언제 소리를 지를지, 무슨 이유로 때릴지, 두려운 마음에 늘 떨고 있었다. 아버지 마음에 들지 않으면 무슨 일을 당할지 몰랐기에 나는 아버지가 원치 않는 행동은 최대한 하지 않으려고 했다. 당연히 집 안에서의 행동은 제약이 많았고 불편할 수밖에 없었다.

그랬기에 나는 숨 쉴 공간을 찾아 틈만 나면 밖으로 나갔다. 그곳에는 아버지의 고함이나 폭력은 존재하지 않았다. 친구들과 뛰어놀며 자유를 누릴 수 있는 바깥세상은 나에게는 천국과도 같았다. 나는 시간 가는 줄도 모르고 친구들과 어울렸다.

그렇게 아버지를 피해 바깥에서 뛰어놀며 형성된 야성적 본능이 캠핑과 여행을 통해 깨어났다. 어린 시절에 자연에서 느꼈던 동심의 세계가 되살아 난 것이다. 즐거웠던 동심의 기억이 자연과 마주하는 캠핑과 새로운 도전을 추구하는 여행에 버무려져 나의 삶에 활력을 불어넣었다.

앞에서 나는 외국 생활이 줄 수 있는 장점에 대해 이렇게 말했다.

'그 누구의 간섭도 받지 않고 내가 원하는 것을 자유롭게 할 수 있지 않을까?'라고. 가만 보면 해외여행을 좋아하는 이유가 이 말에 담겨 있는 것 같다. '그 누구의 간섭도 받고 싶지 않다'라는 것은 이미 간섭을 받고 있다는 말이고 '자유롭게 내가 하고 싶은 것을 해보고 싶다'라는 말은 억압으로 인하여 하고 싶은 것들을 자유롭게 펼치지 못했다는 뜻이기도 하다.

내가 그토록 외국에서 살고 싶은 이유는 '나를 옥죄고 간섭하는 누군가에게서 벗어나 삶에서 완전한 자유를 누리고 싶다'라는 내 마음속의 울림 때문이었다. 진정한 나 자신을 회복하고 내 삶의 독립과 자유를 찾고 싶다는 꿈틀거림 때문에 그토록 해외에 나가고 싶었다.

결론적으로 내가 캠핑과 여행을 좋아하는 진짜 이유는 나를 숨 막히게 하는 아버지로부터 해방되고 싶었기 때문이었다. 캠핑이나 여행을 핑계로 아버지로부터 도망가고 싶었던 것이 내가 이들을 좋아하는 진짜 이유인 것 같다.

어린 시절 아버지를 피해 밖으로 돌아다녔던 것처럼 성인이 된 지금도 나의 무의식은 아버지의 간섭이 없는 곳으로 달아나고 싶었나 보다.

이 깨달음을 통해서 나는 내 안에 치유되지 않은 상처가 깊다는 것을 인지하였다. 상처를 받아들이고 인정하자 내 안에 밀어두었던 상처가 조금씩 보이기 시작했다. 그리고 이제는 내 삶의 중요한 과제가 '나의 내면의 상처를 들여다보고 이를 극복하는 것'이라는 것을 알게 되었다.

이제 결단의 시기가 왔다. 내 발목을 잡고서 나를 놓아주지 않으려는 아버지에게서 벗어나야 할 때가 온 것이다. 무기력하게 아버지의 포로로 사로잡혀서 어느덧 중년의 나이에 이르렀지만, 이제 미뤄왔던 독립을 실행하려고 한다. 나를 지배하고자 하는 아버지에게서 벗어나 정서적으로 자립하려고 한다.

그 과정에서 내 안의 상처받은 내면아이가 두려움을 느낄 수도 있을 것이다. 하지만 더 이상 물러나지 않을 것이다. 두려움에 떨고 있는 상처받은 어린아이를 마주치면 그를 안아주고 위로해줄 것이다. 나의 상처를 정면으로 바라보고, 다시는 그 아이를 외롭게 두지는 않을 것이다. 상처 부위에 새 살이 차오를 때까지 그 아이와 함께하며 그 아이의 아픈 마음을 보살필 것이다.

지금부터 나는 상처받은 내면아이를 치유하는 여행을 떠나고자 한다.

존재 그대로의 나를 발견하다

2001년, 친구의 제안으로 갑자기 일본으로 여행을 떠났다. 한 번도 가보지 않은 해외여행이었지만 우리는 겁도 없이 돌아다녔다. 4박 5일 동안 오사카, 교토, 나라, 도쿄까지 내달렸다. JR 심야버스를 타고 오사카에서 도쿄로 넘어가서 디즈니랜드, 오다이바, 신주쿠, 아키하바라, 왕궁, 도쿄 타워까지 둘러보았다. 짧은 기간이지만 일본의 주요 지역은 거의 다 돌아본 셈이다.

사실 오사카 여행은 초보자도 쉽게 여행할 수 있는 곳인데, 일본어를 전혀 할 줄 모르는 데다가 처음으로 해외여행을 떠난 우리에게는 만만치 않았다. 게다가 제대로 된 정보나 준비도 없이 무턱대고 떠난 여행이었기에 현지에서 치른 고생은 이루 말할 수가 없었다. 우리에게는 바로 근처의 관광지를 찾는 일도 쉽지 않은 도전이었다. 목적지를 찾기 위해 전철이나 버스를 타는 법, 길을 물어보는 법, 저렴한 식당을 찾는 법 등, 어느 하나 쉬운 일이 없었다. 현지 사람들에게 몇 번이나 손짓, 발짓을 해가며 우리는 겨우 원하는 곳에 도착할 수 있었다.

다행히 일본 사람들은 우리가 가는 곳을 친절하고 알기 쉽게 안내해주었다. 어떤 분은 버스 정류장까지 데려다주기도 했고, 또 어떤 분은 타야 할 버스가 올 때까지 기다려주기도 했다. 버스를 기다리는 동안에 침묵의 어색함을 깨뜨려보려고 말을 걸어 보기도 했지만, 언어의 한계로 대화를 이어나가지 못했다.

그렇지만 현지인이 함께 기다려준다는 것만으로도 든든한 힘이 되었다. 그는 버스가 도착하자 기사 아저씨에게 우리가 갈 곳을 알려주었고, 버스 안에서는 몇몇 사람들이 몰려와서 우리가 내릴 정거장을 손으로 일일이 짚어가며 목적지를 알기 쉽게 가르쳐주었다. 처음 만나는 사람들이었지만, 그들은 낯선 여행객에게 아낌없는 친절을 베풀었다.

시간이 지나면서 점점 일본에 적응해갔다. 비싼 일본의 물가를 고려해서 경비를 절약하는 노하우도 생겼다. JR 패스로 갈 수 있는 곳은 최대한 전철과 버스를 이용했고, 웬만한 거리는 걸어서 다녔다. 기본요금이 600엔이나 하는 택시는 거의 타지 않았다. 철저하게 대중교통을 이용했고 멀지 않은 거리는 걷고 또 걸었다. 가난한 학생 신분이다 보니 맛있는 식사도 하지 못했고, 한여름의 살인적인 더위에도 시원한 자판기 음료수 하나 뽑지 않았다.

걷는 것이 육체적으로는 고단하고 힘들었지만 나름대로 장점도 있었다. 천천히 걸으면서 지나가는 사람들도 구경하고, 그들이 입고 있는 옷이나 신발, 가방, 머리 스타일을 지켜보았다. 일본의 건축, 문화, 교통, 음식, 편의점, 자판기에 대해서도 자세히 들여다볼 수 있었다. 그중에서도 가장 흥미로운 것은 역시 사람 구경이었다. 길에서 마주하는 현지인들의 표정, 억양, 분위기, 목소리에서 우리와는 사뭇 다른 분위기가 느껴졌다. 새로운 것을 보며 걸으니 호기심 때문인지 힘들게 느껴지지 않았다.

내가 걷는 것을 좋아한다는 것도 새롭게 알게 되었다. 사실 난 걷는 것을 귀찮게 여겨 거리가 조금만 떨어져도 차를 타고 다녔는데, 그런 내가 걸으면서 느낄 수 있는 소소한 즐거움이 있다는 것을 알게 되었다.

일본 사람들에게서 발견했던 것 중에서 가장 특이했던 것은 그들의 패션이었다. 학생들이 입고 다니던 교복은 70년대 우리나라의 학생들이 입었던 교복과 비슷했다. 단정하긴 했지만, 개성은 찾아보기 힘들었다. 놀라운 것은 회사원들이 입는 복장도 학생들의 교복과 별반 차이가 없다는 것이다. 직장인들은 대부분 검정색 정장을 입고 있었는데, 남녀 가릴 것 없이 똑같은 색깔의 정장만 입어서 보기에 의아했다. 나중에 현지인에게 그 이유를 물어보니 일본의 직장인들은 다른 사람들의 눈에 띄는 것을 싫어해서 비슷한 색과 모양의 정장을 입는다고 했다. 어쩔 수 없이 걸을 수밖에 없었던 우리의 선택이 일본의 문화와 그 내부를 체험할 수 있는 소중한 기회가 되었다.

일정의 절반 정도가 지났을까? 나는 일본이라는 나라에 흠뻑 빠져들었다. 일본의 구석구석을 직접 체험하며 돌아다닐 수 있는 것은 자유여행만이 줄 수 있는 색다른 경험이었다. 저녁에는 친구와 아사히 맥주를 마시며 밤늦게까지 일본과 그 문화에 취해갔다.

그러는 과정에서 나에게도 놀라운 변화가 찾아왔다. 어느 순간부터 나는 주변 사람들을 전혀 의식하지 않고 있었다. 오직 나 자신에게만 관심을 가졌고, 내가 하고 싶은 것, 내가 먹고 싶은 것, 내가 가고 싶은 곳만을 생각하고 있었다. 순전히 나의 감정과 욕구에만 충실했다.

아무것도 나를 짓누르지 않았다. 그동안의 걱정과 두려움도 사라졌다. IMF로 인한 실직과 실패, 학생치고는 많은 나이, 나에게 주어지는 기대, 미래에 대한 준비를 잊어버렸다. 임용시험이나 공부에 대한 부담감, 실패에 대한 두려움도 완전히 사라졌다.

나를 옥죄고 있던 모든 것들이 사라지자, 나 자신이 한결 가벼워졌다. 나는 온전한 자유를 누렸다. 여행 그 자체에 빠져 일본이라는 곳을 즐기고 있었다. 너무나 행복했다. 그러면서도 이 자유가 어색하지 않았다. 언젠가 한 번쯤은 경험해보았음직 한 그런 느낌이었다.

도대체 이 자유는 어디서 온 걸까? 가만히 생각해보니 어릴 적에 온 동네를 뛰어다니면서 느꼈던 그때의 자유가 일본을 여행하면서 되살아

난 것 같았다. 오랫동안 내 안에서 잠자고 있던 '호기심 많은 탐험가'가 깨어나는 것이 느껴졌다. 긴 시간 동안 방치되고 버려진 나를 다시 만난 기분이다.

내 안에서 잠자고 있는 '존재 그대로의 나'를 발견하는 순간이다.

이 맛에 여행하는 게 아닐까?

여행 막바지에 우리는 도쿄에 있는 오다이바에 갔다. 오다이바는 사람들의 휴식과 관광을 위해 조성된 인공 섬인데, 우리가 방문했을 때는 유난히 한산했다. 호수에는 모터보트가 물살을 가르며 지나갔고, 현지인들이 몇 명 거닐고 있었다.

공원은 사람들에게 완벽한 휴식을 제공하고 있었다. 친구와 나도 오랜만에 여유를 즐겼다. 그렇게 멍하니 한적한 호수를 바라보았다. 바라만 보아도 휴식과 힐링이 되는 호수. 여행 중에 갖는 오랜만의 휴식이었다. 긴장이 풀어지자 그동안에 쌓였던 여행의 피로가 몰려왔다. 연일 계속되는 강행군에다가 밤새 오사카에서 JR 버스를 타고 도쿄로 넘어왔기에 피곤함은 더욱 가중되었다.

우리는 커다란 버드나무 아래에서 배낭을 베개 삼아 하늘을 바라보며 누웠다. 빽빽한 버드나무 잎사귀가 오후의 높은 태양을 가려주었고, 가을로 다가서는 하늘은 더욱 푸르렀다. 바람이 살랑거릴 때마다 나뭇가지가 흔들리면서 흐르는 땀을 식혀주었다. 이국에서 만날 수 있는 고즈넉함과 평화로움을 맛볼 수 있었다.

잠시만 누워야지 싶었는데 어느새 우리는 깊은 잠에 빠져들었다. 30분쯤 잤을까? 정말 개운하고 달콤한 잠이었다. 자다가 깨어 주변을 살펴보았다. 변한 것은 아무것도 없었다. 여전히 조용하고 한산한 오다이바. 시간이 정지된 한 장의 엽서처럼 느껴졌다.

잠깐 휴식을 취한 덕분인지 어느새 쌓였던 피로는 사라지고 새로운 에너지가 채워지는 것 같았다. 피곤함뿐만 아니라 내 안에 갇혀 있던 답답한 마음까지도 사라져버린 것 같았다.

그때 공원에서 불어오던 바람, 분위기, 빛깔, 하늘, 나무, 풀 향기는 지금도 내 가슴에 선명하게 기억되어 있다. 정지된 시간과 상쾌한 기분, 휴식과 회복은 여행이 가져다주는 뜻밖의 발견이자 선물이었다.

이 맛에 여행하는 게 아닐까?

가슴을 뛰게 하는 해외여행

일본 여행 후에도 가슴 벅찬 설렘은 이어졌다. 나에게는 새로운 여행을 계획하고 구상하는 것이 어느새 일상이 되었다. 어쩌다가 계획한 여행을 실천에 옮기기라도 하면 온몸의 세포가 되살아나는 것처럼 내 가슴은 더욱 빠르게 뛰었다. 하루 종일 여행지를 돌아다녀도 피곤하지 않았고, 잠을 얼마 자지 않아도 금방 회복되었다. 순간순간 펼쳐지는 새로운 세상이 너무나 궁금해서 그 순간을 놓치고 싶지 않았다. 나는 '지금 여기'를 충실히 살아가고 있었다.

그러면서 문득 '여행의 어떤 면이 내 가슴을 뛰게 하는가?'라는 질문이 떠올랐다. 어쩌면 이 질문에 대한 대답이 '나를 알아가는 데에 중요한 단서가 될 수도 있겠다'라는 생각이 들었다. 오랫동안 내 마음속을 들여다본 다음 '내 가슴을 뛰게 하는 해외여행'에 대해 몇 가지를 적어본다.

여행이 내 가슴을 뛰게 하는 첫 번째 이유는 여행을 통해 진정한 나 자신을 발견했기 때문이다. 나의 자아를 찾는 내면의 여행은 일본에서 시작되었다. 당시에는 몰랐지만 일본 여행을 가만히 돌아보면 내 삶의 전환점이 될 만한 것들이 있었다.

무엇보다도 수동적이고 무기력한 내가 지금까지 알지 못하던 나만의 야성과 마주쳤다. 처음 가보는 낯선 곳임에도 불구하고, 나는 그 누구도 그 무엇도 두렵지 않았다. 두려움보다는 오히려 호기심과 설렘이 가득했다. 그랬기 때문에 오직 나의 감정에 최대한 귀를 기울이며, 내 가슴이 원하는 것을 실행할 수 있었다. 나는 계획했던 일을 현실로 만들기 위해 노력했고, 나만의 창의적인 스토리를 만들어갔다.

그렇게 내 안에 감춰져 있던 잠재력을 발견했다. 그중에서 내가 발견한 가장 큰 가치는 자유였다. 나는 자유를 사랑하고 내 삶을 사랑했다. 쳇바퀴 도는 삶 속에서도 자유를 소중히 여길 수 있다는 것을 잊어버린 채로 지냈는데, 여행을 하며 자유라는 가치가 다시 내 품으로 돌아왔다. 마치 오랜 친구를 다시 만난 기분이었다. 또한 여행에서 발생하는 다양한 상황에 대처하는 뛰어난 직관과 창의성을 가졌다는 것도 알았다. 내 안에 숨 쉬고 있던 가치인 지혜, 호기심, 자유, 평화 등이 깨어나는 것을 느낄 수가 있었다.

물론, 원하는 대로 되지 않는 일들도 발생했다. 아무리 준비를 잘한다 해도 돌발적인 상황은 발생한다. 하지만 예측 불가능한 상황도 여행의 일부분이라는 것을 인정하면, 그렇게 불편한 마음도 들지 않는다.

나 또한 여행지에서 실수나 실패로 인해 어려움도 겪었지만, 이를 경험치로 받아들이기로 했다. 실패를 극복하기 위해 기울인 노력과 경험은 성장의 한 페이지로 소중하게 장식될 것이다. 이런 과정 자체가 여행자에게는 또 다른 즐거움이자 도약의 밑거름이 될 것이다. 오히려 예상치 못한 일 때문에 훨씬 더 큰 즐거움을 느끼는 게 여행이 아닌가?

여행이 나를 가슴 뛰게 하는 두 번째 이유는 외국 생활에 대한 동경 때문이다. 난 외국에서 살아보는 것을 꿈꿔왔다. 사실, 외국 여행으로는 만족이 되지 않았다. 그래서인지 '실제로 다른 나라에서 살면 어떨까?'라는 생각을 자주 했다.

언젠가 시간과 능력이 된다면 꼭 한번 해보고 싶은 버킷리스트 중의 하나가 외국에서 살아보기이다. 내가 영어를 좋아하고 영어 선생님이 된 것도 바로 이런 이유에서 시작된 것이 아닐까 하는 생각도 든다.

외국 생활에 대한 동경과 호기심은 일본 여행에서도 그대로 발휘되었다. 여행 중에 느끼고 배웠던 경험이 나의 온몸에 새록새록 기억되는 생동감을 느꼈다. 방문했던 곳의 모습, 분위기, 향기, 주위에서 들리던 소리 등이 나의 세포 하나하나에 기억되어 있다. 진정한 행복과 몰입을 경험한 순간이었다.

여행이 나를 가슴 뛰게 하는 또 하나의 이유가 있다. 어쩌면 이것이 내가 외국에서 살고 싶은 진짜 이유가 아닐까 하는 생각이 든다. 지금까지 나는 제대로 된 자유를 누리지 못했다. 내 삶을 통제하고 내 인생에 간섭하는 아버지로 인해 숨이 막혔다. 그렇게 억눌려 지냈던 내가 해외여행을 통해 진정한 자유가 무엇인지를 알게 되었다.

어릴 때는 그렇다 치더라도 어른이 된 지금도 아버지는 여전히 나를 놓아주지 않는다. 그래서인지 나는 늘 아버지가 없는 곳에서 사는 것을 꿈꿔왔다. 아버지가 강요하는 장남의 역할과 책임에서 벗어나 진정한 나의 삶을 살고 싶었다. 바로 그 생각이 나를 외국으로 이끄는 근본적인 이유였다.

여행: 나를 발견하기 가장 좋은 방법

나는 힘들고 어려운 순간에도 인생을 포기하지 않았다. 나를 지배하려는 아버지에게서 벗어나길 간절히 소망했다. 그랬기에 외국에서의 삶을 동경하였고, 해외에서 살고 싶은 열망도 키워왔던 것 같다.

이후 나는 비행기가 날아가는 소리만 들어도 흥분되었다. 나의 시선 또한 자연스럽게 하늘을 나는 비행기를 응시하였다. 비행기를 바라보며 긍정적인 에너지를 얻고 자유를 꿈꾸며 새로운 여행을 계획하였다. 높이 나는 비행기에 '나도 곧 비행기를 타고 자유롭게 날아갈 거야'라는 염원을 실어 보내기도 했다.

여행을 하면서 나도 모르는 '새로운 나'를 발견했다. 바로 나에게도 건강한 자존감이 있다는 것이다. 이전에는 다른 사람들을 만족시키는 것에 익숙했고 상대의 의견에 맞추기 위해 노력했는데, 이제는 나 자신의 삶이 가장 중요하다는 것과 내 인생을 내가 결정하는 것이 잘못된 것이 아니라는 것을 깨달았다. 의기소침하고 자신감 없던 내 모습은 반복되는 실패의 결과일 뿐, 내 안의 고유한 모습이 아니라는 것도 알게 되었다.

내가 사는 곳과 동떨어진 세상에서 바라본 나는 너무나 다른 면이 많았다. 나에게 주어진 기대와 책임으로부터 자유로워졌을 때, 달리 말해 나 자신에게 집중할 때, 내면에서 울려 퍼지는 소리를 정확하게 들을 수 있었다. 여행은 잠자고 있던 나의 욕구와 내면의 목소리를 일깨워주었고, 가슴 뛰는 삶을 살게 해주었다. 그리고 무엇보다 진정한 나 자신과 마주할 기회를 제공하였다.

여행이란 나를 발견하기에 가장 좋은 방법이 아닐까?

자아존중감

당신 마음속에는 '건강한 자존감'이 자리 잡고 있나요? 자존감이란 무엇일까요? 자아존중감(自我尊重感, self-esteem)이란 '자신의 있는 그대로의 모습에 대한 긍정'을 의미합니다. 즉 자신이 사랑받을 만한 가치가 있는 소중한 존재라는 의식이지요. 더 나아가 어떤 성과를 이루어낼 만한 유능한 사람이라고 믿는 마음입니다. 자신에 대한 존엄성이 타인의 외적인 인정이나 칭찬에 의한 것이 아니라 자신 내부의 성숙한 사고와 가치에 의해 얻어지는 개인의 의식입니다. 마치 흔들리지 않는 반석과 같은 것으로 볼 수 있습니다.

자존감이 낮은 경우에는 스스로 무엇을 원하는지 알지 못합니다. 본인의 욕구를 죽인 채 다른 사람들에게 안테나를 맞추고 살기에 타인의 인정과 칭찬에 매달립니다. 문제는 타인의 시선에 지나치게 신경 쓰다 보면 자신의 감정보다는 타인의 감정을 먼저 살피게 된다는 것입니다. '거부당할지도 모른다'라는 두려움 때문에 솔직하고 당당한 삶을 선택하지 못하고 남들이 원하는 삶을 살게 됩니다. 사소한 것도 결정하지 못하고 내면이 공허해져서 만성적인 우울감을 느낄 수도 있습니다.

그렇기에 우리는 자신의 감정과 욕구에 먼저 귀를 기울여야 합니다. 자신이 원하는 것이 무엇인지를 생각해보고, 일상에서 본인이 원하는 욕구를 하나씩 채워나가야 합니다. 나 자신이 채워져야 상대에게도 나의 공간을 내어줄 수 있는 마음의 여유가 생기기 때문입니다.

저는 건강한 자존감을 되찾기 위해 '여행'을 시도했습니다. 여행지에서는 다른 사람을 의식하지 않아도 되고 타인의 감정을 살필 필요도 없습니다. 내가 하고 싶은 것, 내가 가고 싶은 곳, 내가 먹고 싶은 것만 집중하면 됩니다. 낯선 곳으로의 여행은 나의 감정과 욕구에만 귀 기울일 수 있는 색다른 경험이었습니다. 처음으로 남이 아닌 저를 온전히 위로하는 시간이었습니다. 제가 지금까지 걸어왔던 길을 돌아볼 수 있었고, 제 안에서 울려 퍼지는 내면의 속삭임도 들을 수 있었습니다.

우리는 우리가 생각하는 것보다 훨씬 더 큰 가능성을 가지고 있는 존재입니다. 쳇바퀴처럼 돌아가는 우리의 인생길에서 잠시 시간을 내어보세요. 그리고 자신의 마음속으로 들어가보세요. 내 마음이 무엇을 원하는지, 어떤 말을 걸어오는지 귀 기울여보세요. 그렇게 우리 자신을 향한 내면여행을 꼭 한번 떠나 보시길 바랍니다.

❖ 당신 마음속에는 무엇이 들어 있나요?

- 혼자 고립되었다는 기분이 들 때 무슨 일을 하나요?
- 극심한 피로와 무기력증으로 번아웃(burn out)이 오면 무엇을 하나요?
- 자유로운 시간이 주어지면 무슨 일을 하나요? 혹은 무슨 일을 하고 싶나요?

_____

_____

_____

_____

행복한 가정은 저마다 비슷한 이유로 행복하지만,
불행한 가정은 각기 다른 이유로 불행하다.

– 레프 톨스토이

나의 상처는 어디에서 왔을까?

나의 상처는 어디에서 왔을까?

내가 짊어지고 가야 할 십자가

나는 거의 평생을 아버지와 가까운 곳에서 살아왔다. 아버지는 경남 마산, 나는 김해에 사는데, 이곳의 거리는 강남과 분당 정도밖에 되지 않아 고속도로를 타고 가면 1시간도 채 걸리지 않는다. 최근에는 불모산 터널까지 개통되어 내가 사는 곳에서 아버지 집까지의 거리는 훨씬 더 단축되었다. 이렇게 물리적인 거리는 가까워지고 있지만, 우리 부자의 심리적인 거리는 점점 더 멀어져갔다.

여행을 통해 자유를 만끽했을 때, 역설적으로 가장 많이 원망했던 사람이 아버지였다. 그 이유는 나의 감정이 여전히 강압적인 아버지에게서 벗어나지 못했기 때문일 것이다. 이유는 모르겠지만, 아버지는 나만 보면 화를 내고 신경질을 내서 내 감정을 상하게 한다.

아버지가 싫고 미울 때도 많았지만 '장남인 내가 아버지를 모시지 않는다면 누가 우리 아버지를 돌보겠는가?'라는 생각에 늘 아버지 곁에 머물렀다. 직장을 구할 때도 아버지가 사는 곳에서 멀리 벗어나지 않는 곳을 선택했다. 연로하고 혼자되신 아버지가 걱정되었고, 누군가는 가까이서 아버지를 모셔야 한다고 생각했기 때문이다.

아버지 또한 '장남이 부모를 모셔야 한다'라고 입버릇처럼 말씀하셨지만, 아버지는 내가 영 탐탁지 않은 것 같다. 무엇을 잘못했는지는 모르지만, 아버지는 늘 나에게 화가 나 있으니까. 나는 아버지가 주는 고통은 내 삶이 시작될 때부터 정해진 것이라고 여겼다.

어쩌면 아버지는 내가 짊어지고 가야 할 십자가일지도 모른다.

고슴도치의 사랑

어느 날 '연로하고 혼자 사시는 아버지가 걱정되어 장남인 내가 아버지를 모셔야 한다'라는 것이 나만의 착각일 수도 있다는 생각이 들었다. 내가 아버지 곁에 머무는 이유 또한 순전히 아버지를 모시려는 정성 어린 마음 때문만은 아닌 것 같았다.

내가 아버지를 떠나지 못하는 궁극적인 이유는 '아버지로부터 받지 못한 사랑을 돌려받고 싶어 하는 상처받은 내면아이의 간절한 바람' 때문이라는 것을 깨달았다. 다시 말해, 아버지의 사랑을 너무나도 받고 싶은 나의 상처받은 내면아이가 아버지를 떠나지 못하는 것이다. 그렇게 나는 채워지지 않은 목마름과 허전함으로 아버지 주변을 맴돌며 방황하고 있었다.

누나와 동생을 살펴보아도 이것은 어느 정도 설명이 가능하다. 그들은 현재 분당과 서울에서 살고 있다. 누나는 분당에서 35년, 동생은 서울에서 20년을 살고 있다. 나는 아버지로부터 받지 못한 사랑을 받고자 여전히 고향인 이곳을 벗어나지 못하고 있는데, 그들은 이미 아버지의 사랑을 충분히 받았는지 멀리 떠나버린 지 오래다.

멀리 떨어져 있는 자식은 반가운지 아버지는 가끔 걸려오는 누나와 동생의 전화에 기쁨을 감추지 못한다. 흥분된 목소리로 "우째 지내노? 별일 없재?"라며 안부를 물어보는 우리 아버지. 반가움에 목소리가 커지고 껄껄대며 웃으시는 아버지를 보면 내가 알고 있는 아버지가 아닌 것 같다.

반면에 내가 아이들을 데리고 아버지를 방문할 때는 완전히 다른 사람을 만나는 기분이다. 본체만체 퉁명스럽기만 한 아버지를 아이들은 어떻게 생각할까. 외손자가 초등학교 입학한다는 소식에 백만 원을 누나에게 송금했다고 기분 좋게 말씀하시던 아버지는 우리 아들이 고등학교를 입학하고 딸이 중학교를 입학해도 '축하한다'라는 말 한마디 하지 않는다. 아버지의 달력에는 빨간색 펜으로 누나와 동생의 생일이 동그랗게 표시되어 있다.

왜 내 생일에는 동그라미가 없는 걸까? 내 생일을 모르는 걸까?
아니면 관심이 없는 걸까?

물리적인 거리가 아무리 가깝다고 할지라도 심리적인 거리가 좁혀지지 않으면 사랑을 할 수가 없다. 가까이 가면 쿡쿡 찔러 상처만 주기에 도저히 다가갈 수가 없다. 그렇기에 우리는 어쩌면 '고슴도치의 사랑'을 하는지도 모르겠다.

나는 가족 중에서, 물리적으로는 아버지와 가장 가까운 거리에 살고 있을지 모르지만, 심리적으로는 가장 멀리 떨어져 있다. 아버지와의 사랑은 거리순이 아닌데, 나는 여전히 미련을 떨치지 못하고 아버지만을 바라보며 지금도 이곳에서 헤매고 있다.

처음으로 고백하지만 나도 아버지의 사랑을 받아보고 싶다. 아무리 채우려고 해도 채워지지 않는 허전함과 아무리 미워도 돌아설 수 없는 내 모습. 그 감정의 끝에는 늘 아버지가 있다.

나는 평생 받지 못할 사랑을 기다리며 여전히 아버지 주변을 서성거리고 있다.

조종이 아닌 존중

아버지는 나를 독립된 인격체로 본 것이 아니라 당신의 소유물로 여겼던 것 같다. 그렇지 않고서야 어떻게 내 생각을 묻지도 않고, 내 삶에 대한 결정권을 마음대로 행사할 수 있는가? 아버지는 내가 당신의 생각대로 움직이지 않으면 무지막지하게 소리부터 내질렀고, 인격적인 살인을 가했다.

어린 시절부터 반복해서 이런 일을 겪다 보니, 나는 자아를 박탈당한지도 모른 채 아버지가 조종하는 대로 살았다. 나도 모르게 아버지에게 길들어져 사실상 내 삶의 선택권을 박탈당한 채로 살았다. 어떻게 해야 이 미로를 탈출할 수 있는지도 알지 못했다. 그저 아버지의 비난과 폭행을 온몸으로 감당할 뿐이었다.

당연히 이런 강압적인 양육방식은 자녀에게 믿음을 심어주지 못한다. 부모가 자식을 믿지 못하는데 자식이 누구를 믿을 수 있겠는가? 결국 세상은 위험한 것이라 인식하고 주위 사람들의 눈치를 보며 당당하게 행동하지 못한다. 모든 것을 양육자에게 의지하고, 작은 것도 제대로 결정하지 못한다. 흔히 말해 '결정 장애'가 생긴다.

아버지가 바라는 바는 아니었겠지만, 결과적으로 나는 나 자신을 믿지 못하게 되었다. 혹시라도 아버지의 생각과 다른 결정을 내렸다가 크게 혼날지도 모른다는 불안감에 나의 권한을 아버지에게 전적으로 일임해버렸다. 그래서인지 아버지의 허락이 떨어지지 않으면, 하고 싶은 일이 있더라도 웬만해서는 실행하지 않았다.

성인이 되어서도 이런 삶의 태도는 쉽게 바뀌지 않았다. 어떤 일에 결정을 내려본 적 없이 성인이 되어버렸기에 선택의 어려움이 늘 따라다녔다. 어린 시절, 몸에 밴 습관은 이토록 고치기가 힘들다.

서커스 공연하는 코끼리를 길들이는 방법을 살펴보면 어린 시절에 형성된 습관의 무서움에 대해 잘 알 수 있다. 야생의 새끼 코끼리를 서커스 공연하는 코끼리로 길들이는 방법은 다음과 같다.

먼저 서커스 공연할 코끼리의 발목에 어린 시절부터 쇠고랑을 채운다. 그런 다음 바닥에 쇠말뚝을 박고서는 코끼리의 쇠고랑에 체인을 채워 말뚝에 연결한다. 그러면 아기 코끼리는 제아무리 발버둥을 치더라도 쇠말뚝을 뽑고 탈출할 수가 없다.

그렇게 성인이 된 코끼리는 발목에 쇠고랑을 차고 헐렁한 나무 말뚝을 바닥에 박아놓아도 말뚝 근처를 벗어나려 하지 않는다. 말뚝을 뽑고 달아날 수 있는데도 탈출조차 시도하지 않는다. 시간이 지나고 환경이 바뀌었지만, 어린 시절 자신이 얼마나 무기력했는지를 기억하며 탈출은 여전히 불가능하다고 여기는 것이다. 조련사는 온순한 양이 되어버린 코끼리를 서커스의 공연에 맞춰 훈련시킨다.

어린 시절의 경험은 이렇게 일상생활에 큰 영향을 미친다. 물론 인간과 코끼리를 똑같이 비교할 수는 없지만, 코끼리를 길들이는 방식을 통해 강압적인 양육의 결과를 간접적으로 비교해볼 수 있을 것이다. 그만큼 어린 시절에 반복해서 겪었던 일은 일상생활에 무의식적으로 뿌리내리기에 성인이 되어서도 그 생활방식이나 생각의 패턴을 떨쳐내기가 어렵다.

아버지는 다 큰 자녀가 작은 결정하나 제대로 못 내리고, 당신에게 의지하는 것에 대해 "아들이 나이만 많지, 아무것도 할 줄 모른다"라며 비난하셨다. 반대로, 내가 스스로 결정을 내리면 아버지는 당신의 허락을 받지 않고 내 마음대로 결정했다고 버럭 소리를 지른다. 이래도 욕을 먹고 저래도 뭐라 하니 도대체 무엇을 어떻게 하라는 건지 알 수가 없다.

아버지는 겉으로는 자식이 제대로 일을 처리하지 못한다고 비난하지만, 무의식적으로는 당신이 가진 권력에 대해 만족하며, 당신의 힘을 계속해서 유지하고 싶은 것이다. 그리고 '그 권력을 유지하기 위한 수단으로 어떤 일을 결정할 때는 나에게 결재를 득하라'라는 시스템을 만들었다.

무서운 아버지에게 원하는 것을 말하는 것 자체가 커다란 용기가 요구되는 일이었기에 나는 내가 원하는 것보다 아버지가 시키는 대로 살았다. 그것이 안전한 길이었고 그렇게 해야 아버지를 자극하지 않았다.

살기 위해 아버지를 받아들였는데, 결과적으로 이 선택은 나를 죽여버렸다. 나 자신이 진정으로 원하는 것이 무엇인지 알 수 없게 되었고, 혼자서 생각하는 힘도, 문제를 해결하는 능력도 사라졌다. 나중에는 내가 원하는 것과 아버지가 원하는 것이 헷갈리기 시작했다. 결국 내 삶의 주도권과 결정권을 아버지에게 넘겨주었고 아버지의 꼭두각시가 되었다. 아버지 생각이 내 생각이 되어버린 것이다.

당연한 말이지만 아버지가 내린 결정은 아버지가 원하는 삶이지, 내가 원하는 삶이 아니다. 아버지의 결정이 전체적인 상황을 고려해볼 때 객관적이고 올바르다 하더라도 이것은 결정적인 오류를 내포하고 있다. 바로 당사자인 내 생각을 의사결정에 반영하지 않았다는 것이다.

내 인생의 주인은 나다. 크고 중요한 일의 결정자는 당사자인 '나'여야 한다. 물론 어린 나이에 중요한 일을 결정할 때는 최적의 결정을 내리기 힘들 수도 있지만, 부모의 결정 또한 반드시 옳다고는 볼 수 없다. 부모의 결정으로 인해 당사자가 원치 않는 일을 하게 된다면 적극성이나 동기가 생기지 않는다. 게다가 관심이 없는 일을 잘하기는 더욱더 어렵다.

부모의 역할은 자식이 내리게 될 결정에 대해 객관적으로 바라보며 대화하는 것, 어린 자녀가 생각하지 못하는 장단점을 자세하게 설명해주고 안내하는 것, 자식이 걸어가는 길을 힘들더라도 지켜보고 끝까지 함께하는 것, 그리고 자녀의 의사를 존중하는 것, 거기까지이다.

자녀 또한 자기 결정권을 가지게 될 때 선택에 대해 충분히 고민하게 된다. 혹시라도 잘못된 결정을 하더라도 자기 스스로 그 결정에 책임을 질 때 후회도 적다.

나는 학창 시절 아버지의 결정에 따르는 삶을 살았기 때문에 혼자 힘으로 생각하고 결정하는 능력을 발달시키지 못했다. 아버지의 결정이 마음에 안 들어도 무조건적인 순종만 요구되었기에 내 힘으로는 어쩔 수가 없었다.

고학년으로 접어들면서 하기 싫은 일, 억지로 해야 하는 일들이 더 많아졌다. 그렇지만 처음에 잘못 끼운 단추를 다시 풀고, 고쳐서 끼우기엔 이미 너무 먼 길을 와버렸다. 선택에 대해 아쉬움을 잔뜩 머금은 채, 길을 잘못 들었다는 사실을 알면서도 앞으로 갈 수밖에 없었다. 그 과정이 너무나 숨 막혔고 힘들어서 모든 것을 포기하고 싶다는 생각도 했다.

아버지의 욕구를 충족시키기 위해 자식은 희생되었고, 그만큼 아버지에 대한 원망과 분노도 내 몸에 쌓여갔다. 부자간에 있어서 마음속에 있는 이야기도 한번 해보지 못하고 '이건 내가 원하는 삶이 아니야'라며 현실을 부정하며 오랜 시간을 우울한 터널 속에서 갇혀 지냈다.

아버지는 당신의 꿈을 실현하지 못한 나를 "어리석은 놈, 게으름뱅이, 바보 같은 놈"이라고 불렀다. 나는 그렇지 않다고 말하고 싶었지만, 약한 자아 탓에 한마디도 대응하지 못했다. 오히려 오랫동안 같은 말을 반복해서 들으면서 나도 모르게 '게으르고 어리석은 바보'라는 자아를 만들어갔다. 아버지의 부정적인 예언이 현실에서 이루어지는 순간이다.

다행히 이 긴 시간의 터널을 무사히 통과했지만, 나는 이 시기에 잃은 것이 너무 많다. 내 삶의 과업을 완성하기 위해 내가 원하는 것을 추구해보지도 못했을 뿐만 아니라, 도전의 날개도 펴지 못한 채로 학창 시절을 허비해버렸다.

누구를 위하여 종은 울리나

1990년 대학에 입학해서 2003년에 교사가 되었으니 대학을 다닌 기간이 대략 10여 년이나 된다. 졸업과 취업, IMF로 인한 실직, 두 번의 편입. 친구들은 편입을 두 번이나 하며 전자공학, 영어영문학, 영어교육학, 교육학의 학위를 딴 나에게 교사가 되기 위해 인턴과 레지던트를 거쳤다며 놀려대곤 한다. 어쩌다 보니 특이한 이력을 갖게 되었지만, 사실 교사가 되기까지 이렇게 시간이 오래 걸린 이유는 부자간의 심리적인 거리가 너무나 멀었기 때문이다. 아들인 나를 조금만 배려하고, 또 나에게 조금만 관심을 가졌더라면 이렇게 멀리 돌아오지는 않았을 것이다.

나는 아버지에게 스스로 진로를 찾겠다는 뜻을 전하고, 비록 미숙하지만 내가 스스로 자리를 찾아갈 수 있도록 옆에서 지켜봐달라는 말 한마디를 하지 못해 이렇게 긴 시간을 돌고 돌았다. 물론 그렇게 말한다고 해서 아버지께서 나를 가만히 지켜보고만 있지는 않았겠지만….

학창 시절 내내 아버지의 꿈을 실현해드리지 못한 것에 대한 죄책감과 미안함, 나에 대한 실망감과 무능력함, 목표 상실에 대한 허무함 등의 감정에서 헤어나지 못했다. 해결되지 않은 감정의 무게를 감당하지 못해 학창 시절을 너무나 무기력하게 보냈다. 아버지와 당당하게 맞서는 것보다 나 자신을 죽이는 게 훨씬 더 쉬웠기에, 나의 부족함과 한계를 탓하며, 비난의 화살을 나에게로 돌렸다.

나의 학창 생활을 한마디로 표현하자면 '무슨 수를 쓰더라도 아버지를 기쁘게 해드릴 수 없다'라는 표현이 적절할 것 같다. 사실 아버지가 나를 옥죄고 몰아붙여도 나 자신이 바로 서 있었더라면 문제가 되지 않았을 텐데, 당시의 나는 아버지의 영향을 너무 많이 받았고, 아버지의 꿈을 실현시켜드리지 못했다는 죄책감과 좌절감에 짓눌려 지냈다.

그 긴 시간을 방황하면서 삐뚤어지지 않고 잘못된 길로 들어서지 않은 학창 시절의 나에게 '감사하다'라는 말을 전한다. 어린 시절부터 그 토록 가출하고 싶었지만 가출할 용기가 없어서, 가출 후의 뒷일을 감당할 자신이 없었기에 홀로 방황했던 나에게 심심한 위로의 말을 전한다. 그 시간을 버텨냈기에 나 자신의 과거를 포용하고 아버지를 넘어서는 발걸음을 뗄 수가 있었다.

당연한 이야기지만 부모는 자녀의 마음을 읽어야 한다, 자녀가 원하는 것에 귀를 기울이고 자녀를 믿어야 한다. 부모가 자녀에게 믿음을 주지 않고, 신뢰의 눈빛으로 바라보지 않는다면 자녀를 믿을 사람은 아무도 없다.

세상의 모든 부모님이 자녀들의 이야기에 좀 더 귀를 기울이고, 그들의 이야기를 신뢰하면 좋겠다. 좀 더 많은 것을 자녀가 선택할 수 있도록 기회를 주고, 기다려주면 좋겠다. 아이들은 실패를 통해서도 배운다. 돌이킬 수 없는 실패가 아니라면 자녀들에게 선택권을 주고 조금더 기다려주면 어떨까. 그렇게 아이들은 세상을 이해하는 폭을 더 넓히고 더 강해진다.

어니스트 헤밍웨이는 제1차 세계대전이 한창일 때, 적십자 부대의 구급차 운전병으로 이탈리아 전선에 참가했다. 그는 전쟁 경험을 바탕으로 해서 여러 작품을 남겼는데,《누구를 위하여 좋은 울리나》또한 그 가운데 하나이다. 이 책에서 헤밍웨이는 전쟁의 참상과 만행을 알리며 반전 메시지를 전하고 있다. 전쟁을 일으키는 당사자나 국가의 이익을 제외하고 전쟁은 그 누구에게도 도움이 되지 않는다고 말한다. 그렇기에 그는 전쟁의 참상과 비극을 알리고 전쟁이 백해무익하다는 말을 전하기 위하여《누구를 위하여 좋은 울리나》라는 책을 쓰게 되었다.

자녀를 키우는 것도 이와 비슷하다. 아이에게 미래의 꿈을 정해주고 부모가 원하는 대로 자녀를 양육한다는 것은 사실상 아이의 기질과 가능성, 미래를 말살하는 행위이다. 부모는 자녀를 위한다고 하지만 과연 그러한가. 자녀를 위한 행위라면 당사자가 행복해야 하지 않는가. 헤밍

웨이가 고발한 전쟁의 실상과 같이 부모가 자녀의 삶에 지나치게 개입하는 행위는 자녀의 마음에 전쟁을 일으키는 것과 같다. 부모의 생각이나 꿈을 자녀에게 억지로 강요하는 것은 아이의 발전과 성장에 전혀 도움이 되지 않는다. 아이에게 자기 스스로 꿈과 미래를 설계할 수 있는 자율권을 허락했으면 좋겠다.

과연 누구를 위하여 아이들을 다그치는지 한 번쯤 생각해보면 좋겠다.

회상성 기억조작

언젠가 손석희 씨가 진행하는 JTBC의 앵커 브리핑을 시청하였다. 그날은 이명박 전 대통령에 대해 다루었다. 이 전 대통령이 서울시장 재직 시절, 그의 책을 만드는 과정에 여러 번 참여했던 한 관계자는 대통령이 자신의 의혹에 대해 이렇게 말했다고 한다.

"조작된 문서다. 측근들의 허위 진술이다. 나만 깨끗하게 한다고 되는 건 아닌 것 같다."

이 말들은 그저 거짓으로 꾸며낸 소문이 아니라 진심에서 우러나온 사실일 수도 있다는 이야기였다. 그러면서, 그는 과거에 자신이 만나본 이명박 당시 서울시장에 대한 일화를 전해주었다. 책을 만드는 과정에서 이명박 전 대통령은 자신의 자서전 집필 당시 집필진에게 실패한 이야기를 하지 않았다. 책을 준비하는 사람이라면 마땅히 실패 이야기도 본문에 담아야 한다. 성공담뿐만 아니라 뼈아픈 패배의 경험도 넣어야 했기에 이들은 실패담을 들려달라고 요구했다.

그러나 참으로 묘했던 것은 실패했다는 그 이야기 역시, 무늬만 실패일 뿐 종래에는 아름다운 승리로 마무리가 되더라는 것이다. 책을 만드는 사람들은 난처했다.

"이렇게 하시면 책이 재미없어집니다"라고 설득했지만 돌아온 대답은 "나는 적이 많은 사람이기에 실패를 인정할 수 없다. 실패도 성공이다"라며 실패담을 이야기하지 못하는 이유를 설명했다.

그의 면전에서 이 말을 들은 사람들은 '회상성 기억조작'이라는 단어를 떠올렸다. '회상성 기억조작'이란 자기방어를 위해서 본인에게 유리한 기억만 조작해 재구성하는 심리를 일컫는 말인데, 이런 개념에서 본다면 이 전 대통령의 "나는 모른다" "서류는 조작되었다"라는 그의 말은 진심에서 우러나온 말일지도 모른다는 이야기였다.

풀빵 장수를 거친 후 샐러리맨으로 현대건설의 사장, 서울시장의 성공 신화를 쓰고 대통령이 되기까지 그는 늘 입에 붙은 대로 안 해본 것이 없는 그야말로 실패를 모르는 사람이었다.

앵커 브리핑의 엔딩에서는 2007년 8월 17일의 한나라당 제17대 대통령 후보 선출 합동 연설회 장면을 보여준다. 이 대통령은 자신과 관련된 의혹이 집중되자 "새빨간 거짓말입니다. 여러분. 저는 그러한 삶을 살아오지 않았습니다. 누가 나에게 돌을 던질 수 있습니까"라고 말하며 끝을 맺는다.

프로그램이 끝난 후에도 이 장면은 나의 머릿속에 강하게 남아 있었다. '어떻게 하면 저렇게 당당할까?' '너무나 뻔뻔하고 철면피 같은 대통령'이라는 생각이 들었다.

2020년 10월 29일 대법원은 특정범죄 가중처벌법상 뇌물 등 혐의로 기소된 이명박 전 대통령에게 징역 17년, 벌금 130억, 추징금 57억 8천여만 원을 선고한 원심을 확정했다. 재판부는 "횡령 내지 뇌물수수의 사실인정과 관련한 원심 결론에 잘못이 없다"라면서 이 전 대통령 측과 검사의 상고를 모두 기각했다.

그의 당당한 주장과 달리 국민은 군과 국정원, 그리고 그가 장악했던 언론으로부터 철저한 왜곡을 당했다. 사실상 국민은 이명박 정권 아래에서 사기를 당한 것과 마찬가지다. 이렇게 해놓고서도 대통령은 '새빨간 거짓말'이라는 단어를 사용하며 자신의 행위를 정당하다고 주장했다.

정상적인 인식을 가진 사람이라면 도저히 이해할 수 없는 이 대통령의 주장을 설명하기 위해 앵커는 '회상성 기억조작'이라는 심리학 용어를 사용했다. 이 대통령이 과거의 기억을 자신에게 유리하게 조작하고 합리화하여 사건을 자신에게 유리하게 만들어버리는 것을 빗댄 것이다.

TV를 지켜보는 내내 국민을 기만한 대통령에 대한 분노가 일었다. '어떻게 대통령이라는 사람이 끝까지 국민에게 거짓말을 할 수 있을까? 정말 대통령은 자신이 잘못한 일이 없다고 생각하는 것일까?'

언론에 대해서도 생각이 미쳤다. '대통령을 관리 감독했던 정부 조직 기구나 언론들은 도대체 무엇을 했단 말인가? 그들도 대통령과 한 패거리인가?'와 같은 의문이 연속해서 떠올랐다. 너무나 화가 났다. 감정적인 동요가 한동안 일었고 대통령에 대한 분노가 지속되었다.

이후에도 대통령을 향한 분노는 사라지지 않았다. 무엇 때문인지는 모르지만 쓰라린 마음과 괴로움의 감정이 계속해서 느껴졌다. 한동안 아무것도 하지 못하고, 멍한 채로 시간을 보냈다.

오랫동안 지속되는 이 감정의 근원은 무엇일까? 대통령의 무엇이 나의 감정을 자극하는 것일까?

불편한 나의 감정의 통로를 천천히 따라가보았다. 나의 내면에는 누가 보아도 불합리하고 잘못된 일을 끝까지 옳다고 주장하는 것에 대한 깊은 거부감이 존재했다. 그런 주장에 강요당하고 희생당하는 억울한 감정, 원통한 것을 밖으로 표현할 수 없는 억눌린 감정들이 일렁였다. 그리고 이런 감정의 결과로 나타나는 무기력함, 이 거북함을 표출하지 못해 나타나는 분노의 감정들이 하나씩 올라왔다.

그러면서 문득 아버지가 생각났다. 이런 감정은 주로 아버지 앞에서 무릎을 꿇고 야단맞을 때 느껴지던 것들이었다. 아버지에게 야단맞는 어린 내 모습도 보였다. 고래고래 소리를 지르는 아버지 앞에서 어쩔 줄 몰라 하며, 온갖 비난과 경멸을 온몸으로 감당하는 어린아이. 의지

할 사람 하나 없이 억울함과 억눌림을 퍽퍽하게 삼키며, 그 자리를 어떻게든 견디려는 어린 시절의 내 모습이 보였다.

그러고 보니 아버지의 기억법은 이명박 전 대통령의 기억법과 비슷했다. 당신과 관련된 일은 아름답게 포장하고, 아들과 관련된 일은 가차 없이 비난하는 아버지의 기억법이 대통령의 기억법과 오버랩되었다.

결국 대통령에 대한 분노의 근원은 아버지에게 받은 상처 때문이었다. 이 전 대통령이 잘못하지 않았다는 것이 아니라, 이렇게 불편한 감정이 과하게 올라오는 근본적인 원인이 아버지와 관련되어 있다는 것이다. 즉 아버지에게 받은 상처가 이 전 대통령에게 투사되어 내 마음속에 반향을 일으켰기 때문이다. 자신은 아무런 잘못도 없고 책임질 게 없다는 대통령의 태도가 아버지와 연결되어 이 대통령에 대한 분노를 더욱 크게 일어나게 했다.

이후로 한동안 아버지를 만나는 것이 불편했다. 찾아가면 화를 내고, 기분을 상하게 하는 아버지를 내 몸이 거부하는 것 같았다. 그렇다고 아버지에게 이런 감정을 말할 수도 없고, 말한다고 바뀔 것도 아니라서 당분간 아버지를 찾아가지 않았다.

그러던 어느 날, 아버지 친구분에게서 전화가 왔다. 아버지와는 고등학교 동창으로 나에 대해서도 잘 알고 계시는 분이었다. 이런저런 얘기를 하다가 갑자기 아버지의 유산에 대해 말씀하셨다. 아버지가 돌아가시면 유산은 자식들이 물려받는다는 것이 말씀의 취지였다.

나는 그 말씀을 왜 하시는지 궁금했다. "말씀은 잘 알아들었습니다. 그런데 갑자기 그 말씀을 하시는 이유가 무엇인지 여쭤보아도 될까요? 저는 아버지의 유산에는 전혀 관심이 없습니다." 그러자 응답하시기를 아버지는 내가 당신을 찾지 않는 이유가 돈 때문이라고 말씀하셨다는 것이다.

나는 좀 더 자세히 말씀해달라고 했다. 아버지께서는 "최근에 아들이 돈을 달라고 했는데, 이를 거절했더니, 기분이 상했는지 집에 찾아오지도 않는다"라고 하셨다는 것이다. 그것도 친구들이 많은 동창회에서 그런 말을 해서 '이 집에 유산 문제가 생겼구나!'라는 생각이 들었다는 것이다. 그러시면서 "네가 왜 그러는지 알아보려고 전화했다"라고 전하셨다. 나는 친구분에게 "저는 아버지에게 유산에 대해서 지금까지 한 번도 여쭈어본 적이 없습니다. 아버지 재산은 아버지 마음대로 결정할 문제라고 생각합니다. 그래서 아버지에게 돈에 대해서는 여태 한마디도 드린 적이 없다습니다"라고 말씀드렸다. 그러자 친구분은 "그래! 착하기만 한 네가 그럴 리가 없을 텐데…"라고 말씀하셨다.

아버지는 어떤 사건에 대해 당신의 주관을 깊게 개입시킨다. 시간이 흐르면서 아버지는 당신이 유리한 방식으로 기억을 조작하고, 당신의 마음에 들지 않거나 잘못된 행위는 타인의 잘못으로 돌려버린다. 어떤 경우에는 없는 일도 만들어낸다. 당신의 잘못에도 책임은 다른 사람이 짊어진다.

조작된 기억은 반복된 설교를 통해 강화되고 당신의 행위는 이상적으로 바뀐다. 결국, 처음 일어난 일은 여러 번의 편집과 각색을 거친 후 완전히 다른 기억으로 탈바꿈된다. 문제는 그에 대한 책임도 다른 누군가에게로 넘어간다는 것이다. 당신은 자유로워지고 부끄러움은 타인의 몫으로 남는다. 유감스럽게도 우리 집에서는 내가 이 역할을 떠맡았다. 아버지의 희생양으로 내가 지목된 것이다. 아버지는 당신의 수치심을 이런 식으로 전가하고 정작 당신은 자유로워졌다.

아버지의 기억법은 이명박 전 대통령이 방어기제로 사용한 '회상성 기억조작'이었다.

핵심전달기법

나는 개인적인 이야기를 하는 것이 불편하다. 나에 대한 말을 하다 보면 가족과 관련된 이야기로 이어지는데, 그런 이야기가 싫다. 정확하게 어디서 어디까지 이야기해야 하는지, 또 어떤 이야기를 하면 안 되는지 모르겠다. 그러다 보니 어느 순간부터 가족과 관련된 이야기 앞에서는 침묵을 지킨다.

이야기가 길어지는 것도 견디기가 힘들다. 오랫동안 이야기하다 보면 쉽게 지치고 짜증이 난다. 그런 것이 습관이 되어서인지는 몰라도 아내에게도 좀처럼 속마음을 얘기하지 않는다. 직장에서 있었던 일, 집안일, 육아, 교육과 관련해서 나의 감정이나 생각도 거의 말하지 않는다.

이런 특징을 아는 아내도 나를 배려해서인지 웬만해서 집안일과 관련된 말은 하지 않는다. 될 수 있으면 서로 간에 민감한 대화는 피하고 싶지만, 그렇다고 해서 집안일에 대해 서로 말을 하지 않을 수도 없어서 대화의 접점을 찾기가 어렵다. 견디다 못해 아내는 궁금한 부분에 대해 질문을 하게 되고 나는 주로 대답한다. 되도록 대화를 짧게 끝내려고 하다 보니 서로의 역할이 정해져버렸다.

공격 vs 수비

아내가 질문을 할 때 나는 최대한 간단하게 대답한다. 앞뒤 말을 다 잘라버리고 짧고 간단하게 핵심적인 내용만을 표현한다. 말의 핵심만 전달하기 때문에 효과적이기도 하지만, 전체적인 내용의 맥락을 생략한 채 짧고 간략하게 이야기하다 보니 의사전달이 원활하게 이루어지지 않는 경우가 더러 발생한다.

어떨 때는 의사전달을 명확하게 하는 과정에서 원래 전달해야 했던 말보다 훨씬 더 많은 살을 붙여야 할 때도 있다. 아내는 나에게 말을 좀 알아듣게 하라고 얘기하고, 나는 아내가 못 알아들어 짜증이 난다. 그러다 보니 서로가 답답해지고 부부간에 쓸데없이 긴장이 쌓인다. 심할 경우는 부부싸움으로 이어진다. 평소에는 하지 않던 이야기가 이때 봇물 터지듯 나온다. 그러면서도 나는 아내에게 '너무 시시콜콜한 것까지 이야기한다'라며 비난하고 아내는 아내대로 '말 좀하고 살자'라며 소리를 높인다. 부부간에 이해할 수 없는 벽이 생긴 것이다.

이런 일이 반복되다 보니 부부간의 대화는 더욱 줄어들었다. 대화할 때는 왠지 모를 경계심과 긴장감이 조성되어 방어적으로 대화를 하게 되고, 결국은 다시 싸움으로 번지는 부정적인 사이클이 완성되었다. 나는 오랫동안 이런 패턴을 이상하다고 느껴왔지만, 무엇이 잘못되었는지 알지 못했다.

얼마 전에 아내와 우연히 멜버른 여행에 관한 영상을 유튜브로 본 적이 있다. 유튜버는 페더레이션 광장, 유레카 스카이 덱, 로열 보타닉 가든, 피츠로이 가든, 멜버른 아트센터, 그레이트 오션로드를 방문하면서 시청자들에게 자신의 좌충우돌 무용담을 설명하고 있었다.

아내와 나는 유튜브를 보면서 우리가 방문했던 곳에 대한 추억을 떠올렸다. 누가 먼저랄 것도 없이 멜버른을 회상하며 여행과 관련된 대화를 나누었다. 유레카 스카이 덱에서 멜버른의 전경을 바라보던 기억, 전문사진사의 연출 덕분에 우리 가족이 스카이 덱의 꼭대기에서 바닥으로 떨어지는 모습을 합성한 우리 가족의 인생 사진, 아들이 페더레이션 광장의 음수대에서 물을 마시기 위해 목에 걸어두었던 카메라를 벗어놓고 그냥 오는 바람에 잃어버린 카메라, 마감 시간이 오후 6시인 줄 알고 4시 50분경에 여유 있게 들어간 멜버른 미술관에서 5시가 마감이니 전시관 입구만 관람할 수 있다는 말을 듣고 천장에 매달린 전시품만 보며 안타까워했던 기억들.

아내도 그때 그 추억으로 돌아갔는지 감정이입을 하면서 이야기를 듣고 있었다. 내 이야기를 들으며 옛날 생각이 났는지 "맞아! 그때 그랬어" "그때가 좋았는데" "나도 기억나"라면서 즐겁게 반응했다. 그러면서 무언가가 생각난 듯이 말했다.

"자기는 평소에는 말을 핵심적인 것만 간략하게 말하는데, 여행과 관련된 이야기는 작은 것까지 섬세하고 자세하게 표현하는 것 같아."

"내가 좋아하는 분야의 일인데 그게 당연한 것 아닌가?"

"내 말은 긍정적인 감정에 대해서는 반응도 잘하고 감각도 발달되어 있는데, 부정적인 감정은 마주하지 않고 외면하려는 것 같아서 하는 말이야."

"그런가?"

아내 덕분에 내 마음속 깊은 곳에 있는 무의식의 세계를 엿본 느낌이 들었다. 아내와의 대화를 계속해서 생각해보았다. 긍정적인 감정과 부정적인 감정이 나에게 의미하는 것이 무엇인가? 내가 핵심을 찌르는 짧은 한마디로 대화를 끝내려는 이유가 무엇인지에 대해서 깊이 고민해보았다.

그리고 그 질문에 대한 대답을 찾았다. 다행히도 나의 성장 과정에서 긍정적인 감정은 억압받지 않았다. 반대로 부정적인 감정은 허용되지 않았다. 힘든 일이 발생했을 때, 부모님은 나의 이야기를 들어주거나 나의 감정을 받아주지 않았다. 때문에 부정적인 감정을 제대로 표현하지 못했다.

부모님께서는 자녀들의 부정적인 감정을 억압하고 또 이를 표현하는 것을 금지했다. 아버지와는 대화 자체가 없었고, 어머니 또한 감정의 스펙트럼이 좁아 부정적인 감정을 받아주지 못했다. 이런 환경에서 자란 나 또한 부정적인 감정을 표현하는 것이 서투를 뿐만 아니라, 상대방이 표현하는 부정적인 감정을 받아들이지 못한다. 나의 부정적인 감정을 견디는 것이 힘드니까 상대방의 부정적인 감정에도 반응하지 않는 것이다. 그러다 보니 아내의 투정이나 불평도 잘 들어주지 못한다. 결론적으로 내가 말을 짧고 간결하게 하는 가장 큰 이유는 아버지와 관련되어 있다. 아들에게 관심 없는 아버지에게 내 생각을 제대로 전달해본 적이 없다. 꼭 해야 할 말이 있으면, 혼자서 몇 번이나 시뮬레이션해본 다음, 아버지가 관심 가지길 바라면서 짧고 간략하게 핵심만 전달했다.

그렇게 형성된 대화방식이 지금의 스타일이 되었다. '핵심전달기법'이라고나 할까. 아버지에게 말씀드려야 하는 일이 발생하면 최대한 필요한 말을 핵심만 요약해서 간략하게 전달한다. 그런 식으로 앞뒤 맥락을 잘라먹고 핵심적인 부분만을 전달하는 대화방식이 이제는 나의 일상생활에 자리 잡았다. 서로가 맥을 잘 짚으면 다행이지만, 그렇지 않으면 반대로 오해와 답답함만 증폭된다.

이런 꽉 막힌 대화방식을 아내에게도 그대로 사용했으니, 아내는 그동안 얼마나 답답했을까?

아버지의 꿈

아버지는 내가 의대 진학에 실패하자 나를 향한 비난의 강도를 높이셨다. 사실 내 성적으로는 의대 근처에도 갈 수 없는데, 아버지는 도저히 달성할 수 없는 이상적인 목표를 설정해놓고서는 나를 매몰차게 몰아붙였다.

아버지는 내가 의대 진학에 실패한 원인을 '머리가 나쁜 녀석이 공부까지 열심히 하지 않았기 때문'이라고 공공연하게 말씀하셨다. '머리가 나쁘면 성실하기라도 해야 하는데, 게을러서 부모의 기대를 헌신짝처럼 저버린 아무짝에도 쓸모없는 놈'이라고 비난하셨다. 당시의 나는 아버지의 말씀을 통해 나의 가치와 자아를 판단하였기에 실제로 '머리가 나쁘고 성실하지도 않으며, 아버지의 기대를 저버린 공부도 못하는 나쁜 아이'로 자아상을 형성하고 말았다.

의사는 아버지의 꿈이었지만, 나 또한 아버지의 꿈을 나의 꿈으로 내면화하였기에 의대 진학의 실패는 나에게도 후유증이 컸다. 초등학교 때부터 의사가 되어야만 하는 줄 알았는데, 고등학생이 되면서 목표가 갑자기 사라져버렸으니 남은 것은 상실감과 아버지의 무관심뿐이었다. 진로에 대한 뚜렷한 생각이 없었기에 학습 동기가 부여되지 않았고, 적성에도 맞지 않는 분야를 공부하느라 학업에서도 애를 많이 먹었다. 결국 나 자신을 실패자로 여겼고 한참 동안 목표도 없이 방황했다.

내 삶을 되돌려 다시 고등학교 1학년으로 돌아갈 수 있다면 나는 아버지에게 '문과 계열로 진로를 정하고 싶다'라고 내 생각을 당당하게 말할 것이다. 물론 아버지는 여느 때처럼 '문과 가서 뭐 먹고살래?'라며 고함을 지르며 폭언을 퍼부을 수도 있다. 당신 생각과 다른 것을 허용하지 않기에 당연히 그렇게 하고도 남을 것이다.

아버지에게 욕을 먹고 혼이 나더라도 나 자신의 의지를 밝히는 것은 대단히 중요하다. 왜냐하면 자기가 하고 싶은 일에 도전하는 것만으로도 존중받을 일이기 때문이다. 그렇게 해서 나 자신을 회복하고 내 인생의 방향을 설정할 수 있다면, 그것만으로도 도전해볼 만한 일이다.

한편으로는 아버지의 입장을 전혀 이해할 수 없는 것도 아니다. 아버지로서는 당신의 판단이 합리적일뿐만 아니라 최선이라고 생각했을 것이다. 아들에 대해 잘 알고 계신다고 생각하고 나의 직업에 대해서도 충분히 고민했을 것이다. 아마도 아버지는 당신의 생각이 전적으로 맞다고 확신했을 것이다.

하지만 그것 또한 부모의 교만이라고 말할 수밖에 없다. 나의 꿈을 설정하는 과정에서 가장 중요한 것은 당사자인 나 자신이다. 내 생각과 적성, 의견을 전혀 반영하지 않는 꿈을 갑자기 주면 당사자는 어떻게 해야 하나? 게다가 난 수학과 과학 분야에는 소질도 없는데, 어떻게 아버지가 원하는 꿈을 실현할 수가 있을까? 아무리 노력해도 안 되는 부분이 있다는 것을 아버지는 인정하지 않으셨다. 내 능력으로 가능한 목표라면 제대로 된 도전이라도 해봤을 텐데….

아버지는 내가 성실하고 어른들의 말을 잘 들었기 때문에 시키기만 하면 그냥 따라올 것으로 생각했을 것이다. 하지만 나를 의사로 만들고 싶다면, 최소한 당사자인 나의 의견은 물어봤어야 했다. 아무리 아버지의 확신이 옳다고 하더라도, 어떻게 당사자에게 물어보지도 않고 나의 꿈을 결정할 수가 있는가.

　의사가 되는 것은 아버지의 꿈이지 나의 꿈이 아니다. 아버지는 당신이 실패한 의사의 꿈을 아들인 내가 대신 달성해주길 바랐을 뿐이다. 나를 독립된 한 인간으로 본 것이 아니라, 아버지의 또 다른 분신으로 여긴 것이다. 냉정하게 말해서 아버지는 당신의 부와 자존심을 채우고자 자식을 이용했을 뿐이다. 아버지는 자식의 관심사와 잠재력을 위해서가 아니라 당신의 욕심을 채우고자 자식의 아픔을 알고도 못 본 체하셨다.

　그것만이 아니다. 아버지는 내가 의사가 되지 못한 것에 대한 실패의 책임을 철저하게 나에게 돌렸다. 처음부터 가능성이 전혀 없는, 달성할 수 없는 목표인데도, 그 실패에 대한 책임은 내 몫으로 남았다. 아무리 생각해봐도 아버지의 꿈을 이루지 못한 이유로 자녀인 내가 비난을 받는다는 것은 너무 억울한 일이다.

나의 꿈

　"야! 이 멍청한 새끼야! 그것도 하나 제대로 못하나. 이 돌대가리 같은 놈아! 그래서 뭐가 되겠노. 니는 이제 내 아들이 아니다. 꼴도 보기 싫으니 당장 꺼져라."

　아버지의 단골 레퍼토리이다. 이런 저주를 달고 살았기 때문에 나는 어릴 때부터 멍청하고 머리가 안 좋은 아이인 줄 알았다. 초등학교 때에는 기본기가 없어서 도시락을 챙겨 다니며 받아쓰기 수업까지 들었으니 돌대가리라는 아버지의 예언이 실현될 뻔했다.

　하지만 나이를 먹으면서 아버지의 말씀이 틀렸다는 것을 알게 되었다. 비록 공부를 잘하는 편은 아니었지만 그렇다고 해서 아버지가 말씀하시는 것처럼 바보 멍청이는 아니었다. 그래도 우리 가족 중에서는 내가 제일 공부를 잘했고, 학업에도 내가 가장 성실했다고 자부할 수 있다. 아버지는 누나와 동생에게는 공부에 관해 질책하지 않으면서, 나에게만 엄마를 닮아 공부도 못하고 머리도 나쁘다고 비난하셨다.

나는 아버지의 비난과 저주를 달고 살았지만 '아버지가 객관적이지 않다'라는 사실을 어렴풋이 알 수 있었다. 아버지는 나 말고는 다른 자녀들에게는 공부를 못한다고 혼내거나 미워하지 않았기 때문이다. 그렇기에 아버지의 저주와 비난에도 꿋꿋하게 버텨낼 수 있었다. 가끔은 나의 이런 작은 직관이 큰 위로가 된다.

비록 아버지에게 드러내놓고 반항하지는 못했지만 나는 무의식에 이런 말을 새겼던 것 같다.

아버지의 판단과 말씀은 편견과 모순으로 가득 차 있어. 난 아버지가 생각하는 만큼 그렇게 나쁜 아이도 아니고 모자라는 아이도 아니야.

나는 아버지의 파괴적이고 강압적인 행위에 영혼까지 완전히 지배당한 것은 아니었다. 다행히 나는 내 삶을 조종하고 망가뜨리려는 아버지에게 나의 모든 영역을 내어주지는 않았다. 아주 일부분이지만 내 삶에 조그맣게 숨 쉴 공간을 마련했고, 그 땅에 '희망'이라는 씨앗을 심었다. 바로 그 희망의 씨앗이 자라 꽃을 피워 지금의 나를 만들었다. 비록 아버지로 인해 힘들고 어려운 시간을 보냈지만, 내 모든 것을 놓아버리지 않았기에 지금까지 견뎌낼 수 있었다.

생각해보면 이런 작은 몸부림과 발버둥이 나를 지탱해주는 버팀목이 되었고, 나 자신을 포기하지 않은 결정적인 이유가 된 것 같다. 나에 대한 아주 작은 긍정이 나를 살린 것이다. 이 시기에 사로잡혀 있었던 억울함과 비참함을 잘 추스르고, 버텨냈기에 지금의 내가 있는 것이다.

나를 포기하지 않았던 학창 시절의 나 자신에게 감사한 마음을 전한다. 힘들고 어려웠던 순간에도 나 자신을 소중하게 여겼기 때문에 쓰러지지 않았다. 그 순간을 이겨내고 견뎌준 나 자신이 자랑스럽다.

결과적으로 내가 체득한 우리 집안의 가치는 인내였다. 나는 오로지 인내심 하나로 지금까지 견뎌왔다. 쓰러질 때마다, 포기하고 싶을 때마다, 더 나은 내일을 생각하며 하루하루를 견뎌왔다.

다시 나의 어린 시절 꿈으로 돌아가 보자. 어른들이 말하는 꿈이란 의사, 교사, 변호사, 경찰과 같이 돈을 많이 버는 것과 안정적인 직업을 말하는 것 같다. 아버지도 그 틀에서 벗어난 적이 없다. 아버지의 세뇌와도 같은 반복적인 메아리인 '의사가 되어라'라는 말은 소년에게 진정한 꿈을 심어주지 않았다. 오히려 나의 관심 분야를 차단해버렸고, 미래를 막아버렸다. 어린아이의 무한한 상상력과 창의력을 발휘하여 미래의 꿈을 그려볼 시기에 나는 아버지가 정해준 꿈에만 집중했다. 결과적으로 나는 '무엇이 될까?'에 대해 꿈도 한번 펼쳐보지 못한 채 무기력한 아이로 성장했다.

나의 관심사도 아니고, 나의 실력과도 거리가 먼, 그 길을 향해서 나아가야 하는 운명이 너무나 숨 막혔다. 도살장에 끌려가는 소처럼 마음속에 슬픔을 안은 채로 한 걸음씩 전진해야 했다.

그렇게 힘든 순간에도, 나는 마음속 깊은 곳에, 아버지와는 다른 씨앗을 뿌려두었다. 내 꿈은 아버지가 그리는 세상과는 달랐다. 나는 먹고사는 영역과 나 자신을 세상에 알리는 데에는 그리 큰 관심이 없었다. 대신 막연하지만 아주 강한 나의 꿈을 무의식에 새겨놓았다.

나는 행복한 가정을 꿈꿀 거야! 꿈만 꾸지 않고 반드시 행복한 가정을 이룰 거야! 행복한 가정을 일구고 사랑하는 가족과 함께 세계여행을 할 거야!

그랬다. 나는 언제나 행복한 가정을 원했다. 아버지와 함께했던 지옥 같은 생활을 청산하고, 사랑하는 사람과 결혼한 후에 행복한 가정을 만들 미래를 상상했다. 그것이 내가 진정으로 바라고 원하는 행복이었다.

사랑하는 아내와 아들, 딸을 낳고 즐겁고 웃음꽃이 피어나는 그런 가정을 만들어가리라. 두 사람이 서로 존중하고 대화와 타협을 이어나간다면 풀지 못할 문제가 없으리라. 결혼 후에는 과거의 우중충하고 우울했던 가족이라는 개념을 청산하고, 아름답고 행복한 시간을 보상받을 것이라고 다짐하고 또 다짐했다.

행복한 가정, 바로 그것이 어린 시절 나의 무의식에 깊이 새긴 유일한 꿈이었다.

황금알을 낳는 거위

요즘 청소년들은 꿈에 대해 관심이 많고 또 꿈에 대한 탐구활동도 많이 한다. 부모님들도 아이들의 관심 분야를 주의 깊게 살펴보고 잠재능력을 끌어낼 수 있도록 열과 성을 다해 돕는다. 학교에서도 창의적 체험학습 시간에 전문 강사를 초대해서 관련 분야에 대해 자세하게 설명해주고 학생들과 질의응답 시간도 가진다.

생활기록부에도 진로 희망 사항을 기재하여 자신의 미래를 직접 설계할 수 있도록 지도하고 있으니 아이들이 꿈에 대하여 생각하지 않을 수가 없다. 꿈과 진로와 관련해서 끊임없이 탐구할 수 있도록 학교와 사회가 분위기를 조성해주니 우리 아이들도 자신의 재능에 대해 꾸준히 관심을 두고 고민하는 것 같다.

꿈과 관련한 나의 어린 시절을 생각해보았다. 앞서도 잠깐 언급했지만, 안타깝게도 나는 꿈을 설계하지 못하고 청소년기를 보냈다. 무엇이 되고 싶다거나 무엇을 해야겠다는 생각을 해본 적이 없었기에 꿈이 없었다고 보는 것이 맞을 것이다.

초등학교에 진학하면서 아버지는 나에게 의사가 될 것을 강요했다. 사실 초등학교에 등교하기도 전부터 의사가 되라는 이야기를 들었지만, 그때는 그게 무슨 말인지 몰랐다. 나는 의사라는 직업에는 관심이 없었지만, 아버지 말씀대로 자연 계열로 진학했고, 막연히 '의사가 되겠다'라는 생각을 했다. 열심히 공부한다고 했지만, 의사가 되기에는 실력이 터무니없이 부족했다. 의사의 전제조건이 대한민국 상위 1% 이내라는 사실을 알았더라면 이미 오래전에 포기했을 것이다.

나는 고등학교 입학과 함께 치른 첫 번째 모의고사에서 반에서 십몇 등을 했다. 당시 한 학급에 60명 정도였으니 그렇게 나쁜 실력은 아니었지만, 의사가 되기에는 어림도 없었다. 아버지께서는 나의 어떠한 면을 보고 의사를 권하셨는지 모르겠지만, 당시의 내 능력으로 의사가 된다는 것은 불가능한 일이었다.

혹시라도 아버지께서 내 안에 숨어져 있는 잠재력을 발견하고 나의 성장 가능성을 높게 보신 것이라면 감사하는 마음이라도 가졌을 것이다. 결론적으로 말해 아버지는 나의 적성, 성격, 학력은 전혀 고려하지 않고서 당신 혼자서 나의 진로를 설계하고 결정한 것이었다.

아버지는 실제로 내가 의사가 될 것이라는 확신을 가졌던 것 같았다. 아버지의 친구들이 우리 집에 방문했을 때, 아버지는 친구들에게 아들이 의사가 될 것이라고 호언장담했다. 친구들은 농담 반, 부러움 반으로 "아들이 공부 잘하나 보네! 정호야! 니는 자식 농사 잘 지어서 좋겠다"라고 말씀하셨다.

나는 고등학교 선생님이자 진학에 대해 전문가이신 아버지가 이렇게 말씀하시는 것을 이해할 수가 없었다. '아버지는 나의 성적을 잘 알면서 왜 저렇게 말씀을 하실까?' 그러면서도 아버지의 기대를 충족시킬 수 없는 나 자신이 한심해 보였다.

아버지가 나를 의사로 만들고자 한 이유는 무엇 때문일까?

어릴 때는 이 질문에 대한 해답이 풀리지 않는 수수께끼였지만, 지금 생각해보니, 너무나 뻔했다. 아버지는 나를 통해 경제적인 이득을 얻고 싶었던 것이었다. 당신의 공허한 마음을 물질로써 채우고자 한 것이다. 나의 적성과 실력과는 관계없이 아버지는 당신의 경제적인 풍요로움과 허영을 채우기 위해 나를 황금알을 낳는 거위로 만들려고 한 것이다.

당신은 소중한 존재

초등학교 도덕 시간에 가족공동체에 관한 내용을 배웠다. 교과서에 소개된 가족은 사랑, 행복, 기쁨, 휴식, 여행과 같은 단어들을 바탕으로 따뜻한 내용으로만 채워져 있었다.

가족과 관련한 바람직한 상이긴 하지만, 내가 알고 있는 가족과는 현실적으로 거리가 있었다. 우리나라의 가족이 정말 이런 방식의 삶을 살아가는지 궁금했다. 교과서의 이상적인 내용이 아니라 내 주위의 친구들은 어떻게 지내고 있는지, 가족 간의 갈등은 없는지, 갈등이 있다면 어떻게 해결하는지 알고 싶었다.

선생님은 다양한 가족의 모습을 우리에게 어떻게 설명하실까?

교과서에 나오는 내용을 제외하고 실질적인 가족에 대해 알려주시면 도움이 될 것 같았다. 좀 더 정확하게 말하면 고통받고, 소외된 아이들에게 작은 위로의 메시지를 전해주셨으면 하는 기대를 했던 것 같다. 나와 비슷한 처지에 있는 학생들을 달래주는 따뜻한 말씀을 해주셨으면 하는 바람이 있었다.

안타깝게도 선생님은 가족에 대해 특별한 설명을 하지 않고 가볍게 지나쳐버렸다. 너무나 당연한 내용이라 별로 설명할 것이 없다고 생각하셨던 것 같다. 오래된 장면이지만 지금도 그 수업을 생생하게 기억하고 있는 것은 가족공동체에 대하여, 그리고 가족 간의 갈등 해결에 대해 궁금한 점이 많았기 때문일 것이다.

과연 나의 친구들은 교과서에 설명되어 있는 것처럼 가족들에게 사랑을 듬뿍 받으면서 미래에 대해 행복한 꿈을 꾸며 살아가고 있을까?

나는 가정 문제로 힘들어하는 학생들에게 선생님께서 작은 희망의 메시지를 던져주시길 바랐다.

'여러분들은 가족으로부터 가장 사랑받고 지지받아야 할 때지만, 세상일이 꼭 그렇지만은 않은 것 같더라. 우리 반에도 행복한 아이들만 있지는 않을 것이다. 혹시 가족으로 인해 고통받고 힘들어하는 학생들을 위해서 선생님이 몇 마디 하려고 한다.

선생님은 너희들이 겪고 있는 지금의 힘듦이 어느 정도인지 정확하게 모른다. 하지만 분명한 사실은 지금, 이 순간은 영원하지 않다는 것이다. 너희들이 아무리 힘들고 어려운 형편에 놓여 있다고 하더라도 삶은 분명히 개선될 것이다.

힘겹지만 그것도 인생이다. 냉정하게 들릴지 모르지만, 그것이 현실이다. 하지만 선생님이 말하고 싶은 것이 있다. 절대로 삶을 포기하지 마라. 힘들고 어려울 땐 여러분을 도와주고 이해해줄 수 있는 사람을 찾아라. 선생님도 좋고 주위의 어른들도 좋다. 어렵더라도 공부를 포기하면 안 된다. 그럴수록 더욱 공부를 열심히 해서 자신의 삶을 바꿔나가야 한다.

힘든 일은 앞으로도 일어날 것이다. 그럴 때면 인생의 고된 일들이 남들보다 먼저 찾아온 것이라고 생각해라. 괴로운 과정에서도 즐겁고 행복한 일을 찾아라. 적극적이고 긍정적인 생각으로 살다 보면, 언젠가는 여러분이 원하는 삶을 살고 있을 것이다. 시간은 우리 편이다.'

나는 이런 희망의 메시지를 듣고 싶었다. 가정 문제로 힘들고 지친 나에게 삶의 휴식과 위로를 줄 무엇인가를 찾고 있었다.

그 당시에 나의 이야기를 들어주고 내 형편을 부드러운 시선으로 감싸줄 어른이 있었으면 좋았을 것이다. 삶이 힘겨운 것만은 아니라는 사실을 말해주며, 나에게 용기를 줄 수 있는 사람이 있었더라면 좋았을 것이다.

어린 나를 안아주며 "괜찮아! 네 잘못이 아니야"라고 말해주는 어른이 단 1명만이라도 있었으면 어땠을까? "내가 네 마음 잘 안다. 힘들 땐 언제든지 나를 찾아와. 넌 참 괜찮은 아이야!"라며 내 마음을 공감해주는 사람이 있었더라면 좋았을 것이다. 그 품에서 눈물 흘리며 내 마음이 쉴 수 있었더라면, 그토록 오랜 시간을 자책하며 아버지의 기대를 맞추기 위해 방황하지 않았을 것이다.

지금도 세상에는 피할 수 없는 가정 문제로 인하여, 고통받고 자라는 아이들이 많다. 부족하지만 이들을 위로하고 지지하는 메시지를 전해주고 싶다. 먼저 그 길을 지나간 인생 선배로서 아이들의 삶을 공감하고 함께하고 싶다.

지금의 힘든 순간은 영원하지 않다. 시간은 여러분의 편이다. 희망을 붙잡고 이 세상을 살아가자. 부모를 선택할 수는 없지만, 여러분의 인생은 스스로 선택할 수 있다. 부모가 아닌 나 자신을 위해서, 내 인생을 위해 부디 좋은 삶을 선택하자. 당신은 소중한 존재니까.

공부 상처

2021년, 큰아이가 고등학생이 되었다. 여느 부모들처럼 아이가 학교 적응을 잘해서 열심히 공부했으면 하는 간절한 바람이 있다. 공부를 잘하지는 못하더라도, 열심히 노력하고 도전하는 삶을 살아가면 좋겠다.

학교에 진학하자마자 코로나19 팬데믹으로 인하여 정상적인 등교를 할 수가 없었다. 1년 전에 발생한 코로나로 인하여 온라인 수업과 등교

수업을 병행하게 된 것이다. 사라질 줄 알았던 코로나는 변이바이러스를 만들어내면서 더욱 맹위를 떨치고 있었다. 밖으로 돌아다니는 것이 제한되었기에, 아들은 소위 말하는 '방콕'을 하며 컴퓨터 게임에 빠져들었다. 등교하지 않고 온라인으로 수업할 때는 친구들과 밤을 새우다시피 게임을 하기도 했다. 게임을 절제하지 못하면서 자연스럽게 공부에도 관심이 사라지는 것 같았다.

친구들과 만나서 놀지 못하는 아들의 심정도 이해하기에 게임을 못하게 할 수도 없고, 그렇다고 공부에 별 관심이 없는 아이를 억지로 공부시킬 수도 없었다. '그래도 시간이 지나면 공부를 하겠지' 하고 아이를 기다렸는데, 어느 순간에 수학을 포기하는 것 같더니, 점점 포기하는 과목이 늘어나는 것 같았다.

이러다가 중요한 시기를 놓치겠다는 생각이 들어 아이와 솔직한 대화를 나눴다. 아들은 공부에 대해 진지하게 생각해 본 적이 없다고 한다. 그러면서 '그냥 공부하기가 싫다'라고 했다. 특히 수학은 왜 공부해야 하는지, 그리고 중학교 때도 수학을 소홀히 해서 이미 수업을 따라갈 수 없다고 한다.

나는 직업이 교사인데, 아이가 이렇게 공부를 포기하는 것을 바라만 볼 수는 없었다. 학교에서는 아이들에게 공부하라고 다그치기도 하고, 공부하는 방법을 찾아주면서 학생들의 진학을 돕기 위해 최선을 다하는데, 우리 아이에게는 아무런 도움이 되지 않는다는 것이 나를 힘들게 했다. 나는 아들과 꽤 오랫동안 대화를 했다. 아들을 설득하기도, 동시에 위로도 건네며 공부할 방법을 찾아보았다.

공부하기 싫지? 공부가 쉽지 않아. 공부 잘하는 사람들을 인정하는 것은 힘든 일을 꾸준히 노력해서 성취해냈기에, 그 사람의 도전정신과 성실성을 인정하는 거야. 아빠는 네가 시간이 지나면 자연스럽게 공부할 것이라 믿고 지금까지 너를 기다려왔단다. 하지만 이제는 시간이 많지 않구나. 아빠와 엄마가 적극적으로 도와줄 테니까 조금만 노

럭해보자. 학원에 다녀와서 아빠와 함께 책상 앞에 앉아서 그날 배운 것을 복습하고 숙제만 제대로 해보자.

나는 아이에게 공부하는 습관을 만들어주고 싶었다. 아이도 내 말을 납득하였는지, 아니면 공부를 해야겠다는 마음이 들어서 그런지는 모르지만, 어쨌든 아이와 함께하는 공부가 시작되었다.

퇴근 후에 컴퓨터 게임을 하는 아이에게 '이제 공부할 시간이야' 또는 '거실에서 함께 공부하자'라고 말하면, 모니터를 바라보는 아들의 표정이 싸늘해진다. 마지못해 책상 앞에 앉아 있지만, 얼마 안 가서 온몸을 뒤튼다. 깊은 한숨을 쉬며 '하기 싫다'라는 말을 연발한다. 문제를 푼다고 억지로 앉아 있지만, 서로에게 고역이다. 처음에는 함께 공부하는 것만으로도 만족스러웠고, 이렇게 꾸준하기만 하면 '공부하는 습관을 만들 수도 있겠다'라는 생각이 들기도 했다.

하지만 공부를 제대로 해본 적이 없는 아들에게는 매 순간이 위기다. 적응과정이 힘든 아들의 마음을 이해하면서도, '하기 싫다'라는 불평을 수시로 쏟아내는 아들을 받아들이기가 힘들다. 충분히 아들을 이해하고 노력한다고 하면서도 아들의 태도가 계속해서 마음에 걸린다.

어떨 때는 "그렇게 하기 싫으면 군대 생활은 어떻게 할래? 직장에서 상사가 힘든 일을 시키면 하기 싫다고 안 할 거야?"라며 윽박도 질러본다.

함께 공부하면서 공부하는 습관을 만들어 주는 게 목표였는데, 오히려 아이에게 상처만 주는 것 같다. 이렇게 공부하다가는 공부하는 습관을 잡는 것이 아니라, 아들을 잡을 것 같다. 공부에 대한 상처만 커져서 공부하는 게 더 싫어질 것 같다. 아무리 내 마음을 달래고 붙잡아도, 순간적으로 훅 나가는 나의 짜증에 아들도 눈치를 보는 것 같다.

사실, 아들이 '공부하기 싫다'라고 말하는 것은 자연스러운 것이다. 아빠를 믿고 솔직한 감정을 말해준 아들의 마음을 공감해주고, 공부할 수 있도록 용기를 북돋아주고, 에너지를 불어넣어주는 것이 나의 역할이다. 그런데 나는 그 감정을 받아주지 못해서, 그렇지 않아도 얼마 되지 않는 아들의 공부 에너지를 갉아먹고 있었다.

아들이 공부에 마음을 잡지 못하고 방황하는 데에는 그만한 이유가 있을 것이다. 물론 나와 관련된 부분도 있을 것이다. 내가 아들을 지지해주지 못하고, 잔소리를 하는 것도 아들의 모습에서 나의 공부에 대한 상처가 자극되었기 때문일 것이다.

나의 공부 상처는 무엇일까?

초등학교 3학년 겨울 방학 때가 생각났다. 아버지는 방학 이후에 집에서 빈둥거리는 누나와 나에게 수학 교과서와 노트를 가지고 오라셨다. 전체 분량을 살펴보시더니 매일 10페이지씩 수학 문제를 풀고, 검사를 받으라고 하셨다. 선행학습을 시킨 것이다.

아버지의 말씀이었기에 거절할 수가 없어서, 겨우겨우 문제를 풀어나갔다. 초등학교 4학년 수학은 이전과는 달라서 갑자기 수준이 높아졌다. 처음 며칠은 근근이 풀어갔지만 1주일쯤 지나자 한계에 이르렀다. 문제의 난도가 높아져 혼자서 풀기가 어려웠고, 이해되지 않는 것도 많았다.

누나의 행동 또한 이해되지 않았다. 누나는 처음 이틀 정도 나와 함께 공부하다가, 어느 순간부터는 숙제를 아예 하지 않았다. 두 사람 사이에 내가 알지 못하는 거래가 있었던 것 같다. 불공평하다는 생각과 억울한 마음이 들었지만, 아버지에게 따질 수는 없었다. 따지기는 고사하고, 나는 아버지께 문제가 너무 어렵다거나 또는 양이 너무 많다고 불평조차 하지 못했다. 아버지는 너무 무서웠고, 나는 아버지와 부딪힐 용기가 없었다.

수학은 어렵고, 하기는 싫고, 하지 않으면 아버지의 불호령이 떨어질 게 뻔하고.

  진도를 나갈수록 수학 문제를 푸는 데 시간은 더 많이 걸렸고, 해결은 되지 않아 마음이 힘들었다. 친구들과 놀기 위해서는 수학 숙제를 다 해야 하는데, 나에게는 쉽지 않은 일이었다. 어린 시절, 하고 싶은 것을 억누르며 억지로 책상 앞에 붙어 있는 그 시간은 고역이었다. 무서운 아버지를 둔 초등학교 3학년 아이에게는 이보다 더 큰 시련이 없었을 것이다.

  그렇게 힘들게 숙제를 하다가, 이 어려움을 풀어나갈 방법을 찾았다. 엄마한테 공부하기 위해 전과를 사야 한다고 말씀드렸다. 엄마는 아들이 기특한지 책값을 주셨고, 이후에는 매일같이 전과를 보고 베꼈다. 아버지의 수학 과제는 중학생이 될 때까지 계속되었다. 안 그래도 자신 없는 수학을 매번 억지로 하다 보니, 나는 수학이라면 진절머리를 쳤다. 학교에서도 수학이 제일 싫었고, 재미가 없어서 등한시하게 되었다. 나에게 수학은 호기심으로 접하는 과목이 아니라 살기 위해 억지로 해야 하는 일이었기 때문이다.

  또한 전과를 보고 베꼈기에, 혹시라도 아버지께서 검사할 때 특정 문제를 풀어보라고 하실까 봐 긴장도 많이 했다. 검사라 해봤자 그저 한번 훑어보는 것뿐인데, 난 숙제 검사가 끝나면 안도감에 한숨을 내쉬었다. 숙제 검사 때마다, 나는 부모님을 속이는 나쁜 아이라는 죄책감의 감정과 아버지의 기대를 저버린 무능력하고 무기력한 아이가 되어가고 있었다. 수학을 잘하는 아이로 키우고 싶었던 아버지의 마음과는 달리 나는 수학에 대한 상처만 잔뜩 쌓아가고 있었다.

  그러고 보니, 나 또한 아버지에게서 받았던 상처를 아들에게 그대로 전가하고 있었다. 아들의 어려움을 공감하고 이해하는 것이 아니라, 아버지처럼 아들을 비난하며 수학에 대한 안 좋은 기억을 심어주고 있었다. 나의 학습 상처가 아들의 행동으로 인하여 겉으로 드러나, 아들의 수학공부를 여유있게 바라보지 못한 내 잘못도 있는데, 나는 이 문제를 전적으로 아들의 책임이라고 비난하고 있었다. 아빠의 학습 상처를 치유하라는 아들의 신호를 무시하고, 나는 아들에게 상처를 고스란히 넘겨주고 있었다.

나의 학습에 대한 상처를 깨닫자 아들을 훨씬 더 편안하게 바라볼 수가 있었다. 그러면서 아들에게 무턱대고 화를 낸 나 자신이 너무 부끄러웠다. 아들에게 내가 깨달은 일들을 고백하고 아빠의 행동을 사과해야겠다. 그러면서 또 한편으로는 이 상처를 극복한다면 아들과 함께 즐겁게 공부할 수 있을 것 같다는 예감도 든다.

아들에게도 아빠와 함께 공부하는 시간이 하기 싫은 일을 억지로 하는 시간이 아니라, 자신의 미래를 준비하는 행복한 시간으로 바뀌면 좋겠다. 나의 학습에 대한 상처가 사라지면, 아들이 더 이상 나와 감정적인 힘겨루기에 에너지를 소모하지 않을 것이기에 수학을 대하는 아들의 태도도 바뀔 것이다. 그렇게 된다면 아들은 감정적으로 자유로워져서 공부에 에너지를 집중해서 사용할 것이고, 학습에 대한 능률도 오를 것이라고 기대한다.

아빠! 수학이 조금씩 풀려

아들과의 공부가 다시 시작되었다. 아들은 로그 단원의 문제를 풀면서, 도대체 로그가 무엇이고 왜 이런 문제를 풀어야 하는지 모르겠다며 투덜거렸다. 이전 같았으면, '공부하기 싫으니까 또 투정 부리는구나'라고 생각했을 텐데, 이번에는 그렇지 않았다.

"로그가 무엇인지 궁금하구나! 사실 아빠도 로그가 무엇인지는 잘 몰라. 학교 다닐 때, 아무 생각 없이 선생님이 가르쳐준 대로, 문제만 풀었거든. 그리고 너처럼 로그가 무엇인지 궁금해하지도 않았어."

"그래? 어떻게 모르면서 궁금해하질 않았어?"

"그러게 말이야. 가만 보니 네 말이 일리가 있네. 아빠도 궁금한데 우리 로그에 대해서 한번 찾아보자."

아들의 감정에 공감하면서, 로그에 대해 검색해보니 네이버 지식백과에는 이렇게 나와 있었다.

17세기 서양에서는 천문학과 항해술이 발전하던 시기라서 수학자들이 큰 수를 빠르고 쉽게 계산하는 방법에 대해 고민을 했는데, 영국의 수학자 존 네이피어가 1614년에 '로그'를 만들면서 이 과제를 해결하였다고 한다. 네이피어가 처음 로그를 발명한 계기는 곱셈과 나눗셈을 간소화하기 위해서였는데, 특히 "큰 수를 다루어야 하는 천문학에서는 로그로 인해 천문학자의 수명이 배로 연장되었다"라는 말이 있을 정도로 로그는 획기적인 발명이었다고 한다.

로그에 대해 공부하면서 아들과 수학과 과학의 발전에 대해 이야기를 나누었다. 아들은 로그가 항해와 천문학의 발달로 인하여 커다란 수를 간단하고 편리하게 작성하기 위해 도입되었다는 것을 알게 되면서, 로그에 대한 거부감이 사라졌다고 한다. 부끄러운 이야기지만 나 또한 로그가 왜 생겨났는지에 대해 처음으로 알게 되었다.

그러다가 말이 이어져서 17세기의 서양의 역사에 대해서도 의견을 교환했다. 사실 나는 이런 분야에 대해서 잘 모르는데, 아들은 서양의 역사와 민주주의에 대해서 상당한 관심이 있었다. 그리고 아들은 스스로 납득할 수 있을 때 특정 분야에도 관심을 가지는 아이라는 것도 알게 되었다.

내가 학교 다니던 시절에는 이런 것들이 궁금하지 않았다. 선생님이 정의를 가르쳐주면, 학생들은 기계적으로 문제를 풀기만 하면 그만이었다. 원리나 역사에 대해서는 생각해보지도 않았다. 그저 점수만 잘 나오면 되던 시대였다. 아들 또한 당연히 내가 사용하던 방식대로 공부할 줄 알았다. 시대가 바뀌고, 사람이 다른데도, 공부하는 방법은 이전에 내가 해왔던 그대로 적용했다. 나는 아들의 개성을 존중하지도 않았고, 학습 방법도 존중하지 않았다.

가만히 아들을 관찰해보니, 아들은 내가 생각하던 것과는 완전히 다른 방식으로 공부에 접근했다. 나는 새로운 분야를 단순하게 받아들이는 반면, 아들은 사실과 역사에 근거해서 보다 더 정확하고 확실한 것을 원했다. 그렇기에 의문이 해결되지 않으면, 답답한 마음에 진행이 더딜 수도 있겠다. 아들의 학습방식을 이해하게 되니, 이전과는 다르게 여유가 생겼다. 진도가 천천히 나가더라도 대화하며, 아이의 학습 동기를 채워주고, 학습에 흥미를 제공할 수 있게 되었다. 그러다 보니 아들과 공부하는 시간이 은근히 기다려지기도 했다. 아들 또한 나와 함께하는 시간이 그렇게 힘들지 않은 모습이었다.

얼마 전, 아들이 학원을 다녀오면서 전화를 했다. 약간 들뜨기도 하고, 상기된 목소리가 전화기에서 흘러나왔다.

"아빠! 수학이 조금씩 풀려."

눈물이 핑 돌았다. 내가 가진 공부의 상처가 해소되니, 아들이 공부를 훨씬 더 수월하게 한다.

눈물로 땀을 흘리는 법

두산 베어스의 프로야구 선수 중 김승회 선수가 있다. 김승회 선수의 별명은 '땀승회'이다. 그는 선천적으로 땀을 많이 흘리는 체질로, 마운드에 오를 때마다 온몸이 땀으로 뒤범벅될 정도로 역투를 한다. 그래서 팬들은 그에게 '땀승회'라는 별명을 붙여줬다. 운동 중에 흐르는 땀을 로진으로 제거하겠지만 과도하게 흐르는 땀은 투구 시에 미세하게나마 영향을 줄 것이다.

그런 그가 롯데를 거쳐 SK에서 방출된 뒤 2017년, 두산에서 화려하게 부활했다. 2020시즌을 끝으로 김승회 선수는 은퇴했다. 더 이상 그라운드에서 힘차게 공을 던지는 모습을 볼 수 없겠지만, 언제나 최선을 다하던 김승회 선수는 내 마음속에 계속해서 남아 있을 것이다.

눈치 빠른 독자들은 이미 알아차렸겠지만, 내가 김승회 선수를 이렇게 응원하는 이유는 나 또한 김승회 선수처럼 유난히 땀을 많이 흘리기 때문이다. 땀을 많이 흘리는 사람 중 한 명으로 땀으로 인한 괴로움과 안타까움을 잘 알기에 김승회 선수의 흠뻑 젖은 땀을 보면 나도 모르게 감정이 이입되곤 한다.

나는 유난히 땀이 많다. 손과 발은 평소에도 흥건하게 젖어 있고, 운동할 때, 또는 정신적으로 조금만 긴장을 하게 되면 온몸에 땀이 비 오듯 쏟아진다. 그래서인지 땀으로 인한 비애가 많다.

나는 어릴 때부터 흐르는 땀 때문에 다른 사람들 몸에 내 손이 닿는 것이 싫었다. 어쩔 수 없이 낯선 사람과 악수라도 하게 되면 상대방이 당황해할까 봐 신경이 쓰였다. 버스를 타고 등하교할 때면 손잡이에 땟국물이 맺혀서 다음 사람에게 미안했다. 사람들이 버스에서 밀거나 버스 안쪽으로 들어가야 할 때는, 잡고 있던 손잡이에 맺힌 땀을 쓱 훔치곤 했다.

시험을 칠 때도 땀 때문에 답안지와 안쓰러운 싸움을 했다. 답안지에 답을 옮겨 적을 때면 답안지가 땀에 젖어 찢어지는 경우가 더러 있었다. 특히 틀린 부분을 지워서 다시 쓰려고 하면 땀 때문에 습기가 차서 잘 지워지지 않았고, 지우려고 힘을 주면 답안지가 찢어지기도 했다. 시간적인 여유가 있으면 답안지를 다시 작성할 수 있지만 그렇지 않을 때는 어쩔 도리가 없었다.

가장 결정적인 것은 냄새다. 사람들과 함께 여행이라도 갈 때면, 숙소에 들어가기가 너무 부담스러웠다. 여행 시에는 보통 발이 편한 운동화를 신는 경우가 많은데, 숙소에 들어갈 때는 발 냄새가 진동할까 봐 운동화를 벗는 것이 두려웠다.

간혹 발 냄새가 난다는 것을 잊어버리고 거실에 들어서기라도 하면 사람들이 약속이라도 한 듯이 "무슨 된장 썩는 냄새냐?" "이건 발 냄새

같은데?" "도대체 누구 발 냄새냐?" "숙소에서 제대로 청소를 안 한 것 아니냐?"와 같은 말을 이구동성으로 해서 입장이 곤란했다. 그럴 때마다 나는 어떻게 대처해야 할지 몰랐다. 그저 쥐구멍에라도 숨고 싶은 마음뿐이었다.

나는 운동을 정말 좋아한다. 운동을 하면 자연히 땀이 흐른다. 하지만 땀도 정도가 있지, 과도한 땀은 친구들의 놀림감이 되기 일쑤였다. 줄곧 흘러내리는 땀 때문에, 마치 물에 빠진 생쥐처럼 완전히 젖어버린다. 갑자기 내린 소나기에 옷과 얼굴이 젖은 것처럼 보일 정도였다.

어릴 때는 등교 시 입었던 옷을 그대로 입고 즉흥적으로 축구를 하는 경우가 있었는데 그 바람에 온종일 옷이 축축한 적도 많았다. 게다가 제대로 씻지도 못하기에 땀 냄새, 발 냄새, 신발 냄새가 뒤죽박죽 섞여서 주위 사람들에게 따끔한 눈총을 받기도 했다. 당시에는 사람들의 눈치도 잘 살피지 못할 때라, 나로 인해 불쾌했던 사람들이 많았을 것이다.

고등학교 때에는 농구장에서 살다시피 했다. 농구공을 드리블할 때면 손바닥에 고인 땀 때문에 운동장의 흙이 농구공에 달라붙는 경우가 있었다. 친구들은 내가 드리블하고 나면 농구공이 흙으로 덮여서 무겁다고 농담을 했다. 그럴 때마다 난 부끄럽기도 했고 친구들에게 미안하기도 했다.

땀이 많으면 피부 건강에도 좋지 않다. 특히 옷을 입고 있어서 통풍이 제대로 되지 않는 곳에서는 습진 때문에 가려움과 쓰라림의 고통이 심했다. 무좀은 기본이고 사타구니 사이에 습진이 생겨서 여름철마다 힘들었다. 처음 습진이 일어날 때는 가려운 정도인데 날씨가 더우면 피부가 벗겨진다. 옷이 닿으면 쓰라려서 걸어 다니기도 힘들다. 예민한 부위라서 부모님께 말도 못 하고 그냥 참고 지냈다.

군대에서도 땀과 관련된 에피소드가 많다. 나는 논산훈련소에 91년 8월 5일에 입소했다. 하필이면 한여름에 입대하는 바람에, 안 그래도 많은 땀을 흘리는 나에게 무더운 여름의 군대 생활은 그야말로 고문이었다. 땀은 엄청나게 흘리는데 씻는 시간과 사용할 수 있는 물의 양은 절대적으로 부족했다. 교관들은 샤워를 시작하자마자 '샤워 끝내는 데 30초'라고 엄포를 놓았다. 땀을 깨끗이 씻어내야 피부병으로부터 몸을 보호할 수 있기에 조금이라도 물을 더 얻으려고 또 한 번의 전쟁을 치렀다. 발에 생기는 무좀은 말할 것도 없고, 사타구니에 염증이 생길 때는 몸을 움직일 때마다 따끔거려 견디기가 힘들었다.

한번은 사격 훈련인 PRI를 끝낸 뒤에 빨래 당번으로 동기들의 옷을 수거해서 세탁소에 다녀왔다. 세탁물을 정리하고 부대로 복귀하니 시간은 이미 11시가 넘었다. 동기들은 내무반에서 자고 있고 총기를 보관하는 사물함은 잠겨 있었다. 온종일 먼지가 풀풀 날리는 곳에서 M16으로 훈련받으며 땀을 한 바가지나 쏟았으니 소총에 녹이 스며드는 것은 당연했다. 게다가 총의 영점을 잡느라 실탄을 사용했기 때문에 총기를 수입하지 못한다는 것에 신경이 쓰였다.

하지만 군에서 취침 시간에 훈련병이 혼자서 총을 꺼내 총기를 수입한다는 것은 허락되지 않았다. 총기함의 열쇠도 없거니와 총기로 인한 사고 때문에 마음대로 총을 다룰 수도 없었다. 걱정스러운 마음이 가득했지만 사실상 내가 할 수 있는 일이 없었다.

아침에 기상하자마자 우리 부대는 점호를 취하고 곧바로 사격장으로 이동하였다. 이동하면서 총을 살펴보니, 예상대로 총열이 녹슬어 있었다. 사격장에서도 PRI 연습은 계속되었다. 교관들은 무자비하게도 오전 내내 '엎드려 쏴'를 반복시켰다. 8월 말 한여름에 끝없는 PRI 훈련으로 땀은 비 오듯 쏟아졌다. 말 그대로 피가 터지고, 알이 배기고, 이가 갈리는 훈련이었다. 땀은 계속해서 흘러내렸고, 모래 먼지는 먼지대로 뒤집어썼으니, 총이 제대로 발사될지 걱정되었다.

마침내 우리 조가 사격을 할 차례가 되었다. 나는 사격을 할 사로에 들어가며 '엎드려 쏴' 자세를 취했다. 모든 신경이 소총에 집중되었다.

나는 혼잣말로 '격발되라! 격발되라! 제발!' 하면서 주문을 걸었다. 소대장의 신호에 맞춰 과녁을 조준한 다음 천천히 방아쇠를 당겼다. 아니나 다를까 첫발부터 격발이 되지 않았다. 뭔가가 방아쇠를 꽉 붙잡고 있는 것처럼 아무리 잡아당겨도 총알은 발사되지 않았다.

혹시나 했던 우려가 현실로 다가왔다. 한 번 더 집게손가락에 힘을 주고 방아쇠를 잡아당겼다. 여전히 격발되지 않았다. 나는 사격장의 안전 수칙대로 '엎드려 쏴' 자세에서 총구의 방향을 앞으로 향한 채 오른쪽 다리를 들었다.

사격을 지휘하던 소대장이 다가와 총을 살펴보며 화가 난 듯 소리쳤다. "이게 총이야? 폐총이지!"하면서 철모를 쓴 머리를 군홧발로 짓밟았다. '총을 이렇게 관리하는 네가 군인이니?'라고 말하는 것 같았다.

겨우 영점을 잡아놓은 총이 격발되지 않는 바람에 나는 사격을 끝마치지 못했다. 동기들의 사격이 끝날 때까지 나는 한쪽 구석에서 엎드려뻗쳐를 하고 있었다. 한참 동안을 엎드려뻗쳐 자세로 있으니, 또다시 땀이 비 오듯 쏟아졌다. 몸이 견디질 못해 땅바닥에 철퍼덕거리는 소리를 내며 곤두박질쳤다. 몸을 다시 일으켜서 버티려고 하니 팔이 떨렸다. 부대원들의 사격이 끝난 뒤, 소대장은 나에게 다른 전우의 총으로 사격하라고 하였다.

총의 영점이 안 맞고 오랜 얼차려로 인해서 손이 부르르 떨렸다. 과녁을 조준한다고 했지만, 사격이 제대로 될 리가 없었다. 나의 첫 번째 실거리 사격은 이렇게 끝났다. 총기 수입을 제대로 못해서 소대장에게 욕을 먹고 군홧발로 머리를 밟힌 것도 억울했지만, 이 과정을 그 누구에게도 설명할 수 없다는 것이 더 억울했다.

수술

사실 나는 다한증을 앓고 있었다. 네이버에 다한증을 검색하면 이렇게 나온다. "다한증이란 체온을 조절하는 데 필요 이상으로, 열이나 감정적인 자극에 반응하여 비정상으로 많은 땀을 흘리는 질환으로 다한증이 있는 사람의 경우, 대인관계나 사회생활에 땀으로 인해 스트레스를 많이 받게 되고 직업 활동에 지장을 주기도 한다."

요약하면 다한증은 필요 이상의 땀을 손이나 발, 겨드랑이, 머리 등에 발생시키는 질환인데 이로 인해 대인 관계나 직업, 사회생활에 불편을 끼친다는 내용이다.

나는 미각 다한증도 있다. 미각 다한증이란 일반적인 다한증과 달리 자극적인 음료나 음식물을 섭취한 후 몇 분 내에 얼굴, 특히 이마, 윗입술, 입 주위, 뺨에 땀이 많이 나는 경우를 말하는데, 나는 주로 얼굴과 이마 주변에서 땀을 많이 흘린다. 여성이 다한증을 앓고 있다면 화장하는 것도, 멋진 샌들을 신고 다니기도 쉽지 않을 것이다.

땀이 많이 나는 것을 질환으로 여기지 않는 시대였기에 당시에는 다한증이라는 용어도 알지 못했다. 나중에 알게 된 사실이지만 다한증이 심하면 군대에도 가지 않는다고 하였다. 수류탄 던지기 같은 훈련에서 수류탄이 미끄러져 전우들 근처에 떨어지기라도 하면 커다란 인명사고가 날 수가 있기 때문이라고 한다. 다한증이 심하지 않더라도 여름엔 피부병, 한겨울엔 손발이 동상에 걸리기 쉬워 대부분은 보충역으로 빠진다고 한다. 나는 그런 것도 모르고 신체검사에서 1급 현역으로 판정받아 현역으로 복무했다. 의사의 진단서만 있었어도 최소한 보충역으로 빠졌을 것이다.

땀을 많이 흘리는 것을 보면 어떤 사람들은 불쾌하거나 역겨운 표정을 짓기도 한다. 특히 식사 자리에서 땀을 많이 흘리면 상대방을 불쾌하게 만들 수도 있다. 그래서인지 나는 땀을 많이 흘리는 것을 부끄러워했고, 그로 인해 생기는 불편함과 어려움도 많았다. 갑자기 터지는 땀샘을 최대한 예방하고자 식당에서 메뉴를 고를 때는 최대한 맵지 않고 자극적이지 않은 음식을 주문한다.

누나는 내가 땀 때문에 결혼도 못할 것이라고 공공연하게 말했다. 하기야 나 자신도 '여자친구가 생기면 손이라도 잡을 수 있을까?'라는 생각이 들 정도였다. 무엇보다 자녀에게 유전이 되지 않을까 하는 걱정이 컸다. 나는 어쩔 수 없다 하더라도 자녀에게 이런 질병이 유전된다면 견디기가 힘들 것이다.

가장 결정적인 것은 취업을 위한 면접시험이었다. 면접 때마다 질문에 대답하는 중에 심리적인 긴장 상태를 견디지 못해서 얼굴에 땀방울이 터진다. 손과 발은 흥건해지고 와이셔츠에서도 땀이 흘러나와 몸을 조금씩 적신다. 처음에는 한두 방울로 시작하지만 대답하다 보면 땀방울이 얼굴에서 뚝뚝 떨어질 정도이다. 얼굴과 셔츠에 신경이 쓰여 정신이 하나도 없다.

시간이 지나면서 면접의 질문보다는 흘러내리는 땀을 더 의식하게 되고, 이 상황이 빨리 끝났으면 하는 생각밖에 들지 않는다. 대답도 만족스럽지 못한 데다 얼굴 전체로 번져나가는 땀으로 인해 자신 있게 면접을 본 적이 없다. 면접 때마다 이런 일을 겪다 보니 내 마음은 애가 탔다. 탈락의 이유가 마치 체질 때문인 것처럼 느껴졌다. 그만큼 답답하기도 했고 안타깝기도 했다. 그리고 그런 상황을 의식하느라 면접에 최선을 다하지 못한 나 자신에게도 화가 났다.

엄마도 땀을 많이 흘리기에 나의 이런 애석한 상황을 잘 알고 계셨다. 엄마는 내가 땀 때문에 고생하는 것을 늘 안타깝게 생각하셨다. 그러던 어느 날 다한증과 관련된 신문 기사를 접하셨다. 기사의 내용은 '땀을 지나치게 많이 흘리는 것은 질병이고 병명은 '다한증'이라고 한다. 다한증 환자는 일상생활의 불편함으로 입대 시 현역이 아닌 방위병으로 입대한다. 일반적으로 사회에 제대로 알려지지 않고 크게 문젯거리가 되는 것 같지 않아 보이지만, 환자에게는 매우 큰 고통이다. 따라서 수술을 통해 체질을 개선하는 것을 권한다'라는 내용이었다.

엄마는 이 소식을 접하고는 나에게 수술을 권하셨다. 나는 수술에 대한 걱정과 두려움이 있었지만, 워낙 땀을 많이 흘리기 때문에 엄마의 수술 제안에 대해 긍정적이었다. 수술을 통해 정상적인 삶을 살 수 있다는 기사를 보며, 다시는 땀으로 인해 고생하지 않았으면 하는 간절한 바람이 생겼다.

문제는 아버지인데 아버지는 '땀 좀 흘리는 게 뭐가 대수냐?'라며 수술을 반대했다. 엄마는 말이 안 통하는 아버지에게 저축해놓은 돈이 있으니 돈 걱정은 하지 말라고 설득했다. 결정적으로 취업을 위해서는 수술이 필수적이라는 주장이 아버지의 마음을 움직였다.

혹시나 아버지의 마음이 바뀔까 봐 엄마는 재빠르게 움직였다. 신문에 나온 영동세브란스 병원으로 나를 보내고는 곧바로 진찰을 받게 하였다. 의사 선생님은 땀으로 흥건한 나의 손을 잡더니 "수술해야겠네"라고 말씀하셨다. 대학 졸업을 두 달 남기고 수술 일정이 잡혔다. 땀으로 인한 고생을 이제는 안 해도 된다고 생각하니 기분이 좋았다.

수술 날짜가 잡히고 흉부외과 부분의 전문가이신 영동세브란스 병원에서 Y 선생님의 집도로 다한증 수술을 받았다. 이 수술은 겨드랑이와 가슴 부분에 작은 구멍을 뚫고 그 속으로 관을 삽입하여 교감신경을 절제하는 수술이다.

수술이 2시간 정도 걸린다고 했는데, 나는 수술실에 들어간 후 회복실까지 들어가는 데 무려 8시간이나 걸렸다고 한다. 엄마가 무슨 일이 생긴 줄 알고 걱정하며, 내가 수술하는 동안 쉬지 않고 기도를 드렸다고 한다. 의사 선생님은 내가 피를 많이 흘려서 수혈과 지혈하는 과정이 힘들었다고 하셨다.

퇴원 후, 두세 달 동안은 바깥 활동이 불가능했다. 조금만 움직여도 호흡이 힘들어져 숨을 가쁘게 몰아쉬었다. 체력이 약해져 쉽게 지쳤고, 누우면 곧장 잠이 들었다. 수술 후에는 취업보다는 건강을 돌보는 일이 시급했다. 이 시절 아버지는 내가 아무것도 안 하고 집구석에서 누워만 있다고 불만이었다. 볼 때마다 괜히 수술해서 취업은 하지 않고 집에만 틀어박혀 있다고 투덜거렸다.

울지 못한 내면아이

내 나이 마흔에 '나와 가정이 행복해지는 성장 코칭'이라는 워크숍에 참가하였다. 누가 시키지도 않았는데, 나는 참가자들 앞에서 어린 시절을 이야기하고 있었다. 처음 보는 참가자들과 어린 시절의 학대받은 경험을 공유한다는 것은 사실 커다란 용기가 필요한 일인데 갑자기 어디서 그런 용기가 났는지 모르겠다. 아마도 주위 사람들이 나를 지지하고 공감하지 않았더라면, 그런 용기를 내지 못했을 것이다.

나는 참가자들 앞에서 지금까지 숨기고 살았던 아버지에 관한 이야기를 조심스럽게 끄집어냈다. 아버지의 일상적인 욕설, 꾸지람, 폭행과 관련된 비밀을 고백하고, 마음 구석에 밀어두었던 나의 자아를 끄집어내었다. 부끄러워서 그리고 너무 아파서 한 번도 드러내지 못했던 나의 상처받은 자아를 하나씩 펼쳐보였다.

그렇게 숨기고만 있었던 상처를 길어 올리니 나의 감정은 거친 파도가 지나가는 것처럼 출렁거렸다. 어린 시절, 아버지에게서 느꼈던 분노, 무서움, 두려움, 외로움과 같은 감정들이 한꺼번에 몰려왔다.

참가자들은 나의 얘기를 잠잠히 경청하고 있었다. 그들은 나약한 내 모습을 있는 그대로 받아주었고 나의 아픔과 상처를 공감해주었다. '나의 이런 모습도 허용되고 받아들여지고 있구나'라는 것을 느꼈을 때, 내 안의 어두웠던 자아가 해방되는 것 같았다. 이야기를 털어놓자 답답했던 가슴이 뚫리면서 힘들어하던 내면아이가 안도의 깊은숨을 쉬는 것 같았다. 실로 놀라운 경험이었다. 나 자신을 있는 그대로 인정하고 존중하는 분위기라 가능했던 것 같다. 성장 코칭의 나흘 동안, 나는 어린 시절을 마음껏 돌아보고 상처받은 내면아이를 사랑하고 위로하는 시간을 가졌다.

코칭 중에 코치님과 땀과 관련된 얘기를 꺼냈다. 코치님은 땀에 관한 이야기를 진심으로 경청하고 있었다. 그러다가 순간적으로 눈이 번쩍하더니 이렇게 말씀하셨다.

"제가 볼 때 최정민 님이 흘리는 땀은 그냥 단순한 땀이 아닌 것 같습니다. 정민 님이 흘리는 땀은 어린 시절에 흘렸어야 할 눈물이었던 것 같습니다."

무슨 말씀인지 의아해하는 표정을 짓는 나에게 코치님은 이어서 말씀하셨다.

"정민 님은 어린 시절 아버지의 거친 말과 분노를 온몸으로 받아냈습니다. 아이들은 자신이 감당할 수 없는 수위의 감정에 대해서는 대개 눈물로 그 감정을 표현합니다. 자신의 감정을 말로 표현하기에는 한계가 있으니까요. 정민 님도 처음에는 말하지 못한 감정을 눈물로 표현했을 거예요. 하지만 아버지의 억압이나 위협 때문에 아이는 울어야 할 순간에 제대로 울 수가 없었지요. 자신의 감정에 충실하지 못하고 억지로 그 울음을 삼켜야 했던 정민 님의 상처 중에는 분명 '울지 못한 내면아이'가 있을 거예요. 두렵고 무서운 순간에 울음으로 자신의 감정을 온전하게 드러내지 못하고, 그 감정을 차단해버린 아이가 있을 거예요. 그렇게 울지 못한 내면아이가 눈물 대신 땀으로 자신의 억압된 감정을 표현하지 않았을까요? 눈물 대신 땀으로 감정의 찌꺼기를 배출하는 것이지요. 다시 말해서, 정민 님이 지금 흘리는 땀은 어린 시절에 흘렸어야 할 눈물이 아닐까요?"

나는 코치님의 설명을 들으며 눈물이 핑 돌았다. 어린이들은 힘들고 괴로울 때 자연스럽게 눈물로 감정을 표현한다. 눈물은 감정의 자연스러운 흐름이지만 나는 아버지를 두려워하는 마음에 눈물로 내 감정을 표현할 수 없었다.

아버지는 내가 눈물을 보이면 "뚝!" "남자가 어디서 눈물 흘리노?" "어서 안 그치나?"라며 위협을 가했다. 나는 아버지가 너무 무서워 울지 않으려고 애썼고, 감정을 숨기기에 급급했다. 눈물을 보이면 아버지의 위협과 폭력이 가해졌기에 맞지 않기 위해서라도 억지로 눈물을 참았다. 그런 일이 몇 번 반복되며 나는 무의식중에 눈물을 통제하려고 했다. 그렇게 나의 감정의 흐름이 막혀버렸다.

나는 슬픔의 감정만이 아니라 화, 분노와 같은 감정도 잘 느끼지 못한다. 이 모든 것이 아버지가 허락하지 않은 감정들이다. 아버지가 허락하지 않은 감정들이 내 안 어딘가에서 오랫동안 봉인되어 있다가 오늘에서야 비로소 깨어났다. 나는 그렇게 '울지 못한 내면아이'와 마주쳤다. 그 아이를 위로하고 그 아이가 겪었던 슬픔과 아픔 그리고 억울함의 감정을 어루만지는 것이 내가 풀어내야 할 인생의 과제이다.

이제는 상처받은 내면아이의 슬픔과 함께하고 그 아이가 느꼈던 두려움과 아픔을 안아주려고 한다. 그동안 외면했던 다채로운 감정을 이제는 허용하려고 한다. 슬플 때는 눈물을 흘리고, 아플 때는 아프다고 말할 것이다. 그렇게 나의 상처를 인정해주고 보듬어서 죽어가던 감정들을 되살릴 것이다.

세대 간 전이

심리학자이자 가족치료사인 산드라 콘라트에 따르면, 과거의 고통스러운 화제와 처리하지 못한 감정이 한 세대에서 다음 세대로 이동하는 현상을 세대 간 전이라고 합니다. 성장과정에서 마음껏 울어보지 못한 부모는 우는 아이를 달래는 일이 쉽지 않습니다. 마찬가지로 상대의 속을 들여다본 적이 없는 부모는 이해와 사랑을 바라는 아이를 있는 그대로 바라보기 어렵습니다.

저의 경우, 너무 엄격하고 무서운 아버지로 인하여 감정을 억압받았습니다. 아이들은 자신의 마음을 세세하게 알지 못하기에 불편한 감정을 눈물로 표현합니다. 하지만 저는 힘들고 불편한 마음을 공감받지 못했고, 억울하거나 슬픈 상황에서도 울지 못했습니다. 제가 눈물을 비추기라도 하면 "남자가 어디서 눈물을 흘리노?"라며 아버지의 불호령이 떨어졌습니다. 그렇게 제 안에는 '울지 못한 내면아이'가 자리 잡게 되었습니다.

그래서인지 저는 아이들의 마음을 있는 그대로 읽어주지 못했습니다. 특히 저는 아이들의 눈물에 예민했습니다. 아이들이 울음을 터뜨리기라도 하면 저도 모르게 자녀들의 울음을 그치게 하려고 애를 씁니다. 이는 아이들의 마음을 알아주기 위해서가 아니라, 자녀들의 우는 모습이 제 마음을 불편하게 만들기 때문입니다. 울지 못하고 공감받지 못한 내면아이가 아이들의 감정을 허용하지 않고 억압하고 통제하려고 하는 것입니다. 아버지와 같은 방식은 아니지만, 또 다른 형태로 아이들의 마음을 조종하고 있었습니다. 제가 원하는 것은 아니었지만 아버지가 저의 눈물을 억압했듯이 저도 아이들의 눈물을 억압하고 있었습니다.

제 안에서 '울지 못한 내면아이'는 어떤 식으로든 자기를 알아달라고 계속해서 메시지를 전합니다. 저는 그것도 알지 못하고 감정이 꽉 막힌 채로 살아왔습니다. 그러던 제가 '울지 못한 내면아이'를 대면한 것은 마흔여섯 살 때였습니다.

아버지와의 힘든 소송이 끝난 어느 날, 장모님과 통화를 하였습니다. '소송 중에 물심양면으로 지원해주신 것에 대해 감사드린다'라는 말을 전하고 싶었습니다. 아내와 장모님의 통화가 끝난 후, 제가 전화기를 넘겨받았습니다. 장모님께서 먼저 말씀하셨습니다.

"최 서방 어머니도 일찍 돌아가시고, 아버지는 최 서방을 못 잡아먹어서 저렇게도 안달이니 어쩌면 좋아? 이젠 정말 고아가 되어버렸네. 고아가. 그래도 절대로 기죽으면 안 돼! 힘든 일 있으면 나한테 다 말해! 내가 최 서방 엄마가 되어줄 테니까."

그 순간에 갑자기 눈물이 터졌습니다. '어머니! 정말 감사합니다'라고 말하고 싶은데, 아무 말도 나오지 않았습니다. 갑자기 목에 블랙홀이라도 생긴 것처럼, 목구멍에서 나오는 모든 소리가 무언가에 빨려 들어가는 것 같았습니다. 저는 "꺼이꺼이"하며 이상한 울음소리만 내고 있었습니다. 분명 저한테서 나는 소리이긴 한데, 이건 사람이 낼 수 있는 소리가 아니었습니다. 멧돼지의 울음소리 같기도 하고, 맹수가 울부짖는 소리 같기도 하고. 저는 전화통을 붙잡고 30분을 넘게 울었습니다. 우는 것이 불편하기도 하고 장모님 앞에서 우는 것이 부끄럽기도 해서 눈물을 제어하려고 해보았지만 소용없었습니다. 시간이 지나 이 눈물의 의미가 무엇인지 생각해보았습니다. 생전 처음 경험했던 원초적인 눈물이었기에 여느 때의 눈물과는 다르다고 생각했습니다. 그리고 저는 그 의미를 알았습니다. 그치고 싶어도 그쳐지지 않던 눈물의 의미는, 어릴 때부터 표현하지 못한 채로 제 마음속에 쌓여 있던 슬픔이었습니다. 그렇게 저는 '울지못한 내면아이'와 대면하였고 슬픈 과거를 애도하는 시간을 가졌습니다.

❖ **당신 마음속에는 무엇이 들어 있나요?**

- 부모에게 관심과 사랑받기 위해 자아를 억압한 적은 없나요?
- '안 돼'라고 편하게 말할 수 있나요? 혹은 그 말을 하는 것이 두렵거나 죄책감을 느끼나요? 그 이유는 무엇인가요?

거울을 마주하면 당신 자신의 얼굴만 볼 수 있을 뿐이지만
당신의 아이를 마주하면 마침내 다른 모든 이들이
어떻게 당신을 보아왔는지 알 수 있다.

– 다니엘 래번

아이를 통해 삶을 배우다

아이를 통해 삶을 배우다

아이는 언제나 옳다

앞서 말한 것처럼 나의 어린 시절은 친구들과 뛰어놀며 보낸 것이 대부분이었다. 아침부터 밖에서 놀고 있으면 동네 친구들이 하나둘씩 모이고, 어느새 우리는 놀잇감을 찾아 동네 여기저기를 돌아다닌다.

그때는 노는 것이 인생의 전부였다. 친구들과 노는 재미에 정신적인 위로와 만족감을 얻었다. 그렇게 뛰어놀면서 스트레스를 해소했고, 자유를 누렸다. 그 자유가 내 몸 여기저기에 쌓인 독소를 치유하여 심리적인 안정감을 주었다. 가정에서 받아야 할 안정감과 편안함을 친구들로부터 공급받은 셈이다. 사방이 꽉 막혀 답답했던 내 마음이 친구들 덕 분에 숨을 쉴 수 있었다.

학교 현장에서도 어린 시절의 나와 비슷한 부류의 아이들이 있다. 친구들과 노는 것에 지나치게 관심이 많고 학업에는 무관심한 학생이 그들이다. 이 아이들은 틈만 나면 친구들과 떠들고 교실과 복도를 운동장처럼 뛰어다닌다. 항상 해맑은 이들에게 세상의 어려움과 걱정거리는 남의 이야기이다.

수업 시간도 마찬가지이다. 이들은 여간해서 수업에 집중하지 못한다. 장난을 치고 소란을 일으키다가 선생님에게 문제 학생으로 낙인찍힌다. 이들이 수업 시간에 조용할 때는 놀다가 지쳐서 잠이 들 때이다. 이 아이들이 공부에 집중하지 못하는 것은 공부에 소질이 없거나 공부가 중요하지 않다고 생각해서 그러는 것이 아니다. 아이들이 이러는 진짜 이유는 학교에서 마음 둘 곳을 찾지 못하기 때문이다. 그렇기에 또래 친구들에게 지나치게 의지하며 응축된 에너지를 발산시키느라 세상모르고 뛰어다니는 것이다. 아이들이 일부러 문제를 만드는 게 아니라 가지고 있던 문제가 밖으로 드러나는 것뿐이다.

정도의 차이는 있지만, 이런 아이들의 대다수는 부모님으로부터 정서적인 지지를 공급받지 못한 아이들이다. 이들은 부모님으로부터 얻지 못한 심리적인 안정감과 만족감을 친구들로부터 얻으려고 한다. 부모님으로부터 받아야 할 심리적인 지지를 또래 친구들로부터 확인받고 싶어 하는 것이다.

학교 현장에서 이런 아이들의 행동을 교정하는 것은 정말 힘들다. 이미 학생들의 습관이 몸에 배어버렸기에 이들의 행동은 여간해서 바뀌지 않는다. 선생님이 관심을 가지고 지도할 때는 알아듣는 것 같기도 하지만, 그것도 잠시일 뿐, 곧 원래의 모습으로 되돌아간다. 훈육도 엄포도 사실상 아무런 대책이 없는 임시방편일 뿐이다. 이들은 교사의 모든 에너지를 빨아들이는 블랙홀과 같다. 말 그대로 일당백인 셈이다.

그렇다고 이 아이들을 두 손 놓고 바라볼 수도 없고. 마땅한 방법이 떠오르지 않는다. 결국 아이들에게 필요한 것은 부모님과 교사의 절대적인 관심이다. 그런 측면에서 나는 의사이자 대학교수인 천근아 박사님의 《아이는 언제나 옳다》라는 책에서 이런 아이들을 도울 방법을 찾는다. 이 책에서는 아이들을 지도할 대상이 아니라 이해의 대상으로 바라본다. 즉, 학생들을 교정의 대상이 아니라, 사랑을 전해야 할 대상으로 바라본다. 소위 말하는 문제 아이를 긍정적으로 바라볼 수 있게 해주는 이 책은 읽는 이에게 따스함을 전해준다.

부모님과 교사들이 아이의 마음을 알아주고, 아이를 적극적으로 지지해준다면 아이의 문제는 자연스럽게 사라질 것이다. 학교에서 말썽을 피워 문제 아이로 낙인찍힐 에너지를 자신의 발전과 성장을 위해서 사용할 것이다.

아이들이 비뚤어진 행동을 하는 데에는 그럴 만한 이유가 있다. 그 이유를 찾아내는 것이 바로 부모와 교사, 우리 어른들이 해야 할 일이다. 책에서처럼 아이를 부모의 틀에 맞추려 하지 말고 자녀의 눈높이에 맞춰 공감할 때, 아이의 일상은 달라질 것이다. 이제는 아이들을 탓하기보다 우리의 삶과 양육방식을 돌아봐야 할 때이다. 부모가 자신의 실수를 인정하고 변화할 때, 아이들도 성장의 발걸음을 내디딜 것이다.

아이들이 문제를 일으킬 때면 다시 한번 더 생각해본다.

아이는 언제나 옳다. 내가 이 아이를 도울 일은 없을까?

왜 그렇게 아들을 안기 힘들까?

첫 아이가 태어나고 얼마 되지 않았을 때의 일이다. 나는 아들을 통해 처음으로 알게 된 것이 많다. 30대 중반이 되도록 아이들을 이토록 자세히 바라본 적이 없었다는 것을 몰랐다. 그리고 아이들이 이렇게 예쁜 줄도 몰랐다. 세상 어디를 가도 아이들밖에 보이지 않았고, 아이 용품과 아이들이 먹는 음식 같은 것들밖에 보이지 않았다. 세상의 모든 관심이 아이들로 채워졌다.

아들의 성장 과정을 지켜보는 것 자체도 신기함과 기쁨의 연속이었다. 아이를 양육하는 것은 분명 힘들지만, 아들이 깔깔거리며 웃을 때 만끽하는 기쁨과 감격은 세상의 그 무엇과도 비교할 수 없었다. 사랑하는 아들의 웃음 하나만으로도 그날의 피로를 모두 잊고도 남음이 있었다.

그런 나에게 한 가지 특이한 문제점이 발생했다. 그것은 다름 아닌 아들을 안는 게 너무 힘들다는 것이다. 그렇게 예쁘고 사랑스러운 아들인데 아들을 안는다는 것이 나에게는 너무나 어색하고 부담스러운 일이었다. 다른 사람들은 아이를 안고서 잘만 돌아다니는데, 나는 왜 아들을 안는 것이 안 될까? 아이를 안더라도 몇 분만 지나면 쉽게 지쳤다. 누군가 아들을 안고 있는 내 모습을 본다면 '저 사람 애 아빠 맞아?'라고 생각할 정도였다.

그런 나에게 아내는 마치 '바윗덩어리를 안고 고문당하는 사람 같다'라고 말했다. 아내의 말을 그대로 수용할 수는 없었지만, 나의 표정과 눈빛은 아들을 거부하고 있었다. 아들 또한 나에게 안기는 것이 싫었는지, 아니면 나의 거부반응을 알아차렸는지, 나에게 안기려고 하지 않았다. 아들은 내 마음을 아는지 모르는지 내가 안으면 곧바로 엄마에게로 되돌아가곤 했다.

왜 그렇게 아들을 안는 것이 힘들었을까?

아무리 노력해도 나아지지 않았다. 특별한 이유도 없는 것 같은데, 어쨌든 아들을 안는 것이 고민거리가 될 정도였다. '사랑하는 아들을 노력해야만 안을 수가 있다니?' 그 말 자체가 웃기지만, 남들에게 말할 수 없는 심각한 문제였다. 나 자신이 아버지로서 자격이 없는 것 같아 죄책감마저 들었다.

그렇게 힘겨운 시간을 보내는 중, 내가 아들을 안는 것이 왜 그토록 힘든지에 대한 원인을 발견했다. 그 이유는 나 자신이 어린아이였을 때, 아버지에게 안기거나 업혀본 적이 없었기 때문이다. 아버지의 사랑을 받지 못한 상처를 몸이 기억하는지, 내 마음과는 다르게 내 몸이 아들을 거부하는 것이었다. 사랑하는 아들이 짐짝처럼 무겁게 느껴졌고, 조금만 오래 안고 있기라도 하면, 분노가 끓어오르는 것 같았다. 아버지에게 받지 못한 사랑을 실천하려고 하니, 내 몸이 거부반응을 일으키는 것이었다.

나는 아버지에게서 받지 못한 사랑 때문에 내 몸 깊은 곳에서부터 아들을 거부하고 있다는 것을 인정하지 않을 수가 없었다. 내 의도와는 달리, 현실 세계에서는 나의 상처와 관련해서 나도 통제할 수 없는 일들이 비일비재했다. 나도 모르는 사이에 내가 원하는 방식과는 정반대로 일이 진행되고 있었고, 나는 그저 무기력하게 아버지의 상처를 반복하고 있었다.

하지만, 아버지의 상처가 사랑하는 나의 아들에게 그대로 흘러 들어가게 할 수는 없었다. 이 상처를 아들에게 그대로 전달할 수는 없었기에, 그리고 이 상처를 끊어내기로 마음먹었기에, 나는 변하기로 했다.

지금은 힘들지 모르지만, 언젠가는 너를 안고 있는 이 순간이 그리울지도 몰라. 비록 아빠는 할아버지로부터 사랑받지 못했지만, 너에게만은 그런 상처를 물려주지 않을 거야. 아빠는 너를 사랑하고 너를 안을 때, 이 세상에서 제일 행복해! 아빠는 절대로 너를 거부하지 않을 거야.

새로운 다짐과 함께 아들을 품에 안았다. '이 세상에서 가장 소중한 존재인 네가 내 아들이어서 고마워'라는 마음을 가득 담았다.

신기한 것은 아이의 반응이었다. 나의 상처가 완전히 사라진 것이 아닌데도, 아들은 내가 안은 후에 채 5분도 되지 않아 나의 품에 안겨 쌔근쌔근 잠을 자는 것이었다.

아이는 어른의 스승

나는 강압적인 양육방식의 좋지 않은 기억 때문에 적어도 우리 아이들은 다르게 키우고 싶었다. 아이들에게 최대한 자유를 보장해주려고 노력했고, 행동에도 특별한 제약을 가하지 않으려고 했다. 아이들이 주위 사람들을 방해하지 않고 안전하게만 논다면, 될 수 있는 대로 아이들의 행동을 허용해주려고 했다. 다행히 아이들이 예쁘게 성장해줘서 부모로서 감사하게 생각한다.

아이들이 성장하면서 간혹 부모의 어린 시절을 비춰줄 때가 있다. 아이들의 그런 모습을 통해 기억 저편에 숨겨두었던 부모의 상처가 되살아난다. 부모에게는 상처를 들여다보는 것이 힘들고 어렵겠지만, 이 기회를 잘 이용하면 어린 시절에 봉인해버린 상처를 치유할 수가 있다.

자신의 상처를 바라보는 게 두렵고 힘든 작업인 것은 틀림없지만, 아이들이 부모에게 상처를 비추어주는 이유는 부모를 힘들게 하려는 것이 아니다. 확실한 것은 일부러 부모를 힘들게 하는 아이들은 없다는 것이다. 아이들이 부모에게 상처를 보여주는 이유는 부모에게 과거의 상처를 떠올리게 하여, 그 상처를 부모들이 정면으로 바라보고, 이를 치유하라고 하는 것이다. 따라서 아이들이 부모에게 상처를 비춰주는 이유는 부모에게 상처를 치유할 기회를 주기 위함이지 의도적으로 부모를 힘들게 하려는 것이 아니다. 그렇게 아이들은 부모를 성장의 길로 안내한다. 그런 면에서 아이들은 존재 그 자체로 신의 선물이다.

나는 아이들의 충치 때문에 방문한 치과에서 해결되지 않았던 상처를 우연히 발견했다. 아이들이 치과에 가는 것을 좋아할 리가 없지만, 우리 아이들은 좀 더 심각했다. 특히 큰 아이는 소리에 민감해서 그라인더가 돌아가는 소리만 들어도 몸을 움찔거려 치료가 쉽지 않았다. 극도로 예민해진 아이는 그라인더가 이에 닿는 순간 울음을 터뜨렸다.

큰 애가 우는 것을 본 동생은 치료를 시작하지도 않았는데 겁을 잔뜩 집어먹었다. 자리에 앉자마자 얼굴이 굳어지더니, 결국 오빠를 따라 울어버렸다. 의사 선생님과 간호사는 당황스러워하며 아이들이 진정하기를 기다렸지만, 상황은 나아지지 않았다.

치료를 시작하지도 않았는데 아이들은 자지러지게 울어대고 있었다.

울음이 그치지 않아 의사 선생님도 마땅히 어떻게 할 도리가 없었다. 치료를 유별나게 받는 것 같아 선생님과 간호사들에게도 미안했다.

간호사는 치료를 계속 받기 위해서는 아이들의 몸을 꽉 붙잡고 움직이지 못하게 해야 한다고 말했다. 아이들을 강제로 치료받게 하는 것이 좋은 방법 같지 않아서 이러지도 저러지도 못하고 있는데, 간호사가 다시 말했다. 아동 전문 치과에서 수면 치료를 받아보는 것이 어떠냐는 것이다. 순간적으로 여러 가지 생각이 교차했다.

아이들이 치료를 거부하는 상황에서 강제로 치료를 받도록 해야 할까. 아니면 아동 전문 병원에서 수면 치료를 받도록 해야 할까. 그것도 아니면 이가 상하더라도 좀 더 기다렸다가 치료받도록 하는 것이 좋을까.

어떻게 해야 할지 몰라 초조하게 이 상황을 지켜보고 있었다. 아내 또한 아이들을 달래며 안절부절못했다. 짧은 순간 '초등학생이 어떻게 충치 치료도 받지 못할까? 아내와 내가 아이를 너무 나약하게 키웠나?' 라는 생각이 들었다. 이가 아픈데도 불구하고 아이들이 치료를 제대로 받지 못한다는 것 때문에 감정이 크게 요동쳤다. 그리고 치료를 거부하는 아이들에게도 화가 났다. 어쩔 수 없이, 다음 기회로 치료를 미룰 수밖에 없었다.

집으로 돌아온 후에도 찜찜함이 계속해서 남아 있었다. 처음에는 '아이들이 왜 그렇게 치료받지 못할까?'라는 의문이 계속해서 떠올랐다. 그러면서 '아이들이 그 정도의 고통도 참지 못한다면 나중에는 어떻게 될까?'라는 생각을 했다. 그렇게 나는 아직 닥치지도 않은 미래까지 걱정하고 있었다.

내가 너무 생각을 확장하며 쓸데없는 걱정을 하고 있다는 것을 알게 되자, 어느 정도 마음이 안정되었다. 가만 보니 아이들을 존중하는 태도로 양육하겠다고 다짐해놓고서, 나의 무의식은 아이들을 계속해서 비난하고 질책하고 있었다.

그러면서 다시 차분하게 생각해보았다. '무엇 때문에 내 마음이 그토록 힘들었을까?' '나는 왜 그렇게 아이들에게 화가 났을까?' '혹시 내가 아이들에게 잘못하고 있는 것은 없을까?' '어린 시절에 나는 충치 치료를 어떻게 받았을까?'라는 의문이 꼬리에 꼬리를 물고 떠올랐다. 그러면서 어린 시절, 치과에서 치료받던 나의 모습과 연결되었다.

나는 충치 문제로 치과에 자주 방문했다. 당시에는 치아 관리를 제대로 못하기도 했고 양치질도 제때 하지 않아 충치가 많이 발생했다. 다섯 살 즈음에는 썩은 이 때문에 치과의 단골손님이 되었다. 충치도 문제였지만, 유치가 빠져야 할 곳에 이가 빠지지 않고 영구치가 자라는 바람에 치열도 고르지 않았다. 그리하여 엄마와 치과에 가게 되었다. 치과의 기계들을 보는 것만으로 두려움이 밀려왔다. 입을 크게 벌리고 고통스러워하는 환자와 각종 기계음은 가히 충격적이었다. 선생님은 검진 후에, 엄마와 한참 동안 말씀을 나누셨다. 엄마의 안색은 점점 어두워졌다. 치료비의 견적이 너무 많이 나온 것이었다.

이 문제는 아버지께서 해결하셨다. 아버지는 당시 직업 군인이셨는데 치료를 위해 군부대 치과에 나를 데려갔다. 군부대에서는 저렴하게 또는 운이 좋으면 공짜로도 치료를 받을 수 있었다.

지금도 아버지와 함께 군부대를 방문했던 때가 생생하게 기억난다. 아버지와 함께 부대에 가는 것은 즐거운 일이었다. 당시 아버지의 계급은 중위였는데, 나와 함께 출근할 땐 군용 지프를 탔다. 처음으로 지프를 타고 위병소를 통과할 때였다. 위병소에서 근무하던 군인 아저씨는 절도 있는 동작과 우렁찬 목소리로 '충성'이라는 구호를 힘차게 외쳤다. 아버지는 가볍게 거수경례를 하고 위병소를 통과하였다. 당시의 아버지는 위병소에서 근무하는 군인 아저씨보다 계급이 훨씬 높았던 것 같고 경례 자세에는 절도가 묻어 있었다. 당당한 아버지의 모습을 보며 나 또한 어깨에 힘이 들어갔다. 어린 시절 보았던 아버지의 늠름

하고 멋있는 모습이었다.

그렇게 도착한 곳이 군부대 내에 있는 치과였다. 그라인더의 윙윙거리는 소리와 약품 냄새가 머리를 어지럽혔다. 군의관 선생님은 아버지에게 '아드님의 이가 제멋대로 났다'라며 이를 치료하는 것보다는 뽑는 게 더 좋을 것 같다고 말씀하셨다.

아버지는 나에게 "선생님 말씀 잘 듣고 치료 잘 받아라. 그리고 치료가 끝나면 여기서 기다려라"라는 말씀을 남기고 부대로 복귀하셨다. 혼자 남은 나는 군의관 선생님의 지시에 따라 입을 크게 벌리고 치료를 받았다. 이를 뽑을 때는 너무나 아프고 무서웠지만, 신음조차 내지 않았다. 아빠가 '선생님 말씀 잘 듣고 치료 잘 받아라'라고 말씀하셨기 때문이었다.

치료받는 과정은 너무나 힘들었다. 나는 아랫배에 힘을 주고 두 손을 깍지 낀 채로 치료받았다. 치료받는 동안 얼마나 긴장했는지 두 손과 이마에 땀이 흥건하게 맺혔다. 그렇게 치료가 끝났다. 선생님은 이를 뽑고서는 '아이가 참 잘 참네'라고 말씀하시며, 머리를 쓰다듬으셨다. 이후로도 치과에 갈 때면 아버지는 나를 군의관에게 맡겨놓고는 치료가 끝난 후에 데려가곤 하셨다.

나는 치료 도중에 선생님의 말씀을 한 번도 어긴 적이 없었고, 치료를 힘들게 만든 적도 없었다. 선생님이 주사를 놓을 때도, 이를 뽑을 때도 나는 정말 말을 잘 듣는 우수한 환자였다. 겨우 5~6살인 나이에 말이다. 군의관들은 매번 바뀌었지만, 치료받는 나의 태도는 한결같았다. 선생님들은 치료가 끝나면 언제나 나를 칭찬했다.

"어린애가 참 잘 참네!"

이런 옛 생각을 하다가 나는 무릎을 탁하고 쳤다. 우리 아이들에게 화가 난 감정과의 연결고리를 찾았기 때문이다. 사실 어른들도 치과에 가는 것을 싫어하는데 아이들이 치료를 잘 받는다는 것은 그 자체가 이상한 일이다. 코를 찌르는 약품 냄새, 충치를 가는 그라인더 소리, 침을 흡입하는 석션 소리와 같이 치과가 주는 분위기만으로도 아이들에게는 두려움의 대상이다. 게다가 치료받을 때의 아픔은 고통스러운 경험이 분명한데, 나는 우리 아이들의 마음을 공감해주지 못했다.

'조금만 참으면 되는데 왜 이렇게 호들갑을 떠나'라는 생각이 들었고, 그로 인해 의사와 간호사에게 미안한 마음만 들었다. 어린아이들을 보호하고 아이들의 감정을 달래주는 것이 아니라, 의사와 간호사의 입장을 먼저 헤아리며 빨리 그 상황을 벗어나고 싶었다.

아이들의 아픔을 알아주고 공감해주어야 할 부모가 오히려 아이들이 치료에 비협조적이라면서 그들을 비난하고 있었다. 어린 시절 공감받지 못했던 나의 경험을 우리 아이들에게도 그대로 전가하고 있었다.

아빠는 아무도 없는 치과에서 혼자서도 잘 버텼는데 너희들은 뭐가 아프다고 그렇게 엄살이니?

이것이 내가 치료를 제대로 받지 못하는 우리 아이들에게 화가 난 이유였다. 좀 더 정확하게 해석하면 '너희들은 엄마, 아빠가 곁에 서서 치료하는 동안 아프지 않도록 함께하고 기다려주잖아. 아빠는 아무도 그렇게 해주지 않았단 말이야. 아빠는 아무도 없는 곳에서 훨씬 더 힘든 치료를 견뎌냈어. 너희들은 엄마, 아빠와 함께하는 데도 그 정도의 치료도 받지 못하니?'라는 메시지를 아이들에게 던지고 있었다.

그리고 그 질책의 본심에는 아빠도 그런 관심과 배려를 받고 싶었단 말이야라는 마음이 담겨 있었다. 사랑받지 못한 자아의 절규가 밑바탕에 깔려 있었다.

내 나이 40이 넘었지만, 아직도 5살의 그 기억에서 벗어나지 못하고 있는 것 같다. 5살의 어린 그 아이는 얼마나 두렵고 떨렸을까? 겉으로는 아무렇지도 않게 치료를 견뎌냈지만, 아이의 마음속은 어땠을까? 혼자서 엄습해오는 두려움과 공포를 가만히 온몸으로 견디며 버텨냈을 것이다.

당연히 나의 몸 어딘가에 그때 느꼈던 두려움과 불안의 상처가 곳곳에 배어 있을 것이다. 그렇게 두렵고 불안할 때 아무도 지켜주지 않았던, 그리고 누구의 공감도 받지 못했던 어린 시절의 상처받은 자아가 우리 아이들의 치료과정에서 삐져나온 것이다. 우리 아이들이 그 상처를 비춰준 덕분에 속에서 곪아 터질뻔한 상처를 발견하게 되었다.

영국의 낭만주의 시인 윌리엄 워즈워스는 <My Heart Leaps Up>이라는 시에서 '아이는 어른의 스승이다'라고 노래했다. 순수한 감수성과 맑은 영혼을 가진 아이는 무지개를 바라보는 것만으로도 가슴이 뛴다. 티 없이 맑고 순수한 아이들은 이 세상의 그 무엇과도 바꿀 수 없는 아름다운 존재이다. 하지만 그런 아이들의 순수하고 맑은 영혼도 나이가 들면서 점차 시들해진다. 자연을 보며 느끼는 경이로움도 사라지고 사람에 대한 믿음도 옅어진다. 시인은 노인이 되어서도 어린아이처럼 되기를 원한다. 얼마나 강렬한 소망인지 아이와 같지 않다면 차라리 죽어버리겠다고 말할 정도이다. 그만큼 시인은 아이가 가진 천진난만함, 자연에 대한 경이로움, 호기심, 열정, 맑은 영혼을 소중하게 여긴다. 이런 삶의 가치를 한마디로 요약하자면 생명력이라고 말할 수 있다. 그러기에 생명력을 읽어가는 어른들이 보고 배워야 할 대상은 역동적인 삶을 살아가는 어린아이가 되는 것이다.

나에게는 우리 아이들이 스승이다. 아이들 덕분에 나의 과거를 돌아볼 수 있었고, 내 삶의 상처를 치료할 수 있게 되었다. 나를 성장시켜주는 우리 아이들에게 진심으로 감사한 마음을 전한다.

이제부터라도 힘들고 괴로울 때 내 마음을 알아주고 달래주는 연습을 해야겠다. 나의 힘들고 어려운 상황을 나누고 고백하는 연습을 해야겠다. 상처의 고름을 짜내고 새로운 살이 차오르도록 내 안에 있는 힘들고 슬픈 감정을 흘려보내야겠다.

딸의 신중함에 속 태울 일인가?

우리 딸, 지민이는 침착하고 신중하다. 유치원에 다니면서 미술을 처음 접했는데, 차분한 성격에 꼼꼼한 묘사, 음영의 그림자와 공간처리, 세부 묘사를 잘한다. 미술에 문외한인 내가 봐도 그림에 소질이 있다는 걸 알 수 있을 정도다. 미술학원 선생님은 그런 우리 딸에 대해 "속도는 느리지만 끝까지 포기하지 않고 그림을 완성해낸다"라며 칭찬하셨다. 나중에 미술을 전공해도 될 정도라고 말씀하셨다.

어린 딸에게 과찬을 해주시니 기분이 좋았다. 그리고 지민이의 이런 장점을 최대한 키워줘야겠다고 생각했다. 그림을 그릴 때 발휘되는 집중력, 침착함, 인내심 등은 삶을 살아가는 데 긍정적인 에너지로 작용할 것이다.

딸이 가진 이러한 특징들은 장점임에 틀림없지만, 가끔은 이런 점들이 나를 힘들게 할 때가 있다. 특히 생일이나 어린이날에 선물을 사러 갈 때가 그렇다. 마트에서 장난감을 살 때, 우리 딸은 갖고 싶은 장난감을 발견할 때까지 돌아다닌다.

아들은 마음에 드는 장난감을 보자마자 물건을 구입하려 해서 '다른 것도 살펴본 후에, 그래도 마음에 들면 사줄게'라고 설득하는데, 딸은 아들과는 정반대로 이것저것 따지느라 웬만해서는 물건을 사지 않는다. 더 좋은 장난감이 있는데, 혹시라도 놓칠까 봐 매장을 몇 번이나 돌아다닌다.

마음에 쏙 드는 장난감을 구매하려고 눈을 반짝거리며 마트를 돌아다니는 딸의 모습이 생각난다. 호기심 넘치고 생기발랄한 모습으로 장난감 매장의 구석구석을 살핀다. 아이의 눈빛은 마치 과학자가 실험 데이터를 확인하는 것처럼 예리하게 빛난다.

원하는 것을 갖기 위한 진지한 태도는 장점이 분명한데 나는 딸이 장난감을 고르며 갈등하는 모습을 볼 때, 속이 타들어간다. 왜 그런지 이유는 알 수 없지만, 딸이 장난감을 고를 때까지 기다리는 것이 너무 힘들다. 내 마음을 아는지 모르는지, 딸은 장난감을 이리저리 비교해가며 한참을 고민한다. 그렇게 고민하고도 마음에 쏙 들지 않으면 다음 기회로 미룬다.

딸의 관점에서는 생일이 자주 오는 것도 아니고, 또 비싼 장난감을 계속 살 수 있는 것이 아니기에 가장 마음에 드는 장난감을 고르고 싶을 것이다. 그렇기에 원하는 장난감이 나타날 때까지 계속해서 돌아다니는 것이다.

새로운 것에 대한 호기심, 본인이 얻으려는 것에 대한 정확한 목표, 끝까지 포기하지 않는 인내심은 분명히 장점인데, 그런 딸의 쇼핑을 기다려주는 것이 너무 힘들다. 팔짱을 끼고, 잔뜩 인상을 쓴 채, 딸을 못마땅하게 쳐다보는 내 모습. 나 자신도 이해하기가 힘들다. 억지로 화를 참으며 기다리지만, 한계에 부딪힌다. 나는 무엇 때문에 이렇게 화가 나고 힘든 걸까?

어떻게 아빠가 되어 사랑하는 딸이 장난감을 고르는 것도 기다려주지 못할까?

0과 1: 이진법 언어

지민이는 숙제나 수행평가를 밤늦게 하는 경우가 있다. 아무 일도 없는 것처럼 놀다가 잘 때쯤 되어서 갑자기 수행평가나 숙제가 있다고 한다. 아마도 다음 날의 수업과 준비물을 떠올리며 가방을 챙기다가 과제물이 생각나는 것 같다.

파워포인트나 한글 프로그램을 사용해야 할 때, 아이 혼자서 과제를 해결하기가 쉽지 않다. 게다가 수행평가는 내신 성적에도 포함되기에 신경도 많이 쓰인다.

한번은 12시가 넘어서 자려고 하는데, 지민이가 영어 수행평가를 해야 한다고 했다. 먹고 싶은 음식을 정하고, 음식의 역사와 조리법에 대해 영어로 간략히 요약하는 것이었다. 관련 사진도 첨부해야 한다고 했다. 내용을 정리하고 영작을 해야 하는데, 딸아이 혼자서 다 하려면 밤을 새워야 할 것 같았다.

어쩔 수 없이 내가 나섰다. 지민이는 스파게티 만드는 법을 소개하겠다고 했다. 나는 딸과 상의해서 스파게티의 조리법을 간단하게 3단계로 만들었다. 첫 번째 단계에서는, 스파게티 면을 삶는다. 두 번째 단계에서는, 프라이팬에다 베이컨을 볶아 소스를 넣고 잘 섞어준다. 마지막 단계에서는, 접시에 스파게티 면을 올리고 소스를 부어 플레이팅을 한다.

나는 딸아이가 알 만한 쉬운 영어로 짧고 간단하게 관련된 내용을 만들었다. 사진은 구글에서 검색해서 붙여넣었다. 뚝딱 만들고 시간을 보니 벌써 새벽 2시였다. 만족한 표정을 지으며, 딸에게 "이제 됐지?"라고 말했다. 그런데 딸의 표정은 내 생각과는 다른 것 같았다. 사진이 마음에 들지 않는지 조심스럽게 "다른 사진 쓰면 안 돼?"라고 물어보았다. 나는 "대충 해! 이 정도면 됐어!"라고 말하면서 컴퓨터를 껐다.

며칠 후에 아내가 충격적인 얘기를 들려주었다. 지민이에게서 '아빠는 벽이야!'라는 말을 전해 들었다고 했다. 나는 아이들에게 최대한 자상하게 대하고자 하는데, 도대체 무슨 뚱딴지같은 말을 하는지 알 수가 없었다.

아내는 나를 달래며, 그 이유를 설명해주었다. 얼마 전에, 내가 지민이의 영어 수행평가를 도와줄 때 내가 지민이의 마음을 읽어주지 못했다는 것이다.

억울했다. 당시에 나는 최선을 다해서 아이를 도와줬는데 무슨 말을 그렇게 하냐고 흥분했다. 잘 시간이 한참이나 지났는데도, 아이의 수행평가를 외면할 수가 없어서 잠을 포기해가며 열심히 만들어준 나에게 '고맙다'라고 말하는 것이 아니라, 오히려 '아이의 마음을 읽어주지 못했다'라고 하니. 나로서는 흥분할 만도 했다.

나는 아내에게 화가 나서 따지듯 말했다.

"밤늦게까지 수행평가를 위해 얼마나 고생했는데, 어떻게 그렇게 말할 수가 있냐? 내 전공이 영어이기에 망정이지 하마터면 밤을 새울뻔했다고."

아내는 잠자코 내 이야기를 듣더니, 내가 진정할 때까지 기다렸다. 그런 후에 아이의 마음을 한 번 더 차분하게 설명했다. 나 역시 흥분이 가라앉자, 무엇 때문에 아이가 감정이 상했는지 궁금해졌다.

요지는 이랬다. 지민이는 스파게티의 조리법은 매우 만족했다고 한다. 깔끔하고 쉬운 영어라 발표하기에도 좋은 자료였다고 한다. 다만, 스파게티의 유래와 역사에 대해 몇 줄을 더 채우고 싶었다고 한다. 사진도 좀 더 괜찮은 사진을 골라서 붙이고 싶었다고 한다.

그런데 아빠가 너무 단호하게 "이제 됐지?"라고 물으니, 마음에 들지는 않는데도, 자기 마음을 제대로 표현하지 못했다고 한다. 겨우 "다른 사진 쓰면 안 돼?"라고 물었는데, 아빠가 "대충 해! 이 정도면 됐어!"라고 강하게 밀어붙이는 바람에 아무 말도 하지 못했다는 것이다. 아이는 너무 늦게 수행평가를 부탁해서 미안한 마음이 들었는데, 아빠가 너무 세게 말하니 더 이상 자신의 의견을 주장하지 못했다는 것이다.

미적 감각이 뛰어나고 섬세한 지민이에게는 사진이 마음에 들지 않을 수도 있고, 수행평가의 내용 또한 본인의 마음에 들지 않을 수도 있는데, 내가 아이의 의견을 표현도 하지 못하게 했다는 것이다. 게다가 나는 스파게티의 조리법에 너무 집중한 나머지 음식의 역사와 유래는 등한시했다는 것을 알게 되었다. 수행평가에는 음식의 역사에 대해서도 조사하라고 되어 있는데, 나는 조리법에 대해서만 정리하였다. 지민이가 아무런 이유도 없이 아빠에 대해 불만을 제기한 것이 아니었다. 그런데도 나는 이미 결론을 정해놓고 내 생각 안에 매몰되어 아이의 의견을 존중하지 못한 것이다.

망치로 머리를 한 대 맞은 것 같았다. 아이의 감정이 상할만 했다. 어린 시절, 아버지가 내 의견을 묻지 않고 당신 혼자서 나의 인생을 결정한 것처럼, 나 또한 아이의 의견을 묻지 않고, 내 마음대로 상황을 판단하고 결정해버린 것이다.

언어의 빛깔은 다양한 스펙트럼으로 구성되어 있다. 부드럽고 인간미 넘치는 언어부터 거칠지만 딱 떨어지는 말도 있다. 우리는 상황에 맞춰서 다채로운 언어를 사용해야 하는데, 나의 언어는 디지털 언어와 가까워서 0과 1 외에는 다른 선택이 있다는 것을 알지 못한다. 그저 Yes가 아니면 No라는 강력한 언어를 사용하여 아버지가 나에게 그랬던 것처럼 나 또한 아이의 감정을 후벼판 것이다.

0과 1이 아닌 중간 정도인 0.5나 0.6의 세기로 내 의견을 전달했더라면, 아이도 자신의 의견을 말하면서 서로의 생각을 조율할 수 있을 텐데, 내가 1에 가까운 세기의 언어로 강하게 말해버리니, 아이는 자기 표현도 하지 못한 채 0에 가까운 언어로 수렴해버린다. 어쩌면 나는 아이에게 너무 빠른 포기를 가르치고 있는 건 아닌지 모르겠다.

언어에도 온도가 있다는데, 내 언어의 온도는 너무 차갑고 쌀쌀해서 아이들에게 상처를 안겨주는 것 같다. 짐작건대 나는 사람을 살리는 따뜻한 언어를 사용하는 것이 아니라, 차갑고 냉정한 언어를 사용했을지도 모른다. 그러고 보니 나는 감정의 스펙트럼만 좁은 것이 아니라 언어의 스펙트럼도 좁다는 것을 인정할 수밖에 없다.

어린 시절 공감받지 못한 환경으로 나 또한 아이를 공감하는 것이 어렵다. '아이의 감정을 읽어주고, 공감해주지 못한다'라는 상처를 발견하자, 나도 모르게 눈물이 흘렀다.

그래, 어린 시절에는 아무도 내 마음을 읽어주지 않았구나! 그래서 나도 상대를 공감하는 것이 어렵구나! 지민아! 아빠가 네 마음을 읽어주지 못해서 미안해! 그리고 아빠 마음대로 결정해서 미안해!

왜 아내와 쇼핑만 하면 싸우는 걸까?

아내는 쇼핑을 좋아한다. 충동구매를 하거나 과소비를 한다는 것이 아니라, 필요한 물건을 합리적인 가격에 구매하는 것을 좋아한다. 특히 계절과 유행에 맞는 옷을 구경하거나 입어볼 때는 얼굴에 웃음꽃이 활짝 핀다. 아내는 쇼핑하며 기분전환을 하고 스트레스도 해소하는 것 같다. 나 또한 기분 좋은 아내와 데이트도 하고, 아내에게 어울리는 옷을 골라주는 재미로 쇼핑을 즐긴다.

그런데 한 가지 문제점이 발생했다. 아내와 함께하는 즐거운 쇼핑이 언제부터인가 점점 힘들어지기 시작했다. 신혼 때는 문제가 없었는데, 지금은 완전히 달라졌다. 아내와 옷을 보거나 새로운 물건을 사는 것을 싫어하는 게 아닌데도, 쇼핑 시간이 길어지면 마찰이 생긴다. 1시간이 넘어가면 체력이 눈에 띄게 소진되고, 말수가 줄어든다. 2시간이 넘어가면 화가 나고, 목소리에 짜증이 묻어 나온다. 조금만 실랑이가 벌어져도 싸움이 발생한다.

쇼핑을 잘하다가도 갑자기 기분이 나빠져서, 짜증을 낸다. 평소의 내 모습과 다르게 쇼핑만 가면 돌변해서 아내가 어쩔 줄 몰라 했다. 사실은 나 자신도 내가 왜 기분이 나쁜 줄 몰랐기에 당황스러운 건 마찬가지였다. 쇼핑의 즐거움은 사라지고 그 자리를 긴장감이 대신 채웠다. 둘 다 무엇 때문에 싸우는지 이유도 모른 채, 쇼핑만 가면 싸웠다.

그리고 보니 아내와 쇼핑하며 일어나는 일과 딸 아이가 장난감을 살 때 발생하는 일은 공통점이 있었다. 그것은 내가 상대방을 기다려주지 못한다는 것이다. 무엇이든 일을 제대로 끝마치려면 어느 정도의 시간이 걸리는 것은 당연한데, 나는 상대가 필요한 만큼의 시간을 허락하지 않는다. 다른 일에는 참을성도 있고 인내심 있게 기다릴 수 있는데, 유독 쇼핑에만 이런 일이 발생하는 것은 왜일까?

쇼핑에 허락된 시간은 10분

나는 교복 자율화 시기에 중고등학교를 다녔다. 자율화라고는 하지만, 보통 옷을 한 번 사면 다른 옷과 돌려 입는 것이 아니라, 교복처럼 매일 입고 다녔다. 패션이라는 개념이 없었고, 형편도 넉넉하지 않았기에 똑같은 옷을 입고 다니는 것이 이상하지 않은 시절이었다. 새 옷을 사는 경우는 키가 커서 체형이 변하거나, 추석과 같은 명절날 정도였다.

쇼핑하러 갈 때는 엄마와 가는 것이 대부분이었는데, 아주 가끔은 아버지와 갈 때가 있다. 문제는 급한 성격의 아버지와 쇼핑할 때는 정신이 하나도 없다는 것이다. 아버지의 성격에 맞추다 보니 거의 첫 번째 매장에서 쇼핑이 끝난다. 쇼핑에 걸리는 시간은 10분이면 충분하다.

아버지는 내가 옷을 고르는 것을 기다리지 못한다. 마음에 드는 옷을 찾고 있으면 곧장 옷을 하나 집어 들고서 "이 옷 어떻노?"라고 물어보신다. 딱히 할 말이 없어서 '괜찮아 보이네요'라고 말하면 벌써 종업원에게 다가가서는 계산을 하고 있다.

'잠깐만요! 아버지'라는 소리가 입에서 맴도는데 계산은 이미 끝나 있다. 쇼핑이 빨리 끝나서 편하기는 하지만, 대부분은 후회가 뒤따른다. 오랜만에 큰맘 먹고 쇼핑하는데, 마음에 드는 물건을 살펴보지도 못하고 비싸게 돈만 쓰고 오는 경우가 대부분이었다.

심지어는 고등학생인 나를 성인 전용 매장에 데려가서 옷을 구매하게 한 적도 있다. 당시의 나는 쇼핑을 해본 적이 거의 없었기에 브랜드에 대해 알지 못했고, 취향도 몰랐다. 그랬기에 아버지가 다니는 매장에서 당신이 골라준 옷을 별생각 없이 샀던 적이 있었다. 그렇게 구매한 옷 중에는 마음에 들지 않아 입지 않게 되는 옷이 더러 있었다. 입더라도 왠지 나와 어울리지 않는다는 것을 알아차리고는, 입고 다니면서도 마음이 불편했다. 가끔 친구들이 내가 새 옷을 입고 학교에 가면 "아버지 옷 입고 왔냐?"라며 놀려서 부끄웠던 적도 있었다.

그리고 보니 지금 나의 쇼핑방식은 아버지의 영향을 많이 받은 것 같다. 아버지가 즐겨하시는 쇼핑 스타일을 나도 모르게 보고 배운 것 같다. 아들의 쇼핑을 여유 있게 기다려주지 않던 아버지의 모습이 그렇게 원망스러웠는데, 지금은 내가 아버지와 같은 모습으로 쇼핑을 하고 있다.

'쇼핑에 걸리는 시간은 기껏해야 10분'이라는 아버지의 매뉴얼을 나도 모르게 체득해서 나 역시 아버지와 비슷한 스타일의 쇼핑을 하고 있다. 10분이 넘어가면 짜증이 나서 "빨리 안 고르고 뭐하노?"라고 화를 내는 아버지. 마음에 들지는 않지만 급한 마음에 어쩔 줄 몰라 하며 옷을 선택하는 나. 그때의 당황하는 내 모습과 아버지의 화난 목소리가 지금도 내 마음을 어지럽히고 있다.

그런 아버지의 쇼핑방식을 비판도 없이 내면화하고서는 이제는 내가 가족들을 괴롭히고 있다. 아버지의 통제는 사라졌지만, 나는 여전히 아버지가 물려준 쇼핑방식에서 벗어나지 못하였다.

이제는 아버지와 함께하는 쇼핑을 이쯤에서 끝내고자 한다. 아울러 아버지의 보채는 마음도 아버지께 돌려드리려고 한다. 아버지의 그늘에서 벗어나 이제는 가족과 함께 즐겁고 여유 있는 쇼핑을 하려고 한다. 소중한 가족의 보호자로서 그들의 선택을 기다리고, 즐거운 쇼핑의 조력자로 거듭나고자 한다.

나 자신을 소중하게 여겨라

얼마 전에 지민이가 고데기로 뒷머리를 펴고 있었다. 그러면서 혼잣말로 머리 펴는 일이 귀찮다고 중얼거렸다. 평소에 외모에 대해 별로 신경 쓰지 않는 아이가 열심히 머리를 펴는 모습을 보고 무슨 일이 있나 해서 "그렇게 귀찮으면 안 펴면 되잖아?"라고 말했다.

그러자 딸아이는 "선생님이 파마했다고 잔소리하신단 말이야. 다음에는 할머니에게 파마하지 말라고 해야겠다"라고 말했다.

장모님께서는 미용실을 하신다. 인천에 가면 장모님이 아이들의 머리를 예쁘게 자르고 정성스럽게 다듬어 주시는데, 특별히 손녀딸에게는 파마까지 해주셨다. 아무래도 사랑하는 손녀딸의 스타일을 더 예쁘게 해주고 싶었던 것 같았다. 할머니는 손녀딸의 머리를 일일이 말아 파마를 한 다음 적당히 기다린 후에 샴푸로 머리를 헹궈주셨다. 파마가 풀리면서 웨이브가 자연스럽게 생겨 스타일이 예뻤다. 칠순이 넘으셨는데도 이렇게 훌륭한 솜씨를 가지고 있는 것을 보면 그저 놀라울 따름이다.

나는 딸의 마음을 읽어주고 싶어서 "컬이 조금밖에 없는데, 그 정도도 안 봐줘? 선생님도 너무 하시네"라고 말했다. 말은 그렇게 했지만, 학교에도 규칙이 있고, 나름대로 사정이 있을 것이다. 우리 딸도 내 말을 받아서 "그러게 말이야!"라며 푸념했다.

나는 거기서 한 단계 더 나아갔다.

"그냥 한 소리 들어."

그러자 딸이 기분이 상한 듯 말했다.

"싫어. 난 잔소리 듣는 거 싫어해."

"별거 아닌 거 같은데, 잔소리 좀 들으면 어때?"

"별것도 아닌 일로 잔소리를 왜 듣냐?"

순간, 나는 할 말을 잃었다. 딸아이가 옳다는 것이 직감적으로 인정되었기 때문이다.

그렇게 힘든 일도 아닌데, 나는 왜 딸아이에게 선생님의 잔소리를 들으라고 했을까?

성장기에 나는 아버지에게 시도 때도 없이 부정당하고 비난받았다. 그랬기에 잔소리를 들어도 별로 이상하지 않았다. 내가 조심한다고 해서 잔소리를 안 할 분도 아니기에 아버지의 잔소리를 대수롭지 않게 넘겼는데, 딸아이는 그렇지 않은 것 같다. 하기야 '잔소리가 좋은 사람이 어디 있을까?' 오히려 잔소리를 무감각하게 받아들이는 내가 이상한 것 같다.

딸의 마음을 읽어준다는 게 정반대로 딸을 부정적인 상황에 노출시킬 뻔했다. 가만히 있는 딸을 수렁에 밀어 넣을 뻔했다. 다행히 우리 딸은 나보다 건강한 자존감을 가졌나 보다. 오늘 나는 딸에게서 귀한 교훈을 배웠다.

나 자신을 소중하게 여겨라.

별것도 아닌 걸로 욕을 왜 먹나?

딸아이의 말은 오랫동안 잔상으로 남았다. 사실, 이와 비슷한 일을 전에도 겪었기에 더욱 강한 흔적을 남긴 것 같다. 신임 교감 선생님께서 부임하면서 생긴 일이다. 교감 선생님은 처음 부임하면서 의욕적으로 일을 진행하셨다. 새로 발령받으면서 열정을 가지고 일하신 것이겠지만, 선생님들에게는 서류작업이 가중되어 업무부담이 늘어났다.

교직원 회의 시간에 교감 선생님은 학생들의 성적 향상이 우리 학교의 가장 중요한 과제라면서 선생님들에게 '학업 향상 방안'을 마련해서 제출하라고 말씀하셨다. 특히 영어과 선생님들을 따로 불러서 영어 성적 향상에 대해 강조하시며 좋은 방법을 만들어보라고 신신당부하셨다.

당시 나는 3학년 담임을 맡고 있었는데, 때마침 수시 원서 접수 기간이라 학생들의 수시지원 상담, 자기소개서 작성지도, 학부모 상담, 추천서 작성으로 정신이 없었다. 그래서인지 교감 선생님의 지시 사항을 완전히 잊어버리고 있었다. 그런 나에게 영어과 부장님이 전화했다.

"최 선생! 오늘이 학업 향상 방안 마감일인데, 아직 제출 안 한 것 같더라."

나는 그제야 교감 선생님의 과제가 생각나서 부장님께 "까맣게 잊고 있었습니다"라고 말했다. 그러면서 "제출 시간도 얼마 남지 않았고, 학생들을 상담할 시간도 모자라는데, 그냥 욕 한번 먹지요"라고 말씀드렸다.

그러자 부장님은 "학업 향상 방안은 관리자들이 의례적으로 요구하는 건데, 별것도 아닌 일로 욕을 왜 먹나? 괜히 교감 선생님에게 찍히지 말고, 듣기와 독해 분야를 중심으로 간단하게 작성해서 내는 게 좋을 것 같다"라고 말씀하셨다. 그러면서 모의고사 평가회에서 학생들의 학업 향상을 위해 토론한 내용을 정리했다며 영어과 회의록 파일을 보내주셨다. 참고해서 작성하면 시간도 얼마 안 걸릴 것이란 말도 덧붙이셨다.

전화를 끊고 부장님과 통화한 내용을 되짚어보았다. 과연 부장님의 말씀이 옳았다. 별것도 아닌 일로 인해 교감 선생님께 찍힐 필요도 없을뿐더러, 평가회에서 사용했던 회의록을 토대로 학업성취 계획을 만들면 넉넉잡아 30분이면 충분할 것이다.

시간에 쫓기고 마음이 급하기는 했지만, 나는 왜 부장님에게 지금 만들어서 낼게요, 라고 답하지 않고 그냥 욕 한번 먹고 말지요라고 답했을까?

네 용기가 나를 살렸어

생각해보면 영어과 부장 선생님의 "별것도 아닌 일로 욕을 왜 먹나?"라는 말과 우리 딸이 말했던 "별거 아닌 일로 잔소리를 왜 듣냐?"라는 말은 기시감이 느껴질 정도로 비슷하다. 잔소리를 듣거나 욕을 먹는다는 게 결코 좋은 일이 아닌데, 나는 왜 이런 일에 무덤덤할까? 상대방에게 안 좋은 인상을 남기는 것을 별일 아닌 것처럼 선택하는 내 모습을 이해하기 어렵다. 실제로 교감 선생님이 요구하신 서류를 기한 내에 내지 않은 선생님은 한 분도 없었다고 한다. 부장님이 아니었으면, 나만 이상한 사람이 될 뻔했다.

이번 일로 인해 나는 내가 지나치게 빨리 포기한다는 것을 알았다.

조금만 노력해도 개선할 수 있는 일을 도전조차 하지 않는 바람에 놓친 경우도 많다. 이런 행동 패턴의 원인은 부정적이고 폐쇄적인 우리 집안의 분위기 때문일 것이다. 스스로 환경을 변화시킬 수 없는 곳에서 자라다 보니 상대의 비난에 무감각하고, 상황을 바꾸려고 적극적으로 대처하지도 않는 것이다.

욕을 먹는 상황을 끌어당긴다고 할까?

그러고 보니, 나는 어린 시절부터 아버지에게 욕을 많이도 먹었다. 꾸중을 듣거나 비난을 받는 일이 일상적이었기에 욕을 먹는 일에 무덤덤했다. 오히려 아무 일도 일어나지 않으면 왠지 불안할 정도였다. 어린 시절에 겪었던 아버지의 고함, 분노에 차 있는 일그러진 얼굴, 이어지는 폭력은 지금 생각해도 끔찍하다.

아버지에게 그렇게 욕을 먹다 보니, 다른 사람이 나를 비난하는 것에 대해서도 무감각하다. 억울한 오해를 사더라도 나를 위한 변명조차 거의 하지 않는다. 적극적으로 상황을 설명하고 이해시킬 필요가 있다는 것을 알지만, 왠지 익숙하지 않다. 겉으로는 쿨한 척 하지만, 나의 내면에는 '어차피 내 말은 아무도 안 믿어줄 텐데 뭐!'라는 체념이 깔려 있다. 아버지가 나를 믿어주지 않고 지지하지도 않으니 빠른 포기를 하는 것이 이상하지도 않다. 그렇게 나는 인생의 많은 것을 포기하고 살았다. 아마도 내가 인지하지도 못한 채로 포기한 일은 훨씬 더 많을 것이다.

나의 아픔을 알게 된 지금, 이제는 더 이상 물러날 곳이 없다는 것을 깨닫는다. 아버지에게 버려져서, 너무 이른 나이에 나를 포기했던, 상처받은 나의 어린 자아를 돌봐야 할 순간이 찾아왔다. 어린 시절로 되돌아가서 불행했던 그 순간을 바로잡을 수는 없지만, 상처를 있는 그대로 바라보고 아파하는 내면의 자아를 돌볼 수는 있다. 오직 나만이 상처받은 어린 나의 자아를 진심으로 대면할 수 있고, 나의 상처를 보살 피고, 나를 구원할 수 있다. 오직 나만이 상처받은 어린아이에게 다가 가 진심으로 그를 안아주고 조건 없는 사랑을 베풀 수 있다.

어린 시절 아버지의 상처로 아파하는 나의 내면아이에게 이런 말을 해주었다.

그동안 힘들었지? 아버지가 어린 너에게 소리 지르고 함부로 대한 것 때문에. 따스한 눈길 한번 주지 않던 아버지 때문에 많이 아팠지? 네 마음 잘 알아. 그동안 너무 외로웠을 거야. 누군가에게 의지하고 싶고, 함께 하고 싶은데 아무도 너를 따뜻하게 안아준 사람이 없었지? 이제 마음 편하게 가져. 내가 너와 함께할게. 네 곁에 언제나 머무를게. 그동안 함께하지 못했던 시간까지…….

참! 너에게 할 말이 있어. 네가 그 힘든 시간을 묵묵히 견뎌줬기 때문에 지금의 내가 있는 거야. 진심으로 감사해! 아버지는 너를 괴롭히고 함부로 대했지만, 너는 네 인생을 지켜냈어. 참고 견디는 일도 용기가 필요하거든. 너는 용기 있는 사람이야. 네 용기가 나를 살렸어. 너의 용기와 인내 덕분에 내가 한 걸음씩 나아가고 있어. 고마워!

반복강박

오스트리아의 심리학자 지그문트 프로이트는 어린 시절에 상처를 경험했던 사람이 일생을 통해 상처를 반복하는 모습을 보고 여기에 '반복강박'이라는 이름을 붙였습니다. 반복강박은 같은 행동을 되풀이하는 현상으로 과거 일에 대해 해결되지 않은 문제나 그 심리적 상처가 원인이 되어 발생합니다. 당사자에게 있던 그 문제가 해결되기 전까지 강박적 반복의 증상은 완전히 치료되지 않는다고 합니다.

저의 경우에는 상대방과 의사소통을 온전히 이어가는 게 어렵습니다. 내가 필요한 얘기는 하지 못하고, 상대가 원하는 이야기를 듣기만 합니다. 그러다 보면 마음이 불편해지고 집중력도 떨어져서 상대의 이야기를 제대로 듣지도 않은 채, 제 마음대로 결론을 짓습니다.

이는 순전히 아버지와 저의 대화 패턴 때문에 일어나는 일입니다. 아버지는 집안의 결정권을 틀어쥐고 있었기에 저는 필요한 게 있으면 아버지와 대화해야 했습니다. 아버지는 당신 마음에 들지 않으면 격노하셨기에 저는 하고 싶은 말이 있어도 제대로 표현하지 못했습니다. 보통은 말도 꺼내지도 못한 채로 혼자서 고민만 하다가 '차라리 내가 포기하고 말지. 나만 조용하면 모든 게 해결되는데…'라며 체념한 적도 많았습니다. 그렇기에 제 안에는 '말하지 못하는 내면아이'가 존재합니다.

저는 살아남기 위해서 아버지의 의중을 읽어야만 했습니다. 어린 시절에는 아버지의 생각을 미리 판단하여 어려움을 모면하였지만, 지금은 이런 패턴이 '소통 기피'라는 반복강박으로 자리 잡아, 오히려 저를 힘들게 합니다. 성인이 된 지금도 저는 가족들과 소통해야 하는 상황에서 도망가기 일쑤입니다. 가족들의 생각을 반영하지 않고 혼자 지레짐작해서 결정을 내리는 바람에 쓸데없이 오해를 사기도 합니다. 저도 모르는 사이에 이런 일이 일어나기 때문에 정확히 무엇을, 어떻게 잘못하는 지를 모를 때가 많습니다. 그렇기에 마음이 불편한데도 계속해서 같은 행동을 반복합니다.

'아내와 아이에게 의견을 물어보는 것이 무엇이 그리 어렵나?'라고 생각할지도 모르지만, 본인도 모르게 형성된 반복강박을 버린다는 것이 쉬운 일이 아닙니다. 왜냐하면, 반복강박을 가진 사람은 상처와 대면하는 것 자체를 본능적으로 회피하기 때문입니다. 직접 부딪혀서 근본적인 문제를 해결하기보다는 고통으로부터 도망가는 것을 선택합니다.

어린 시절에는 아버지와 직접 대면해서 제가 필요한 것을 말하는 것은 두렵고 무서운 일이었습니다. '아버지와 정면으로 대응한다는 것만 피할 수 있다면, 어떤 일이라도 하겠다'라고 생각한 적도 있습니다. 그만큼 아버지를 상대하는 것이 저에게는 버거운 일이었습니다. 그런데, 그때의 두려웠던 감정이 성인이 된 지금에도 해결되지 않아 여전히 저의 일상에 영향을 미칩니다. 상대방과 대화할 때, 저는 상대를 아버지로 투사해서 대화에 긴장을 불어넣습니다. 그러면 어린 시절의 두렵고 무서웠던 감정이 되살아납니다. 그 두려운 감정을 다시 소환하기 싫어서 저는 무의식중에 도망갈 궁리만 하고 있습니다. 그러니 대화에 온전히 집중한다는 것이 불가능할 수밖에 없지요. 즉 제가 가족들과 대화를 시작하려고 하면 저의 무의식은 아버지와의 대화를 자동으로 떠올린 다음, 그때의 불편한 감정을 재빨리 만들어냅니다. 그러면서 이런 명령을 내립니다.

'위험해! 도망가!'

❖ **당신 마음속에는 무엇이 들어 있나요?**

- 강박적으로 하는 행동이 있나요? 그 이유는 무엇인가요?

무릇 너무 심하게 다그치면 엄격함은 그 현명한 목적을 벗어나고,
너무 팽팽하게 당기면 활시위는 끊어진다.

– 프리드리히 실러

불쑥 찾아오는 상처들

CHAPTER 04 ─────────────────────────────

불쑥 찾아오는 상처들

상처의 대물림

나는 어린 시절의 상처를 털어내지 못했고, 또 아버지로부터 독립도 하지 못한 채로 도망치듯이 결혼을 했다. 나의 무의식은 아버지로부터 독립하는 유일한 방법이 결혼밖에 없다는 것을 이미 알고 있었던 것 같다. 그래서 결혼을 서둘렀고, 결혼만 하면 잘 살 수 있을 줄 알았다. 어쨌거나 나는 상처를 돌보지 않고서 결혼했다. 그 결과 소중한 우리 아이들에게도 나의 상처를 고스란히 물려주고 있다.

나는 아이들이 저지르는 사소한 잘못에도 화가 났다. 화가 나는 것도 놀랍지만 이 분노를 통제하는 것이 어렵다는 사실에 더 놀랐다. 사랑하는 아이들과 뒹굴며 조건 없는 사랑을 베풀고 싶지만, 받지 못한 사랑을 아이들에게 돌려준다는 것은 한계가 있었다.

아이들은 실수를 통해서 배운다는 것을 머리로는 충분히 이해하지만, 예고 없이 찾아오는 나의 분노를 조절하기란 쉬운 일이 아니었다.

이것이 상처받은 내면아이가 반응하는 방식이다. 예상치 못한 순간에 불쑥 찾아오는 분노라는 불청객은 어린 시절, 사랑받지 못하고 버림받았던 나의 상처받은 자아일 것이다. 하기야 그렇게 오랫동안 아버지의 비난과 분노를 온몸으로 받아냈으니 순수한 사랑으로 아이들을 대한다는 것은 어쩌면 불가능한 일일지도 모른다. 인정하기는 싫지만, 나는 내 안 어딘가에 쌓여 있는 분노를 아내와 아이들에게 풀어내며 살았다는 것을 이제는 고백할 수 있다. 그렇게도 싫어했던 아버지의 상처가 결국은 나를 통해 우리 아이들에게 흘러가고 있었다. 아버지를 절대로 닮지 않겠다고 다짐했건만, 현실에서는 그런 다짐이 무색하게도 나는 점점 아버지를 닮아가고 있었다.

다행히 화가 나는 것을 억지로 참고 견디면서 아이들에게 소리를 지르거나 비난한 적은 별로 없었지만, 나도 모르게 삐져나오는 분노는 통제하지 못했을 것이다. 화를 억누르고 차분하게 이야기한다고 하지만, 나를 지켜보는 아이들은 불안하고 두려워하는 기색이 역력했다. 무의식에서 삐져나오는 나의 표정과 분노에 찬 눈빛, 갑자기 달라지는 나의 감정변화를 아이들은 느꼈을 것이다. 나는 마치 다 쓴 치약을 억지로 짜내듯이, 그렇게 얼마 남지 않은 사랑을 매 순간 짜내면서 아이들의 유약한 시기를 힘겹게 버텨냈다.

심리학자 존 브래드 쇼의 《상처받은 내면아이 치유》라는 책에 이런 내용이 나온다.

"성인아이는 자신들의 필요나 욕구가 충족된 적이 없기 때문에 자녀가 도움을 요청하고 뭔가를 원한다는 게 그들을 화나게 만든다. 그래서 그 상황에서 자녀에게 창피를 주고 수치심을 느끼게 만든다. 당신은 그 아이가 무엇을 필요로 하고 원하는지를 주의 깊게 들어줌으로써 그를 지지해줄 수 있다. 그가 원하는 것을 항상 줄 수는 없지만, 들어줄 수 있고 그가 그것을 원해도 된다고 허락해줄 수 있다. 갈망과 욕구가 없다면 우리의 삶의 에너지는 고갈되고 말 것이다."

어린 시절의 일상적인 아버지의 침범과 꾸지람은 나의 감정을 무력화시켰다. 아버지에 대한 두려움과 공포심이 몰려왔지만 나를 안전하게 지켜줄 사람은 없었다. 아버지의 폭행이나 구타로 인해 눈물을 흘리기라도 하면, 아버지는 더 세게 몰아세웠다. 그런 아버지로 인해 아파도 아프지 않은 것처럼 행동했고, 슬퍼도 눈물을 흘릴 수 없었다. 아무리 힘들고 어렵더라도 아버지가 허용하지 않은 슬픔이나 고통의 감정은 외면하려고 했다. 그것이 나의 감정을 마비시키는 줄도 모르고 묵묵히 그 자리에서 버텨냈다. 그렇게 나는 나의 감정을 잘못된 것이라 여겼고 마음에서 들려오는 소리를 무시했다. 아버지로부터의 두려움과 공포를 줄이는 방법은 그것밖에 없었고, 그것이 내가 할 수 있는 최선의 선택이었다. 그렇게 나는 감정을 죽여버렸고, 그 결과 지금까지 살아남을 수 있었다.

하지만 그렇게 무감각해진 나의 감정이 이제는 거꾸로 나와 우리 가정을 죽이고 있다. 나는 아이들의 갈망과 욕구를 제대로 읽지 못할 뿐만 아니라 채워주지도 못한다. 하기야 나의 욕구도 인지하지 못하고 감정도 잘 느끼지 못하는데, 어떻게 아이들의 감정을 읽고, 공감해줄 수 있을까? 한마디로 나는 '감정 장애'를 앓고 있다.

아이들이 놀아달라는 것, 집을 어지르는 것, 뭔가를 사달라고 떼쓰는 것, 자기주장을 강하게 표현하는 것, 새벽 일찍 일어나는 것과 같은 아이들의 일상적인 생활이 나에게는 무척이나 까다로운 요구로 다가왔다. 아이들은 보편적인 욕구를 자연스럽게 표현한 것뿐인데, 부모인 나는 날카로운 표정이나 눈빛으로, 때로는 화난 말투로 그들의 욕구를 제한하고 억압했다. 아이들이 일부로 부모를 괴롭히려고 그러는 것도 아닌데, 그들의 요구가 나의 통제범위 밖으로 벗어나기만 하면 짜증을 냈다. 우리 아이들은 그렇게 유별나지도 까탈스럽지도 않은데, 나는 아이들을 있는 그대로 사랑해주지 못했다. 그저 아이들의 요구를 공감해주며 그들의 이야기에 가만히 귀 기울여주기만 해도 좋았을 것을.

상처는 이렇게 세대 간에 대물림된다. 아버지가 나에게 상처를 내려보낸 것처럼 나 또한 이 상처를 치유하지 않는다면, 우리 아이들에게도 이 상처가 흘러갈 것이다. 맑고 깨끗한 물에 검정 물감을 한 방울 떨어뜨리면, 삽시간에 검정이 번져나가듯이, 우리 아이들의 마음도 이처럼 상처로 물들게 될 것이다.

과거의 상처가 오래된 기억처럼 어느 시점에서 자연스럽게 사라지면 좋겠지만, 상처는 우리의 무의식 어딘가에 자리 잡고서는 저절로 사라지지 않는다. 내 몸 어딘가에 존재하면서, 나도 모르게 현실의 나를 불쑥 찾아와 기억하기 싫은 어린 순간을 재현한다. 쌓여 있던 어린 시절의 기억과 상처는 지금도 내가 사는 현실에 영향을 미치고 여전히 나를 지배하고 있다.

나는 이미 우리 아이들에게 많은 상처를 내려보냈을 것이다. 어린 시절부터 겪었던 나의 상처를 무의식적으로 아이들에게 물려주고 있다고 생각하니 두려운 마음이 앞선다. 하지만 나의 내면에 흐르는 상처를 방치한다면 결국 그 희생자는 우리 아이들이 될 수밖에 없다. 내가 움직이지 않으면 아버지의 어두운 그림자가 우리 아이들을 뒤덮어서 불행한 가족사를 되풀이하게 될 것이다.

감정의 쓰레기통

최근 몇 개월 만에 몸무게가 5kg이 불었다. 지난 몇 년간 71~72kg을 유지했는데, 며칠 전 체중을 재보니 75kg이 넘었다. 나는 글을 쓰기 시작하면서 작가가 되는 꿈을 이루기 위해 거의 모든 활동을 중단하다시피 했다. 좋아하던 운동도 접고, 틈이 날 때마다 책을 쓰기 위해 원고 작성에 시간을 보냈다.

최근에 아내는 직장 일로 바빠서 저녁 늦게까지 일했다. 아내가 집으로 돌아오면 밤 10시가 훌쩍 넘어가는 날들이 많아졌다. 아직 아이들이 어려서 챙겨야 할 부분이 많다 보니 저녁 식사준비와 정리, 방문 선생님 수업에 맞춰서 청소하는 일은 나의 몫이 되어버렸다. 그러다 보니 원고를 작성할 시간도 빠듯했다. 조금만 게으름을 피우면 글 쓸 시간을 만들 수가 없었다.

바쁘다는 핑계를 대며 생활하다 보니 건강관리까지 소홀해졌다. 이래서는 안 되겠다는 생각에 오늘부터 운동을 시작해야겠다고 결심했다. 오후 9시 30쯤에 강아지를 산책시키고 마트까지 걸어가서 장을 본 다음, 학교 운동장을 몇 바퀴 돌고 오니 11시가 넘었다. 오랜만에 운동을 하니 몸이 개운했다. 특히 나를 위해 시간을 내었다는 것에 대한 만족감과 결심한 일을 해냈다는 것에 성취감을 느꼈다.

집에 돌아오니 아들이 어디 갔다왔냐고 묻기에 운동하고 왔다고 말했다. 무슨 운동을 했냐고 해서 그냥 걸었다고 했다. 그러자 아들은 다음에는 자기도 데리고 가라고 했다.

"너 운동하는 것 싫어하잖아?"라고 되물으니 아들은 "걷는 것은 좋아해"라고 응답하였다. 그래서 다음 날은 아들과 함께 운동하러 가기로 했다.

다음 날도 퇴근 후에 똑같은 일과를 반복하고 있었다. 마트에서 장을 보고 애들과 함께 식사한 후에, 설거지까지 끝내니 곧 학습지 선생님이 올 시간이었다. 집 정리를 끝내자마자 선생님이 오셨다. 방에 들어가서 아들이 수업을 끝마칠 때까지 누워서 기다릴까 하다가 그러면 운동하러 가는 것이 싫어질 것 같았다.

결국 혼자서 동네를 한 바퀴 돌아야겠다고 생각했다. 아들은 한참 선생님과 수업 중이었다. 아들의 수업에 방해가 되지 않도록 조용히 나와서 걷기 시작했다. 한 30분쯤 지났을까? 아들로부터 전화가 왔다. "아빠! 어디 있어?"라는 물음에 운동하고 있다고 답하니 아들은 "어제 같이 운동하기로 하지 않았어?"라고 되물었다. 혼자 나간 것에 대해 서운한 감정이 묻어 있는 것 같았다. "아까 얘기하려다가 선생님과 수업하는 중이어서 방해할 수가 없었어. 또 시간이 너무 늦어질까 봐 그냥 아빠 혼자 나왔어. 미안해! 아들! 내일은 꼭 함께 운동하자.”

조금 있으니 딸에게도 전화가 왔다. “오늘 밤에 오코노미야키를 같이 만들고 싶은데 아빠 언제 와?”라고 묻는 것이었다. 딸은 최근에 음식 만드는 데 재미를 붙였다. 지난달에는 한참 팬케이크를 만들더니 이번 달에는 오코노미야키를 만드는 일이 재미있는 모양이다. “아빠 30분쯤 지나면 들어가니까 우선 반죽부터 하고 있어”라고 말한 후 계속해서 걸었다. 오늘따라 아이들이 나를 찾는다.

집에 들어가면 늦은 시간이지만 딸과 함께 오코노미야키를 만들어야겠다!

나올 때는 날씨가 제법 추웠는데, 1시간 정도 걷다 보니 등에서 땀이 났다. 처음에는 바람이 쌀쌀했는데 지금은 상쾌하게 느껴졌다. 운동을 조금만 해도 이렇게 기분이 좋아지는데, 그동안 여러 가지 핑계로 나 자신을 너무 안 챙겼다.

집에 가니 11시가 조금 지났고, 딸은 이미 자고 있었다. 반죽은 해놓았지만, 오징어와 베이컨을 반죽에 섞어놓지 못한 것을 보니, 아마 냉장고에서 베이컨과 오징어를 찾지 못한 것 같았다. 아니면 너무 졸려서 그냥 잠이 들었든지.

아내가 어디 갔었냐고 물었다. 나는 운동하고 왔다고 말했다. 그러자 아내는 어디 가면 간다고 말 좀하고 다니라고 했다. 나는 아무 말도 하지 않았다. 그러자 아내가 재차 확인했다. “어디 갈 때는 말 좀 하고 다니라고” 내 마음속에 이런 생각이 들었다. ‘자기는 말 잘하고 다니나? 그리고 어디 있는지 알고 싶으면 전화하면 되지!’ 아내의 반복되는 잔소리에 화가 났다.

아내는 확답을 받고 싶은지 한 번 더 채근했다. “말 좀 하고 다녀라! 그게 그렇게 어렵냐?”

그 말에 화를 더 참지 못하고 폭발하고 말았다. “필요하면 전화하면 되잖아! 학습지 선생님하고 애들이 수업하는 것 보고, 운동 좀 하려고 나갔다왔다. 그게 뭐 대수라고? 왜 이렇게 난린데?"

"자기는 가족끼리 일상적인 얘기도 안 하고 살기 원해? 그게 대단한 일이야? 그리고 내가 언제 난리 쳤어? 내가 못할 말이라도 했어? 그냥 알았다고 말하면 되잖아! 그게 어려워! 그리고 선생님이 수업할 때, 어른이 집에 있어줬으면 하는 마음에 물어본 거야. 이런 말도 못해? 이게 싸울 일이야?" 아내도 가만있지 않았다.

우리는 서로를 비방하며 소리를 질렀다. 서로에 대한 일상적인 불만이 쏟아져 나왔다. 소파에 누워 유튜브를 보던 아들은 싸움이 시작되자 얼굴을 찡그리며 자기 방으로 들어가버렸다. 한바탕 감당할 수 없는 폭풍우가 휘몰아쳤다.

더 이상의 싸움이 싫어서 나 또한 아들 방으로 들어가 이어폰을 귀에다 꽂고 음악을 크게 틀었다. 아내는 화가 안 풀렸는지, 아니면 나보고 들으라는 말인지 혼자서 계속 중얼거리고 있었다. 시간은 늦었고 서로의 감정도 상한 상태라 그대로 아들 방에서 잠을 청했다.

다음 날, 온종일 기분이 안 좋았다. 사실 내가 잘한 것이 없다는 것을 나도 알고 있었다. 하지만 화가 나는 순간을 참을 수가 없었다. 아내 또한 별것도 아닌 것을 왜 그렇게 확인받고 싶어 하는지….

그러면서 가만히 생각해보았다.

그 순간, 나는 왜 그렇게 화가 났을까?

머릿속에서는 어제의 상황이 계속해서 펼쳐지고 있었다. 종일 멍한 상태로 보내며 아내가 했던 말을 되뇌었다. 아내가 말했던 '어디 갈 때는 말 좀 하고 다녀라'라는 말을 차분하게 생각해보니 크게 문제가 될 말은 아니었다. 부부 사이에서 언제든지 할 수 있는 이야기였다. 그렇지만 난 왜 그렇게 화가 났을까? 왜 그렇게 방어적으로 변했을까? 내가 예민하게 반응한 것은 내 감정이 이런 상황을 불편하게 받아들이고 있다는 것이다.

그 감정의 물줄기를 따라가 보면 상처의 근원을 발견할 수 있을지도 모른다.

나는 차분히 하루를 보내며 마음속에서 울려오는 소리에 귀를 기울였다. 그러다가 문득 내면에서 울려오는 목소리를 발견했다.

아버지의 잔소리

마음속에 '아버지의 잔소리'라는 말이 떠올랐다. 소름이 돋았다. 대수롭지도 않은 말에 발끈하는 이유가 결국 아버지가 남긴 상처 때문이라니. 그렇게도 싫어했던 아버지가 지금도 내 마음속에서 영향을 미치고 있다. 아버지가 남겨준 상처의 유산에서 벗어나는 길은 참으로 멀고 험하다.

아버지는 잔소리를 참 많이도 했다. 아버지는 당신의 상처를 돌보지 않았기에 자신이 느끼는 소외감이나 외로움과 같은 감정을 감당하지 못했다. 화가 나면 가족들에게 소리를 질렀고 흔히 발생하는 아이들의 사소한 실수에도 화를 주체하지 못했다. 심지어는 당신이 저지른 실수조차도 다른 가족들에게 그 책임을 돌려버리니 주위 사람들이 견뎌내질 못했다.

아버지가 이렇게 반응하는 이유는 당신이 돌보지 않은 내면의 상처 때문이다. 아버지는 감당하기 어려운 감정이 올라오면 견디질 못한다. 다른 사람을 비난하고 소리를 지르는 방식으로 감정을 풀었다. 그러면서 당신의 두려움, 화, 짜증, 슬픔을 다른 구성원에게 떠넘겨버린다. 당신은 자유로워지고 타인은 괴롭다. 당신이 느꼈던 감정을 대면하지 않고 회피했던 결과이다.

불행하게도 우리 집안에서 '아버지의 감정의 쓰레기통'을 담당한 사람은 나였다. 아버지는 당신의 해결되지 않은 감정적 욕구를 '자식에 대한 훈계'라는 명목으로 나에게 풀었다. 그렇게 나는 아버지 앞에서 무릎을 꿇고 꿀 먹은 벙어리가 되어 아버지의 일장 연설을 듣기만 했다. 나는 잔소리를 들을수록 진이 빠지는데, 아버지는 오히려 에너지가 점점 더 솟구치는 것 같았다.

나는 아버지의 긴 연설을 제대로 들은 적이 없었다. 한 귀로 듣고 한 귀로 흘렸다고 할까. 그런데도 아버지는 잔소리를 멈추는 법이 없다. 상대방에 대한 배려는 하지 않고 그냥 당신이 하고 싶은 말씀만 늘어놓을 뿐이다. 상대방이 어떤 생각을 하고 있는지를 고려했다면 그렇게 일방적이지는 않았을 것이다. 아버지는 아무도 귀 기울이지 않는 연설을 누군가가 듣고 있다는 것만으로도 존중받는 느낌이 들었을 것이다. 어쩌면 아버지의 내면에서도 나처럼 '말하지 못한 아이'가 있을 수 있겠다. 아버지는 그렇게 당신의 감정을 누군가와 연결하고 싶을지도 모른다. 그리고 그 대상으로 나를 지목하였다.

나는 단지 아버지의 착한 아들이라는 이유로 아버지의 '스파링 파트너'가 되었다. 아버지는 상대방이 어떤 감정으로 당신과 함께 링에 오르는지에 대해서는 관심이 없었다. 아버지의 유일한 목적은 불편한 감정의 찌꺼기를 해소하는 것뿐이니까. 아버지는 일방적으로 나를 몰아붙였고, 나는 아버지의 강편치에 무릎을 꿇었다.

내가 직장이나 친구들과의 관계에서 적극적으로 내 생각을 주장하는 것보다 가만히 이야기를 듣고 나에게 요구되는 삶을 수동적으로 받아들이는 이유도 여기에 있다. 아버지를 설득하는 법을 알지 못해서, 또는 아버지와 부딪히기 싫어서, 그도 아니면 아버지에게 사랑받고 싶어서 당신이 원하는 순종적이고 무기력한 삶을 받아들였기 때문이다. 그런 삶의 태도가 익숙해져서 부당하고 손해 보는 일에도 당당하게 내 목소리를 내지 못하는 것이다.

성인이 되어서도 불합리한 아버지의 지시와 잔소리에 한마디도 대응하지 못했던 나의 상처받은 자아가 나타날 때가 있다. 아버지와 비슷하게 말하는 명령조의 말투, 어조, 비난, 잔소리를 들을 때 나의 상처받은 내면아이가 불현듯 깨어난다. 상대방은 나에게 어떤 의도를 가지고 말한 것이 아닌데, 나는 이미 기분이 나빠져 있다.

이렇게 되는 이유는 상대방을 아버지로 투사해서 보기 때문이다. 내 마음속에는 '내가 뭘 잘못했는데? 왜 나한테 그런 일을 시키는데?' '그런 말을 왜 나한테 하는데?' '내가 그렇게 만만해?'라는 말로 전쟁이 시작된다. 화를 꾸역꾸역 참아보려 하지만 한계가 있다. 결국 아버지에게 표현하지 못한 나의 정당한 분노가 애먼 사람에게 폭발한다. 아득히 내재한 상처가 선명한 불같이 되살아나는 순간이다. 직장에서는 그래도 공적인 자리이니 최대한 참아야겠지만, 집에서까지 그러기는 어렵다.

이번 일만 봐도 아내의 "어디 갔었어?"라는 단순한 말이 나의 상처를 제대로 건드린 것이다. 아내가 나를 비난하거나 공격하려고 한 말이 아닌데도 나의 상처받은 내면아이는 아내의 단순한 질문에 어린 시절 나를 몰아붙이던 아버지를 떠올린 것이다. 아버지와 어린 시절에 싸웠어야 할 싸움을 지금 내가 있는 곳으로 끌고 와서 아버지를 대신해서 아내와 싸운 것이다. 이렇게 나는 어린 시절에 아버지와 청산하지 못한 감정 때문에 아직도 시달리고 있다.

명백하게 나의 잘못이 인정되었다. 부끄러웠다. 그리고 나로 인해 괜히 기분 나빴을 아내에게 미안했다. 내 잘못인 걸 알았으니 길게 끌 이유가 없었다. 그래서 아내에게 문자를 보냈다.

'어제는 미안했어. 자기 말 충분히 알아들었는데 좋게 받아들여지지 않더라. 잔소리를 싫어하는 나의 내면아이가 견디기 힘들다고 계속 소리치는 것 같았어. 싸우는 순간에도 별것도 아닌 걸 가지고 내가 왜 이러나 하는 생각이 들더라. 그러면서도 참을 수가 없더라. 미안해 ㅠㅠ! 그리고 화 풀어~'

잠시 후 답장이 왔다.

'사과해줘서 고마워! 수업 중이라 나중에 다시 연락할게~'

짜증 내서 미안해

어느 날, 퇴근하면서 아내에게 전화를 걸었다. 아내는 도착하면 마트에서 장을 보자고 했다. 주차장에 차를 세워놓고서 집에 도착했다고 전화를 했다. 아내는 곧 나갈 테니 조금만 기다려달라고 말했다.

별생각 없이 스마트폰을 검색하며 아내를 기다리고 있는데, 금방 아내와 했던 통화가 떠올랐다. 그러면서 나의 말투에서 뭔가 이상한 게 있다는 것을 알았다. 좀 더 정확하게 말하면, 내가 말하는 톤과 뉘앙스에 짜증이 묻어 있다는 것을 발견한 것이다.

무심결에 "아직도 멀었어?"라고 물었는데, 그 안에 짜증이 섞여 있는 것이었다. 소름이 끼쳤다. 스스로 부드러운 남자가 아니라는 건 알지만, 일상적인 대화에서까지 아내에게 짜증을 내는 줄은 생각도 하지 못했기 때문이다.

내가 평소에 아내를 이렇게 대했나?
나는 왜 그렇게 짜증이 났을까?

학교에서 힘든 일이 있었나? 아무리 생각해도 그런 것 같지 않았다. 아내가 약속 시간을 지키지 않았나? 퇴근길에 즉흥적으로 잡은 약속이고, 집에 도착하면 다시 전화하기로 했기에 그것도 이유가 되지 않았다. 그렇다면 몸이 피곤한가? 그것도 아니었다. 아무리 찾아봐도 내가 짜증을 내거나 화를 낼 만한 이유가 없었다. 오히려 아내에게 짜증 낸 이유를 찾고 있는 내가 궁색해 보였다. 특별한 이유가 없는데도, 나를 합리화하기 위해 이유를 찾고 있는 내가 한심했다. 그러면서 신혼 초에

'내가 이유도 없이 짜증을 내며 말할 때가 있다'라던 아내의 말이 생각 났다.

당시에는 아내의 말을 받아들일 수가 없었다. 그 말에 전혀 동의할 수가 없었고, 이해할 수도 없었다. 오히려 그렇게 말하는 아내에게 서운한 감정까지 들었다. 내가 짜증을 내는 사람인지 몰랐기에 그렇게 말하는 아내가 미웠고, 그런 아내를 비난하기도 했다.

하지만 지금에서야 아내 말이 옳았다는 것을 전적으로 인정하게 된다. 나는 다른 사람들의 말은 대부분 다 받아주는 좋은 사람인데, 왜 유난히 아내에게는 이렇게 짜증을 툭툭 던졌던 것일까? 그 이유는 내가 참는 사람이기 때문이다. 나의 불편한 감정을 돌아보지 않고 살았기 때문이다.

생각해보면, 아버지에게 받았던 분노, 경멸, 화, 짜증과 같은 감정이 나의 온몸에 배어 있을 텐데, 나는 어떻게 그런 감정을 다른 사람에게 전가하지 않는다고 생각했을까? 화가 나도 감정이 상해도 그냥 참고 넘어갔기 때문에 눈에 띄진 않았겠지만, 내 안에서 그런 감정의 찌꺼기는 계속해서 쌓여갔을 것이다. 그렇게 내 안에 쌓여 있던 감정의 찌꺼기를 상대적으로 편안한 상대인 아내에게 배출한 것이다. 아버지가 나를 감정의 쓰레기통으로 대한 것처럼 나 역시 아내를 감정의 쓰레기통으로 대한 것이다.

짜증 많은 나로 인해 아내는 그동안 얼마나 답답하고 힘들었을까?

나의 고집스럽고, 남의 의견을 받아들이지 않는 모습 때문에 상처받았을 아내에게 미안한 마음이 든다. 너무나 부끄럽고, 수치스러워 이 사실을 발견하고도 한동안 아내에게 미안하다는 말을 선뜻 꺼내지 못했다.

시간이 지나, 용기를 내어 아내에게 부끄러운 마음을 고백하니, 아내는 오히려 기뻐했다. 그러면서 나에게 "감사하다"라고 했다. 나의 "성장이 눈부시다"라고 했다. 나의 결점을 안아주는 아내가 있어서 감사하다. 아내와 함께 성장의 발걸음을 내딛을 수 있어서 감사하다.

공황장애가 아닐까?

어느 날, 1교시 수업을 위해 3학년 A반 수업에 들어가는 길이었다. 교실 문을 여는 순간, 어쩌면 이 반은 내가 준비한 것보다 진도가 빠를 수도 있다는 불길한 예감이 들었다. 지난번에 치른 모의고사 때문에 수업이 1시간씩 밀렸는데, 이 반은 지금까지 한 번도 밀린 적이 없다는 것이 생각났다.

아이들과 인사를 하고 진도를 물어보니 아니나 다를까, 다른 반보다 진도가 빨랐다. 이런 경우를 대비해 늘 수업 준비를 미리 해두는데 이번에는 그렇지 못했다. 교재에 나와 있는 문제를 풀어보고 문장을 살펴보고 해석까지는 해봤지만, 꼼꼼하게 준비하지는 못했다.

자습을 시킬까? 아니면 그냥 수업을 진행할까?

나는 수업을 준비할 때마다 글의 주제, 문장의 흐름, 학생들이 어려워할 만한 문법, 새롭게 나온 단어, 단어의 적절한 쓰임새, 지문과 관련된 내용을 확인한다. 영어 교사를 20여 년간 하면서 형성된 나만의 루틴이다. 그 정도 준비하지 않으면 우선 내가 수업에 자신이 없다. 그리고 수업 준비가 제대로 되지 않으면 경험상 수업을 효과적으로 진행할 수가 없다.

수업 시간은 내가 준비해 간 것을 전달하는 것만으로는 충분하지 않다. 살아 있는 수업이 되기 위해서는 학생들과의 상호작용도 중요하다. 수업과 관계없더라도 분위기를 긍정적으로 만드는 질문부터 시작한다면 더욱 좋을 것이다. 그런데 준비가 부족하면 모든 에너지를 수업에만 사용해야 해서 학생들을 제대로 챙길 수가 없다. 그럭저럭 수업을 진행해나가더라도 나 자신의 만족도가 떨어진다.

1, 2학년일 경우에는 교재연구를 많이 하지 않아도 힘들이지 않고 수업을 진행할 수 있지만, 3학년은 고난도의 문제풀이가 많기에 임기응변식으로 수업을 진행한다는 것은 거의 불가능하다. 특히 요즘의 영어 지문은 문학, 사회, 예술뿐만이 아니라 과학기술 등의 주제까지 총망라하기에 관련 분야의 지식을 알지 못하면 내용을 이해하는 것도 힘들다. 이런 상황에서 수업 중에 모르는 단어가 나오거나 전체적인 내용 이해도가 떨어질 경우, 선생님으로서 체면이 서지 않는다. 이럴 때는 정말이지 머리가 하얘지고 정신이 가출하는 것 같다.

'어떻게 할까? 학생들에게 자율학습을 시킬까?'라는 생각을 잠시 해봤다. 하지만 나 자신의 준비 부족으로 수업 시간에 자습을 시킨다는 것이 양심상 허용되지 않았다. 학생들에게 최선을 다하고 학생들의 영어 실력 향상을 위해 노력하는 것이 나의 기본적인 자세이기에 수업을 진행하기로 했다.

우선 전 시간에 배운 것부터 학생들에게 질문하며 수업을 시작하였다. 앞 시간에 강조했던 중요한 표현과 본문 내용을 확인하고 단어를 점검하면서 천천히 수업을 진행하였다. 1교시라서 그런지 잠이 덜 깬 학생들이 있었다. 보통 때 같았으면 아이들을 깨웠겠지만, 그날은 수업에만 에너지를 쏟아도 집중력이 부족한 상황이었기에 학생들을 깨우지 않았다. 오로지 수업에만 집중하고 싶었다.

다행히 특별한 어려움은 없었다. '괜한 걱정을 했구나'라며 긴장의 끈을 잠시 놓는 순간, 헷갈리는 과학지문이 눈에 들어왔다. 문단의 도입부는 인간의 추론 능력의 중요성으로 시작하더니 이어서 아인슈타인의 특수상대성 이론을 인간의 추론 능력과 비교하였다. 특수상대성 이론을 관계대명사로 감싸며 빛의 속도를 설명하는 긴 문장이 등장했는데, 도대체 무슨 말을 하는 건지 교사인 나조차도 이해할 수가 없었다.

영어 수업인지, 물리 수업인지, 또는 국어의 비문학 수업인지 정체성을 알 수 없는 수업이 시작되었다. 학문에 대한 이해가 충분하다면 내용을 풀어서 설명해줄 수도 있을 텐데, 평소에도 자신 없는 특수상대성 이론을 학생들에게 이해시키려고 하니 진땀이 났다. 게다가 나도 이해하지 못한 내용을 아이들에게 가르치려고 하니 전달이 잘되지 않았다.

과학지식의 부족, 복잡한 문장구조, 불완전한 수업 준비가 어우러져 수업이 제대로 진행될 리가 없었다. 수업이 흔들리면서 지문이 눈에 들어오지 않았다. 술에 취한 것도 아닌데 나는 읽은 지문을 읽고 또 읽었고 했던 말을 계속해서 반복하고 있었다. 문장에 대한 집중력까지 흐트러지면서 해석 또한 자연스럽지 못했다. 게다가 빛의 속도와 특수상대성 이론에 대해 전혀 알지 못했기에 해석한 문장의 의미를 학생들의 눈높이에 맞춰 전달할 수도 없었다. 한번 무너진 멘탈은 회복되지 않았고, 숨도 제대로 쉬어지지 않았다.

심리적으로 흔들렸는지 몸도 말을 듣지 않았다. 갑자기 말이 꼬이면서 버벅거리기 시작했다. 등에는 식은땀이 흘러내렸다. 침이 마르고 가슴이 쿵쾅거렸다. 미세하지만 목소리까지 떨리고 있었다. 몸이 말을 안 듣고 통제가 안 되는 것 같았다. 누군가가 귀를 기울인다면 나의 심장 뛰는 소리가 들릴 것만 같았다. 몇몇 예민한 학생들은 갑자기 선생님이 '왜 그러지?' 하는 의문을 가졌을지도 모른다.

그렇게 당황한 상황에서도 나는 계속해서 문장과 내용을 설명하고 있었다. 내가 무엇을 설명하고 있는지 나조차도 정확하게 알지 못했지만, 어쨌든 계속해서 수업을 진행하고 있었다. 이런 상황에서도 수업을 진행하고 있는 나 자신이 신기할 따름이었다. 급기야 호흡이 점점 거칠어지고 목소리가 갈라지기 시작하더니 더 이상 수업을 끌고나가기 힘들 지경까지 이르렀다.

나는 학생들에게 오늘 선생님의 컨디션이 좋지 않아서 목소리가 갈라진다고 말하고는 잠시 수업을 중단시켰다. 다음 문제를 풀어보라고 일러두고 복도 쪽의 문을 열어 환기를 시켰다. 그러고는 학생들이 볼 수 없도록 교실 문 뒤에 서서 심호흡을 천천히 했다. 하나에 숨을 크게 들이마시고 둘에 숨을 내쉬었다.

복도에서 바깥으로 향해 있는 창문을 열었다. 시원한 바람이 불어왔다. 잠시 바람을 쐬고 나니 머리가 조금은 맑아지는 것 같았다. 그렇게 잠시 서 있었다. 속으로 '진정하자. 어떻게 해서든지 차분하게 마무리하자'라며 마음을 다잡았다. 그렇게 정신을 가다듬고는 다시 교실로 들어와서 남은 부분을 간신히 마무리 지었다.

수업을 마치고 교무실에 돌아와서 물을 벌컥벌컥 들이켰다. 수업이 끝났는데도 가슴은 여전히 쿵쾅거리며 뛰었다. 마음이 진정되지 않았나 보다. 이제 겨우 오늘의 첫 수업을 했을 뿐인데, 온몸의 에너지가 다 빠져나간 것 같았다. 완전히 방전된 느낌이었다.

혹시 공황장애가 아닐까?

수업 준비를 철저하게 하지 못했기에 적지 않게 헤매고 당황한 것은 사실이지만, 그렇다 치더라도 이렇게까지 심리적으로 흔들리며 수업을 한 적은 없었다. 이 현상을 어떻게 이해해야 할지 설명하기 어려웠다. 아마도 이런 현상이 이어지면 공황장애 또는 무대공포증이라고 부를지도 모른다.

20년이나 수업을 진행했는데 갑자기 왜 이런 일이 발생하지?

이유를 알 수가 없었다. '앞으로도 이런 일이 발생하게 된다면 어떻게 될까?' 생각하기도 싫었다. 상황에 압도되어 내가 발휘할 수 있는 능력조차도 다하지 못하게 될까 봐 두려운 마음이 들었다.

가만 생각해보면 어린 시절에 아버지가 심하게 야단을 치거나 때릴 때, 몸이 얼음처럼 굳어져서 말을 안 들은 적이 있다. 지금과는 다르긴 하지만 몸이 보이는 반응은 비슷한 것 같다. 어린 시절, 순간적으로 놀라거나 두려움을 겪을 때 몸이 마비되는 현상을 다시 경험하는 것 같다.

오늘따라 아버지가 고래고래 소리를 지르며 나를 야단치는 모습이 생각난다. 아버지 앞에서 무릎을 꿇고 방바닥을 바라보며 아무 말도 하지 못하는 어린 시절의 내 모습도 생각난다. 너무나 끔찍해서 두 번 다시 생각하기 싫지만, 오늘따라 자꾸만 반복해서 떠오른다.

우리 딸은 학원을 싫어한다

우리 딸은 학원을 너무나도 싫어한다. 처음에는 '어려서 그렇겠지'라며 별로 대수롭지 않은 일이라고 생각했다. '때가 되면 학업의 중요성도 알게 될 것이고 사회성도 생기면서 학원 시스템에 적응하겠지'라는 생각으로 기다렸다. 하지만 초등학교를 졸업할 나이가 다 되었는데도 별반 달라진 것이 없었다. 아이를 마냥 기다릴 수만은 없어서 결국은 학습지로 학원을 대신하기로 했다. 1주일에 한 번씩, 선생님이 방문하셔서 그동안 공부한 것을 확인하고 어려워하는 문제를 해결하는 학습지 공부를 시작했다.

하루는 선생님께서 시험 기간이기도 하고, 공부할 것도 많으니, 한 번만 학원을 방문하라고 했다. 딸은 학원 가는 것이 내키지 않았지만, 선생님의 말씀을 거절하지 못해 학원으로 향했다.

학원을 마치고 집에 돌아온 딸아이는 울상이었다. 무슨 일이 있었냐고 물어봐도 "다시는 학원에 가지 않겠다"라는 말만 남기고는 자기 방으로 들어가버렸다. 안타까운 마음에 무슨 일이 있었냐고 다시 물어봐도 말을 하지 않아 그 이유를 알 수가 없었다. 나중에 선생님에게도 확인해보았지만, 선생님도 무엇 때문에 그러는지 모르겠다는 말씀뿐이었다. 추가로 별다른 징후를 발견할 수 없었기에 그냥 그렇게 지나가는 것처럼 보였다.

시간이 한참이나 지난 후에 딸아이가 당시의 상황을 말해주었다. 학원에서 우리 딸은 선생님과 조용한 강의실에서 1:1로 수업했다고 한다. 선생님도 딸아이가 학원을 불편하게 생각한다는 것을 잘 알기에 다른 아이들에게 방해받지 않고, 또 집중해서 공부할 수 있도록 별도의 강의실에서 수업을 진행했던 것 같다.

문제는 선생님과의 관계에서 발생한 것이 아니었다. 딸은 학원에 처음 들어갈 때부터 답답한 느낌이 들었다고 했다. 무슨 이유 때문인지는 알 수 없었지만, 그냥 마음이 불편했다고 한다. 수업하는 중에는 가슴이 너무 답답하고, 심장이 마구 뛰어서 도저히 수업을 들을 수가 없을 정도였다고 한다. 그런데도, 아이는 아무 일도 없었던 것처럼 선생님과의 수업을 끝마쳤다는 것이다.

아이가 어른 말을 거역하지 않는 편이고, 또 자기주장을 내세우지 않는 편이라 가슴이 답답한데도 끝까지 참으면서 수업을 들었던 것 같다. 그렇게 괴로웠던 수업을 끝마치고 돌아오니 딸아이의 얼굴이 창백할 수밖에.

당시에 왜 엄마, 아빠에게 바로 이야기하지 않는지를 물어보았다. '이야기를 빨리 해줬더라면 딸아이를 더 잘 이해할 수도 있었고, 적절한 조치도 취할 수 있었을 텐데'라는 안타까움으로 물어본 것이다.

딸은 이렇게 말했다. "그때는 무엇 때문에 기분이 나빴는지 몰랐어요. 나중에 생각해보니 학원에 있는 것 자체가 너무 힘들다는 것을 알았어요."

그러면서 덧붙였다. "학원에는 창문을 블라인드로 가려놓았던데, 바깥이 안 보여서 그런지 들어갈 때부터 왠지 답답함을 느꼈어요. 창문을 조금만 열어두었더라도 괜찮았을 것 같기도 한데…. 공간이 낯선 데에다 환기도 되지 않아 너무 답답했던 것 같아요."

그렇게 답답했던 마음이 점점 더 가슴을 옥죄어왔고, 결국에는 심장이 마구 쿵쾅거릴 정도로 압박감을 느꼈다는 것이다.

나 때문에 생긴 문제일까?

그러고 보니 내가 놓치고 있었던 부분이 생각났다. 우리 딸은 창문을 수시로 열고 환기를 시킨다. 어떨 때는 추운 겨울에도 창문을 열어놓고 있어서 '추운데 왜 창문을 열어놓을까?'라는 의문을 가졌다. "추우니까 창문을 닫는 게 어때?"라고 물으면 그때마다 "환기만 시킨 후에 닫을 거예요"라고 말했다. 나 또한 '추위만 아니라면 문을 잠시 열어서 공기를 순환시키는 것도 괜찮겠지'라며 별생각 없이 넘겼다.

우리 딸은 미세먼지 정보를 날마다 살핀다. 처음에는 아이가 미세먼지 수치를 왜 그렇게 잘 알고 있는지 의아하게 생각했는데, 이제보니 창문을 열어놓기 위해 미세먼지의 정보를 확인한다는 것을 알 수 있었다. 결정적으로 창문을 열어놓는 이유가 '답답해서'라는 것도 알게 되었다.

우리 딸은 성격, 취향, 심지어는 좋아하는 음식까지도 나와 비슷하다. 무엇 때문인지는 알 수 없지만, 이제 겨우 중학교에 입학한 딸이 가슴이 답답하고 심장이 마구 뛴다고 하니, 그냥 지나갈 문제는 아닌 것 같았다.

그러면서 딸의 문제가 어쩌면 '나 때문에 생긴 것이 아닐까?'라는 생각이 들었다. 일전에 수업 준비를 철저히 하지 않아 가슴이 답답하고 식은땀이 흘러내려 수업을 진행하기가 어려웠던 일이 생각났다. 그 일과 딸이 겪는 답답함이 서로 관련 있을지도 모른다는 생각이 들었다. 어쩌면 이 일들은 우연히 발생한 일이 아닐지도 모른다.

나의 상처가 우리 딸에게 흘러가서 이런 답답한 마음이 생겼나?

이런 생각에 이르자, 나의 치유되지 않은 상처가 혹시 우리 아이들에게 흘러가 아이들의 발목을 잡을지도 모른다는 생각이 들었다. 나 혼자 괴롭고 나 혼자서 힘들면 어떻게든 감수하겠지만, 나로 인해 우리 아이들이 이런 일들을 겪는다고 생각하니 마음이 힘들다. 해결되지 않았던 어린 시절 내면의 상처가 불쑥 찾아와 돌봐달라고 아우성치는 것 같다. 이제는 정말이지 나의 상처를 마주해야 할 때가 온 것 같다. 가슴 깊이 밀어둔 상처를 정면으로 마주하고 치유해야 할 순간이 찾아온 것이다.

스트레스와 건강

심리학자들은 외적 환경인 스트레스 사건 자체를 스트레스원(stressor)이라고 부릅니다. 스트레스원은 인간의 한계를 뛰어넘은 극도의 위험 상황을 의미하는 외상 사건, 가족의 죽음과 결혼과 이혼 등 개인이 경험하는 생활 사건, 자신이 속해 있는 삶의 범위 안에서 자신의 역할에 따라 지속적으로 경험하는 만성적 역할 긴장 등으로 나눌 수 있습니다. 이러한 외적 환경은 스스로 통제하기 어려울 수 있지만 내적자아는 부단한 노력과 치유의 과정을 통해 단단해질 수 있습니다.

저의 경우, 반복되는 잔소리가 주는 만성적인 긴장감이 가장 주요한 스트레스원입니다. 아버지의 일방적인 잔소리를 달고 살았기 때문에 저는 상대의 이야기를 듣는 것이 어렵습니다. 저는 아버지의 잔소리에 대응하는 방식으로 '회피'라는 방어기제를 만들었습니다. 한 귀로 듣고 한 귀로 흘려보내는 것입니다. 그렇기에 상대의 이야기를 듣더라도 집중하는 것이 어려워서 대화를 잘 기억하지도 못합니다.

가장 큰 피해자는 제 아내입니다. 저는 아내의 말에 집중하기가 힘듭니다. 이야기가 귀에 잘 들어오지도 않고, 자세히 듣지 않아서 금방 잊어버립니다. 오랫동안 대화를 하는 상황이 생기면 화가 나서 견디질 못합니다. 결국 아내와 싸우게 되고 서로에게 상처만 남깁니다.

이 싸움의 원인은 사실 아내 때문이 아닙니다. 제가 화가 난 이유는 아내를 아버지로 투사해서 바라보기 때문입니다. 저에게 일방적으로 잔소리를 하고 화를 내던 아버지에 대한 상처가 해소되지 않았기 때문에 아내와의 대화가 이토록 어려운 것입니다. 아버지와 해야 할 싸움을 상대적으로 만만한 아내와 하는 것입니다.

그래서 저는 아내에게 이런 저의 결점을 이야기하고 양해를 구했습니다. '대화는 될 수 있으면 핵심적인 내용만 간단하게 했으면 좋겠다. 이야기하다 보면, 어린 시절의 불편한 감정이 되살아나 나도 모르게 화를 낼 때가 있다. 이는 당신에게 화를 내는 것이 아니라 나의 내면아이가 아버지에게 화를 내는 것이다. 아버지에게 받은 억압이 해결되지 않아 생긴 문제이니 혹시라도 당신이 상처받지 않았으면 좋겠다. 문제의 원인을 알았으니 서서히 개선해나가겠다. 힘들더라도 조금만 기다려달라. 그리고 대화했던 내용을 내가 집중하지 못해서 잊어버릴 수도 있으니 핵심적인 내용은 문자로 알려주면 좋겠다'라고 부탁했습니다. 저의 스트레스가 아내에게까지 전염되지 않도록 바랐던 것입니다.

❖ **당신 마음속에는 무엇이 들어 있나요?**

- 하고 싶은 말을 제때 하지 못하면 어떤 기분이 드나요?
- 고마움을 잘 표현할 수 있나요?
- 상처를 받았을 때 어떤 행동들 취하나요?

희망은 밝고 환한 양초 불빛처럼
우리 인생의 행로를 장식하고 용기를 준다.
밤의 어둠이 짙을수록 그 빛은 더욱 밝다.

– 올리버 골드스미스

나의 소통법은
어디에서 왔을까?

나의 소통법은 어디에서 왔을까?

나는 사랑을 말하는데, 가족들은 화를 낸다

추석 연휴를 맞이하여 인천을 방문했다. 오랜만에 만나는 어른들에게 인사를 드리고, 맛있는 음식도 먹으며, 즐거운 한때를 보냈다. 항상 그렇듯이 즐겁고 행복한 시간은 너무 빨리 지나간다. 지난 명절에는 점심을 먹고 출발하는 바람에 몇 시간을 차 안에서 고생한 적이 있던 터라 이번에는 일찍 길을 나섰다.

고속도로에 접어들자, 아내와 아이들은 피곤했는지 곧장 잠에 빠져들었다. 아내는 집안일에 시달렸는지 완전히 뻗어버렸다. 친정에 와서도 일하느라 쉬지 못하는 아내를 보니, 왠지 안타까운 마음이 들었다. 나는 가족들이 쉴 수 있도록 잔잔한 음악을 틀었다.

운전을 하는 중에 수고한 아내와 아이들을 위해 특별한 이벤트를 만들고 싶다는 생각이 들었다. 한동안 고3 담임을 맡느라 가족들끼리 제대로 된 여행도 가지 못했다는 것도 생각났다. 그 시간을 묵묵히 기다려준 가족들에게 고맙기도 했고 미안하기도 했다. '연휴가 끝나려면 하루가 더 남았기에 새로운 곳을 방문해서 깜짝 이벤트를 마련하면 어떨까?'라는 생각이 떠올랐다.

가족들이 잠에서 깨어났을 때 전혀 예상치 못한 곳이 눈앞에 펼쳐져 있으면 얼마나 놀랄까?

나는 경부고속도로를 타는 대신에 서해안고속도로를 선택했다. 오래전부터 가족들과 전라남도 담양의 메타세콰이어 랜드를 가보고 싶었는데, 오늘이 좋은 기회가 될 것 같았다. 높게 솟은 메타세콰이어 나무들이 길 양쪽으로 뻗어있는 숲을 우리 가족들과 거닐고 싶었다. 멋진 경관을 보고 맛있는 식사도 하면 가족들이 좋아할 것이다. 생각만 해도 기분이 좋았다.

고속도로가 간혹 막히기는 했지만, 명절치고는 그렇게까지 붐빈다고 할 정도는 아니었다. 나는 가족들이 깨지 않도록 조심해서 운전했다. 하늘도 맑고 공기도 좋았다. 여행하기에 '이보다 좋은 날씨가 있을까?' 가족들과 함께 여행을 간다는 설렘에 피곤함도 사라졌다.

전라북도로 접어들었을 때 아내가 잠에서 깼다. 아내는 별생각 없이 어디쯤 왔냐고 물었다. 나는 뜸을 좀 들이다가 "막 전라도로 접어들었어"라고 말했다. 아내는 "전라도에 왜 왔어?"라고 물었다. 아내의 목소리에는 놀라움이 묻어 있었다. 나는 명절을 맞이해 수고한 아내와 아이들을 위해 깜짝 이벤트로 메타세콰이어 랜드가 있는 전라남도 담양으로 가는 중이라고 말했다.

아내의 표정이 일그러졌다. 아내는 "왜 나한테 물어보지도 당신 혼자서 그런 결정을 했어?"라고 말했다. 나는 "수고한 가족들을 위해, 그리고 하루 더 남은 연휴를 즐기기 위해 내린 결정"이라고 말했다. 아이들도 분명 좋아할 것이라는 말도 덧붙였다. 아내는 내 마음을 이해했는지, 아니면 기가 막혀서인지는 모르겠지만, 더 이상 말을 잇지 않았다. 창밖을 바라보고 있는 아내에게서 싸늘함이 느껴졌다.

그때부터 '아이들은 어떻게 반응할까?'라는 걱정이 되기 시작했다. 아내처럼 화를 낼지 아니면 색다른 곳에서 즐겁게 놀다 갈지 알 수가 없었다. 차 안의 분위기는 순간적으로 가라앉았다.

때마침 아이들이 깨어났다. 아이들은 일어나자마자 "집에 가려면 얼마나 더 가야 해?"라며 물었다. 나는 조심스럽게 "집에 가기 전에 잠깐 놀다 가려고 전라도에 왔어"라고 답했다.

아이들은 어려서 전라도를 잘 모르는지 "현재 위치에서 집까지 가는데 얼마나 걸려?"라고 다시 질문했다. 아이들은 온통 집으로 가는 것에만 관심이 쏠려있는 것 같았다. "여기서 집까지는 대략 3시간 정도 걸릴 거야"라고 대답했다. 아이들은 "한참을 달려온 것 같은데 아직도 그렇게 많이 남았어?"라고 물었다. 내일이 마침 쉬는 날이어서 담양이라는 곳의 메타세쿼이어 랜드로 가고 있다며 맛있는 음식도 먹고 재밌게 놀다 가자고 말하고 있었는데, 아이들은 내 말을 끝까지 듣지도 않고서 왜 곧장 집으로 가지 않고, 이곳에 왔냐며 쏘아붙였다. 아이들도 아내와 마찬가지로 화가 나 있었다.

나는 여러 가지 이유를 들어 아이들을 설득했다. 연휴가 하루 더 남아 있어서 가족들과 함께 여행하는 것이 좋을 것이라는 생각을 했다. 전라도는 음식이 맛있기로 유명하다. 특히 담양은 떡갈비가 유명하니 이곳에서 맛있는 떡갈비도 먹고 재밌게 놀다 가자고 말했지만, 한 번 틀어진 아이들의 마음을 달랠 수가 없었다.

아이들은 나의 말에는 아랑곳하지 않고 왜 우리에게 물어보지 않았느냐? 우리는 집에서 쉬고 싶은데, 왜 아빠 마음대로 이런 결정을 했느냐? 우리가 자고 있으면 깨워서라도 물어봤어야 하지 않느냐며 강하게 불만을 제기했다.

힘들게 메타세쿼이어 랜드까지 도착했지만, 아이들과 실랑이를 벌이느라 제대로 된 관광도 하지 못했다. 나는 사랑의 표시로 여행을 선택한 것인데, 가족들은 전혀 그렇게 받아들이지 않는 것 같다.

나는 사랑을 말하는데 가족들은 화를 낸다.

인정받고 싶은 내면아이

다시 집으로 향하는 핸들을 잡았다. 오늘 일을 한마디로 정리하면, '고생은 고생대로 하고 욕은 욕대로 먹은 경우'라고 말할 수 있을 것이다. 추석 연휴라서 도로 곳곳이 정체되었기에 인천에서 담양까지 운전하는 데에만 4시간이 넘게 걸렸다. 오직 가족들의 즐거움을 위해 이런 수고를 마다하지 않은 것인데, 이렇게 반응하는 가족들을 이해할 수 없었다.

집으로 돌아가는 길에 오늘 있었던 일이 계속해서 떠올랐다. 생각할수록 기분이 안 좋았다. '무엇이 문제지?' 이렇게 예민하게 반응하는 가족들에게 서운한 감정까지 들었다.

아내와 아이들의 얘기를 종합해보면 '집에 일찍 도착해서 조금이라도 더 쉬고 싶은데, 본인들의 의사를 확인하지도 않고 먼 곳까지 데려와서 화가 났다'라는 것이다. 당시의 나로서는 가족들이 이런 식으로 화를 내는 것을 받아들일 수가 없었다.

나는 진심으로 가족들을 위해 노력하는데, 가족들은 나의 선의와 희생을 너무 몰라주는 것 같았다. '이렇게 수고하고 헌신하는 나에게 별것도 아닌 일로 너무 매몰차게 대하는 게 아닌가?'라는 생각에 억울한 감정이 올라오기도 했다.

고생은 내가 하고, 가족들은 그저 즐기기만 하면 되는데, 그게 그렇게 어려운 일인지….

처음에는 아내와 아이들이 화를 냈지만, 시간이 지나면서 가족들을 향한 나의 분노가 스멀스멀 올라왔다.

여기까지 운전해서 가족들을 데리고 오는 것도 만만찮은 일이야. 힘이 들어도 내가 훨씬 더 힘든데, 도대체 뭐가 문제야? 이게 그렇게도 화날 일인가? 유명한 관광지에 방문해서 즐겁게 여행하고 맛있는 것도 먹으면 얼마나 좋아? 도대체 내가 무엇을 잘못한 거야?

운전을 하면서 나는 내 마음을 차분하게 들여다보았다. 화가 난 감정이 휩쓸고 지나간 자리에 아버지가 떠올랐다. 내 모습에서 아버지와 닮은 모습이 보였다.

아버지는 자기애가 강하다. 늘 자기중심적이고 가족 구성원들에게 존경과 관심의 대상이 되길 원한다. 틈만 나면 당신의 살아있는 무용담을 자랑하고 칭찬을 받아낸다. 듣기 좋은 말도 한두 번이라고 하는데, 아버지의 반복되는 자랑은 사람을 지치게 한다. 한번 시작하면 10~20분은 족히 걸리는데, 중간에 자를 수도 없고… 듣는 사람은 정말이지 괴로워서 미칠 지경이다.

힘들었던 군대 생활, 전역 후의 암담하던 시절, 어려운 가운데서 직장을 구한 일, 집 장만, 재테크 등 이 모든 것이 아버지의 성공담이다. 그리고는 맨 마지막에 이렇게 물어본다.

"이만하면 아부지 열심히 살아왔제?"

질문에 대한 정답은 이미 정해져 있는데, 나는 무슨 대답을 해야 할까? "예! 아버지께서 맨손으로 이 집안을 일으키셨습니다. 아버지의 수고와 노력이 있었기에 저희도 학교생활을 열심히 하고 있습니다. 감사합니다" 아버지의 질문에 대한 모범 답안이다.

실제로 아버지는 할머니에 이어서 우리 집안을 일으키셨다. 그 부분에 관해서는 아버지의 공로를 아낌없이 인정해드린다. 하지만 나는 '아버지께서 우리 집안을 살리셨습니다. 아버지의 노력과 헌신에 항상 감사드리고 있습니다'라며 당신을 칭찬해드리는 것이 너무 힘들다. 나는 속 보이는 말을 하는 것을 불편해하는 데다, 노골적으로 당신을 칭찬해

달라는 아버지가 싫었다. 이런 상황에서도 아버지를 매번 칭찬하고 인정해드리기 위해서 억지로 내 마음을 짜내야 했다.

아버지는 늘 나에게 화를 내고 비난만 하는데, 나는 일방적으로 아버지를 칭찬해야 한다. 아버지를 칭찬해 드리지 않는다면, 분노가 끓어올라 온 집안을 뒤집어놓을 게 뻔한데, 나는 과연 무슨 말을 할 수 있었을까? 받은 사랑이라도 있었다면 그 사랑을 되돌려줄 수도 있었을 텐데, 받지도 못한 사랑을 억지로 짜내려니 내 마음은 얼마나 시달렸을까?

이런 환경에서 자란 나는 받지 못한 사랑으로 인한 결핍된 욕구가 있다. 어른이 아이를 칭찬하는 것이 마땅한데, 나는 거꾸로 아버지를 칭찬하기 위해 내 안에 있는 에너지를 다 끌어 써버렸다. 그렇기에 나의 내면아이는 칭찬과 인정에 굶주려 있다. 그랬기에, 이번 추석 명절날과 같이 도로 사정이 좋지 않은 날에도 전라남도의 담양까지 운전해서 갔다. 인천에서 전라도까지 힘들게 가족들을 데리고 간 것은 가족들의 즐겁고 행복한 여행을 돕고 싶은 바람도 있었겠지만, 그보다는 나로 인하여 즐겁고 만족스러운 여행이 되었다는 말을 듣고 싶었기 때문이라는 것을 이제는 고백할 수 있다.

그러고 보니, 내가 무리를 해가며 가족들을 위해 희생하는 데에는 다 그럴 만한 이유가 있었다. 나는 아버지에게 받고 싶었던 칭찬과 인정을 결국에는 가족들에게 요구하고 있는 셈이었다. 아버지는 당신의 무용담을 늘어놓으며 대놓고 사랑을 뜯어갔다면, 나는 보이지 않게 은근히 가족들의 사랑을 갈취하고 있다. 눈에 보이지는 않지만, 사랑과 인정을 채우려는 근본적인 동기는 아버지와 똑같은 셈이다. 나는 그렇게 인정받지 못한 나의 욕구를 가족들에게서 채우고 있었다.

나는 우리 아이들이 주위 사람들에게 인정받고자 노력하면서 사는 것을 원치 않는다. 자기가 해야 할 일을 스스로 알아서 처리하고 주어진 삶에 만족하며 살면 좋겠다. 타인의 관심을 끌기 위해 또는 좋은 사람이라는 이미지를 얻기 위해 에너지를 낭비하면서 살지 않았으면 좋겠다.

그러기 위해서는 내가 먼저 그 모습을 보여줘야 한다. 왜냐하면 아이들은 부모의 뒷모습을 보고 자라니까.

이제는 다른 사람이 아닌, 나에게 집중하는 삶을 살아갈 것이다.

두 개의 여행 후기

최근에 가족들과 함께 갔던 시드니 여행에 대해 얘기를 한 적이 있다. 당시의 디테일한 이야기를 아이들이 하는 바람에 마치 여행하던 그때 그 시간으로 되돌아가는 것 같았다. 아이들의 기억력 또한 대단해서 다시금 나를 깨어나게 한다. 여행 이야기를 하다 보면, 시간 가는 줄을 모른다. 가족들과 함께 공유하는 행복한 추억이 있어서 좋다.

대화 중에 아내가 오페라 하우스 근처의 레스토랑에서 먹었던 '캥거루 스테이크'를 실수로 '코알라 스테이크'라고 말해서 가족들이 크게 웃었다. 아이들은 "어떻게 코알라를 먹을 수 있냐?"라며 아내에게 "야만인이다"라고 말해서 또다시 웃었다. 아이들은 호주 여행이 우리가 떠난 해외여행 중에 제일 재밌었고, 기억에도 많이 남는다고 했다.

이럴 때 나는 큰 보람을 느낀다. 가족들과 행복한 추억을 공유하는 이 순간이 좋다. 아빠인 내가 아이들에게 넓고 멋진 세상을 선물해주었다는 자부심으로 기분이 좋다. 바로 그때, 딸이 무심코 한마디를 덧붙였다.

"다음에는 아빠랑 여행 가면 저녁 먹은 후에는 돌아다니지 않을 거야."

무슨 말인지 궁금했다. 나는 딸에게 금방 했던 말이 무슨 뜻인지를 설명해달라고 했다. 아이는 별생각 없이 말했을지 모르지만, 그 짧은 한마디 속에 내가 모르는 메시지가 담겨 있을지도 모른다는 생각이 들었다.

딸의 얘기는 아빠랑 여행을 가면 하루가 너무 힘들다는 것이다. 아침부터 밤늦은 시간까지 꽉 짜인 일정에 맞춰 돌아다니는 것이 너무 피곤하다고 했다. 아무리 재미있는 여행도 몸이 피곤하면 재미도 반감되기에, 저녁 식사 후에는 호텔에서 편안하게 쉬고 싶다는 말이었다.

가족들을 위해 재미있고 즐거운 여행 일정을 잡는다고 했는데, 딸에게는 무리한 일정이었나 보다.

다른 가족들도 말은 하지 않았지만, 딸과 마찬가지로 힘들었을지도 모른다는 생각이 들었다. 그러면서 나의 여행방식에 대해서 생각해보았다. 그러고 보니 나는 해외여행을 갈 때마다 '이번이 아니면 언제 또 오겠냐?'라는 마음으로 일정을 최대한 알차게 잡고서는 바삐 돌아다녔다. 시간이 낭비되지 않도록 여러 가지 대안을 마련해서 코스를 빡빡하게 짰다. 그러니 딸 아이의 관점에서는 힘들 만도 했다. 게다가 호주 여행은 우리 딸이 초등학생 4학년일 때 떠난 여행이었기에 그 강도가 더 크게 다가왔을 것이다. 아이의 말에 충분히 일리가 있었다. 딸이 말하지 않았더라면 가족 모두가 만족한 여행을 한 것으로 착각할 뻔했다.

압박골절

몇 년 전, 딸이 울면서 집으로 왔다. 미끄럼틀에서 발을 헛디뎌 바닥으로 떨어졌다고 한다. 얼마나 아팠는지 아이는 한참 동안 울음을 그치지 않았다. 평소에 감정표현을 잘 하지 않고 인내심도 많은 아이가 울고 있는 모습을 보니 마음이 너무 아팠다. 하필, 일요일이라 병원에 데려가기도 애매해서 집에서 아이를 쉬게 했다. 아이는 한참 동안을 울다가 잠이 들었다.

다음 날 아내가 가까운 정형외과로 아이를 데려갔다. 의사 선생님은 엑스레이를 보면서 큰 병원에 가서 정밀검사를 받아보는 것이 좋겠다고 하셨다. 사태가 생각보다 심각한 것 같았다.

곧바로 종합병원으로 가서 진찰을 다시 받았다. 아내의 이야기를 차분하게 듣고 난 뒤, 선생님께서는 씨티 촬영으로 정밀검사를 해보자고 하셨다. 여러 가지 검사를 하고 씨티 촬영까지 끝마쳤다. 한참을 기다린 후에 담당 선생님을 만날 수가 있었다. 선생님은 사진을 유심히 살펴보시고는 압박골절이라는 진단을 내리셨다. 척추뼈가 충격으로 인해 금이 갔다는 것이다. 몸을 움직이면 뼈가 잘 안 붙는 데다가, 아이들은 활동량이 많아 휴식을 제대로 취할 줄 모른다며 입원을 권장하셨다.

생각지도 못한 입원이지만, 아이도 몸이 안 좋다는 것을 인지하고 있었는지 순순히 입원을 받아들였다. 선생님은 다친 부위가 잘 아물지 않기 때문에, 최대한 몸을 움직이지 말 것을 주문했다. 그러면서 거의 하루 종일 누워 있어야 한다고 딸에게 말씀하셨다. 치료가 끝나더라도 당분간 허리를 지탱해주는 보조기를 착용해야 한다고도 하셨다. 몸도 불편한데 병원에서 오랜 시간을 보내려니 아이가 많이 힘들어했다.

우리 부부는 혹시라도 뼈가 제대로 붙지 않을까 걱정이 되어 아이가 최대한 움직이지 않도록 돌보았다. 다행히 딸아이가 의사 선생님의 말씀을 잘 따라줘서 회복 속도가 좋았다.

목사님의 기도

지루한 병원 생활이 계속되었다. 그동안 아내가 병원에서 아이를 수발드느라 고생이 많았다. 나는 주일에 예배를 드리며 주님께 아이를 건강하게 회복시켜 달라는 기도를 드렸다. '아이가 미끄럼틀에서 떨어져 척추를 다쳤습니다. 고통 속에 있는 아이를 주님께서 만나주시고, 아픈 부위를 회복시켜 주시길 간절히 기도드립니다. 하루속히 뼈가 붙기를 바라며, 퇴원 후에도 후유증 없이 생활할 수 있도록 은혜 내려주십시오'라고 기도드렸다.

예배가 끝나고 담임 목사님을 찾아갔다. 평소에는 목사님에게 말 한마디 붙이지 않는데, 이런 일로 찾아가자니 미안한 마음이 들었다. 그래도 아이의 건강회복이 시급하니 체면을 차릴 형편이 아니었다. 목사님을 찾아뵙고 사정을 말씀드린 후에, 기도를 부탁드렸다. 목사님께서는 먼저 아이가 아파서 걱정이 많겠다며 위로하시더니, 꼭 기도드리겠다고 말씀해주셨다. 오후에 아이를 간호하느라 병원에 있는데, 부목사님으로부터 전화가 왔다. 병원에 들러서 딸을 위해 기도드리고 싶다는 것이었다.

아이가 통화내용을 듣고서 무슨 일인지 물어보았다. 나는 딸에게 "네가 미끄럼틀에서 떨어져서 척추를 다쳤다고 목사님께 말씀드렸어. 그리고 기도를 부탁했는데, 감사하게도 목사님께서 회복 기도를 위해 병원에 잠시 들르시겠대"라고 말해주었다.

그러자 아이는 정색하며 목사님이 방문하시는 것이 싫다는 것이었다. 잘 모르는 사람을 만나는 것도 싫은데, 당사자인 자기에게 물어보지도 않고 아빠 마음대로 결정한 것이 더 싫다고 했다. 처음에는 그러려니 했는데, 몇 번을 말해도 아이는 목사님을 만나고 싶지 않다는 마음에 변함이 없었다. 난감했다.

내가 부탁해서 목사님이 방문하시는 건데 이런 경우에는 어떻게 해야 하나? 이 상황에 목사님께 오시지 말라고 할 수도 없고, 그렇다고 아이의 말을 무시할 수도 없고….

아이에게 아빠 입장이 매우 난처하다며 통사정했다. "목사님이 지금 오시는 것은 아빠가 기도 부탁을 했기 때문인데, 다시 오시지 말라고 말씀드리는 것은 경우가 아니다"라며 딸에게 한 번만 양보해달라고 했다.

그렇게 목사님이 방문하셨다. 목사님은 아이에게 안부를 묻고는 정성을 다해 기도해주셨다. 마음이 뜨거워지는 은혜로운 기도였다. 목사님이 돌아가신 후에 나는 딸에게 "아빠 마음대로 결정해서 미안하다.

다음에는 꼭 네 의견을 먼저 물어보고 실행할게"라고 사과했다. 딸은 흔쾌히 나의 사과를 받아들였다.

의사불통

담양의 메타세쾨이어 여행, 시드니 여행, 목사님께 기도 부탁을 드렸던 일들에는 공통점이 있다. 가만 보면, 이 사건들에는 가족들의 의견이 전혀 반영되지 않았다. 가족들은 본인의 의견을 말할 기회도 없이 정해진 결정을 따라야만 했다. 가족들과 논쟁이 벌어지지 않았더라면 나 역시 아무것도 모른 채로 지나갈 뻔했다. 다행히 나의 행동방식을 가족들이 언급했었기에 문제점을 바로잡을 기회가 생겼다.

나는 존중받지 못했고 부모님과 대화하며 자라지 않았기 때문에 어떻게 하는 것이 아이들을 존중하고 공감하는지를 알지 못한다. 아버지는 의견을 묻지도 않고 내 인생을 마음대로 결정했기에, 나 또한 다른 사람을 배려하는 데에 어려움이 있다. 그런 나에 대한 성찰 없이 어른이 되어버린 지금, 나는 여전히 타인과 소통하는 것이 어렵다. 그중에서도 상대방의 의견을 묻고, 협의하는 데에 어려움을 겪고 있다.

어린 시절, 나는 아버지로부터 살아남기 위해서 당신의 생각을 읽으려고 노력했다. 부자간에 대화가 없었기에 아버지의 행동과 기분을 읽고 그 의중을 판단하였다. 아버지를 제대로 살피지 못하면 심한 체벌이 뒤따르기도 했기에 당신의 기분과 감정을 미리 파악하는 것은 중요한 일이었다. 그런 것들이 몸에 배어 있는지, 나는 가족들의 생각을 물어보지 않고 혼자서 최선이라고 생각하는 것을 결정한다.

아마도, 아내는 이렇게 할 거야. 아들은 이것을 좋아할 거야. 딸은 이렇게 하고 싶을 거야.

이렇게 혼자서 상대의 생각을 지레짐작하고, 그에 맞춰서 행동하고 있다. 어린 시절, 아버지 생각을 미리 판단하여 어려움을 모면했던 것처럼, 성인이 된 지금도 여전히 상대의 의견을 묻지도 않고 혼자서 모든 것을 판단하고 결정한다.

가족들을 위해 수고하고 헌신한다고는 하지만, 당사자들이 만족하지 못한다면 그것이 무슨 소용이 있겠는가? 나의 어린 시절도 아버지의 일방적인 명령과 통보로 인하여 얼룩졌는데, 나 또한 상대의 생각을 다 알고 있는 것처럼 혼자서 판단하고 혼자서 결정하고 있다. 아버지처럼 나 역시 가족들의 의견을 존중하지 않고 일방적으로 의사소통을 하는 것이다.

아이들과 의사소통을 잘하려면 먼저 아이들에게 말할 기회를 제공하고, 그들의 이야기에 귀를 기울여야 한다. 하지만 나는 구체적으로 어떤 상황에서 어떻게 아이들의 의견을 물어봐야 하는지, 아이들과 생각이 다를 때는 어떻게 조율해야 하는지, 그리고 어떻게 설득해야 하는지를 알지 못한다. 아이들을 위한다고는 하지만, 그들의 의견을 묻지 않고, 혼자서 독불장군처럼 내린 결정으로 아이들을 혼란에 빠뜨린 적도 많다. 그로 인해 아이들이 당황해서 불평하면 나는 그 이유를 파악하는 것보다 아이들이 내 마음을 알아주지 않는다고 기분 나빠한다.

가족들을 배려하고 공감적인 대화를 이어가는 자상한 아빠가 되고 싶은데, 현실 세계의 나는 내 생각과는 전혀 다른 모습을 하고 있다. 억압받으며 자란 아이들의 고통을 잘 알기에 최대한 우리 아이들의 이야기에 귀를 기울이고 그들의 생각과 의견을 존중하는 아빠가 되고 싶은데, 나는 무의식중에 가족들을 무시한 채, 일방적으로 내 생각을 강요하고 있다.

대화에 연습이 필요할 때

누군가가 일방적인 의사소통을 한다는 것은 그 사람도 어린 시절에 그런 취급을 받으며 자랐다는 의미일 것이다. 나도 실제로 아버지와 대화란 것을 해본 적이 없었으니 양방향 의사소통을 배운 적도, 해본 적도 없었다고 말하는 것이 옳을 것이다.

바람직한 의사소통을 위해서는 시간이 걸리더라도 구성원들의 생각을 반영해서 민주적으로 의사결정을 해야 하는데, 나의 의사소통 방식은 아버지처럼 그 과정이 생략되어 있었다. 아버지처럼 내 생각이 전적으로 맞을 것이라고 확신하지는 않지만, 어쨌든 나는 구성원들의 의견을 열린 마음으로 들은 적이 없었고, 그들과 토론하며 최선의 결정을 내리려고도 하지 않았다. 그저 내 마음대로 생각하고, 결정하고, 실행에 옮기고 있었다.

어쩌면 나는 지금까지 가족들의 의견에 귀를 닫고 있었고, 더 나아가서는 그들을 무시하며 살았을 줄도 모르겠다. 아이들의 친구이자 따뜻한 아버지가 되고 싶었고, 실제로 부단히 노력한다고 하지만, 여전히 많이 부족하다. 이런 상처를 발견할 때마다 실망스러운 나의 모습에 가슴이 무너진다. 부족하고 상처 많은 아빠를 둔 아이들에게도 미안한 마음이 크다. 한계가 너무나도 뚜렷해서 아이들의 마음을 이해하지도 못하고, 공감하지도 못하는 게 지금의 내 모습이다.

이렇게 일방적이고 독단적인 아빠의 모습에도 우리 아이들의 사랑은 변하지 않는다. 내가 잘못한 일이 있다고 나에 대한 사랑과 믿음을 거두는 것이 아니라, 그런 약점에도 불구하고 한결같이 나를 사랑해주고 지지해준다. 그렇기에 나는 또 일어설 힘을 얻는다. 아이들의 사랑을 느낄 때마다 부모의 자녀 사랑보다 자녀들의 부모 사랑이 훨씬 더 크다는 것을 깨닫는다.

아이들을 온전히 사랑하기 위해서는 올바른 의사소통을 연습해야 한다. 사소할지라도 아이들에게 생각과 감정을 물어보고, 그들의 의견을 차분하게 들은 후에 내 생각을 말하는 연습이 필요하다. 그렇게 서로 의견을 나누고 타협하면서 함께 결론에 도달하는 과정을 만들어가야 한다.

나의 아픈 상처를 바라보고, 빛이 닿지 않는 그늘을 살펴보면 좀 더 객관적인 내 모습을 바라보게 된다. 그러면서 상처로부터 한 걸음 빠져나온다. 아이들은 내가 받아들일 수 있을 만큼 서두르지도 않고, 보채지도 않으면서 나를 조금씩 변화시킨다. 나는 아이들로 인해 좀 더 나은 인간으로 성장하고 있다. 그렇게 난 우리 아이들에게 좀 더 다정하고 배려 깊은 아빠로 다가선다.

애들아! 아빠가 많이 부족해. 정말 미안해! 잘하려고 한다는 게 그 모양이지 뭐야. 그런 아빠를 늘 사랑하고 지지하는 너희들이 있어서 정말 고마워. 이제 아빠도 조금씩 좋아지고 있는 것 같아. 아빠가 상처의 긴 터널에서 빠져나오고 있거든. 이게 다 너희들 덕분이야. 너희들이 아빠에게 순수한 사랑을 가르쳐주었기에 아빠도 점점 더 좋은 사람으로 변화되어가는 중이야.

이제부터라도 원활한 의사소통을 위해, 그리고 상대를 존중하는 마음으로 당사자의 의견을 묻고, 마음을 담아서 대화하는 연습을 해야겠다. 나는 이렇게 상처의 껍질을 하나 더 벗어 던진다. 그저 아빠라는 이유 하나만으로도 아무것도 바라지 않고 나를 지지해주고, 사랑해주는 아이들이 있어 감사하다. 우리 아이들이 다 자라기 전에, 나로 인한 상처가 쌓이기 전에 조금이라도 더 빨리 성장했으면 좋겠다.

나는 나를 파괴할 권리가 있다

아버지는 내 생각과 의견에는 관심조차 없지만, 부모라는 이유로 그리고 나보다 세상을 더 잘 안다는 이유로 내 인생의 굵직한 일들을 독단적으로 결정하였다. 내 인생에 아무렇게나 개입하여 내가 유지하고 있는 질서와 틀을 무너뜨렸다. 그 과정에서 나를 철저하게 소외시키고, 무시하였으니 어린 시절 내가 겪은 좌절감은 얼마나 컸을까?

군 출신인 아버지의 소통법은 간단했다. 바로 '~해라'와 '~하지 마라' 두 가지로 요약된다. 초등학교 때부터 의사가 되라는 아버지의 강요에 나는 하고 싶은 일이나 꿈을 설정해본 적이 없다. 의사가 되어야 한다는 부담감, 의사가 될 정도로 공부를 잘하지 못했기에 느끼는 좌절감과 상실감, 아버지를 실망하게 한 것에 대한 죄책감으로 인하여 나는 학창 시절에 방황했다.

아버지는 그 외에도 많은 것을 강요하였다. 감당하기 힘들고 달성할 수 없는 아버지의 '인생 과제'로 인해 나는 숨이 막혔다. 당시 우리 집에 가훈이 있었다면 '아버지는 말하고 아들은 따른다!' 혹은 '너는 내가 시키는 대로 해라'가 적절했을 것이다. 아버지가 정해준 길이 내 생각이나 적성과 달라도 나에게는 선택의 여지가 없었다.

어쩌면 나는 내 능력으로는 아버지가 원하는 것을 도저히 이룰 수가 없다는 것을 몸소 보여주기 위해 내 인생을 실패로 몰아넣었는지도 모른다. 나의 무의식은 '내가 처참하게 실패해야지만 아버지도 더 이상 쓸데없는 기대와 희망으로 나를 고문하지 않을 것이다'라는 결론을 내렸을지도 모른다. 아버지의 손아귀에서 벗어나고 싶었지만, 그 방법을 알지 못했기에 나는 아버지의 인생 과업을 대부분 실패로 끝냈다. 실패 외에 아버지에게서 벗어날 방법이 무엇이 있었을지 모르겠다. 나의 무의식은 실패를 통해 자유를 되찾았던 것 같다.

소설가 김영하 씨의 《나는 나를 파괴할 권리가 있다》라는 책이 생각난다. 나 자신을 파괴할 때, 비로소 아버지의 검은 그림자로부터 해방될 수 있으니, 정말이지 잔인한 현실이다. 죽기 전까지 링에 오르는 것을 반복해야 하는 로마의 검투사처럼 나 자신이 죽고 사라질 때, 그제야 나는 아버지의 관심에서 벗어날 수 있다.

어쩌면 나는 '아버지가 원하는 대로 살 수 없어요'라는 것을 온몸으로 보여주기 위해 학업과 인생에서 실패를 반복했을지도 모르겠다.

아버지와 다른 사람

아버지를 닮게 된다면, 나는 절대로 좋은 사람이 될 수 없을 것 같았다. 그래서 나는 어린 시절부터 '어떻게 하면 좋은 사람이 될 수 있을까?'에 대한 고민이 많았다. 그에 대한 정답은 알지 못했지만, 최소한 나쁜 사람은 되지 않아야겠다고 마음먹었다. 나에게 있어서 나쁜 사람의 샘플은 명확했다. 그리고 나쁜 사람이 되지 않는 방법에 대한 기준도 분명했다.

절대로 아버지와 같은 사람은 되지 않겠다.

아버지처럼 살지 않는다면, 적어도 실패한 인생은 살지 않을 것이라고 생각했다. 좋은 사람이 된다는 건 모르겠지만, 아버지와 다르게 살 자신은 있었다. 그 방법은 다음과 같다. 어떤 상황이 발생했을 때 먼저 '아버지라면 어떻게 할까?'라는 질문을 던진다. 그런 다음, 아버지가 했을 만한 선택과는 반대로 선택하면 된다. 그뿐이다. 실제로 나는 아버지가 선택할 만한 것과는 다른 삶을 선택하며 살아왔고, 그런 나의 노력은 당연히 아버지와 다른 사람으로 이끌어줄 것이라고 믿었다.

하지만 그런 나의 다짐과 노력을 비웃는 것처럼 현실의 나는 아버지의 삶을 재현하고 있다. 아무리 멀리 떨어져 있더라도 컴퍼스의 두 다리는 회전반경을 벗어나지 못하는 것처럼, 나 또한 아버지와 평행한 삶을 살고 있다. 너무나 억울하지만, 인정할 수밖에 없는 현실이다. 가족을 위한답시고 구성원들에게 의견을 물어보지도 않고, 마음대로 결론을 내리고 행동하는 나를 보면, 또 다른 아버지를 보는 것 같다.

항상 화가 나 있는 아버지. 아들에게 너무 무섭고 쌀쌀맞게 대하는 아버지. 아버지를 보면 가슴이 답답해서 하고 싶던 말도 삼켜버려야 했던 나의 어린 시절이 떠오른다. 그 당시 나는 아버지에게 무슨 말을 하고 싶었을까? 무슨 말을 하고 싶었기에 그토록 답답했을까? 우리 아이들이 화가 났을 때, 나에게 했던 말처럼 나도 아버지에게 하고 싶었던 말이 있다. 아이들이 아빠에게 투정하는 것은 당연한 문제인데, 나는 지금껏 아버지에게 내 마음속에 있는 어떤 말도 해본 적이 없다.

그렇게 참아왔던 말을 지금 하려고 한다. 이제는 나도 아버지에게 하고 싶은 말을 하고 살아갈 것이다.

"왜 아버지는 내 의견도 물어보지 않고서 마음대로 제 인생을 결정하셨습니까? 왜 저에게 의사가 되라고 했습니까? 고등학교 교사라면서 그렇게 판단력이 없으신지요? 저는 과학을 좋아하지도 않고, 꼼꼼한 성격도 아닌데, 왜 저에게 사람의 생명을 다루는 의사가 되라고 하셨습니까? 내 성적에 의사가 된다는 것이 불가능하다는 것을 모르셨습니까? 도대체 의사를 시키려는 목적이 무엇입니까? 정말 아들을 위한 것입니까? 아들을 위한 것이라면 왜 제 생각은 한 번도 물어보지 않았습니까? 저를 무시하는 겁니까? 아버지가 저를 무시하고, 함부로 대하니까 세상 사람들도 저를 무시하고, 함부로 대하는 것 아닙니까?"

아이들이 담양에서 거침없이 쏟아붙였던 말들은 어쩌면 어린 시절에 내가 아버지에게 해야 했던 말들이었다. 말이 안 통한다고 해서, 또 말을 하면 보복할까 봐 두려워서, 나는 하고 싶은 말이 있어도 참고 또 참았으니 어린 시절의 내 마음은 얼마나 답답했을까?

그렇게 내 생각을 아버지에게 말하지 못하니까, 내 안의 억압받고 표현하지 못한 아이가 힘들어하지. 나는 아주 사소한 것도 아버지에게 주장해보지 못했는데, 우리 아이들의 거침없는 말을 받아주려 하니 나의 내면아이는 또 얼마나 힘들고 억울했을까? 그리고 우리 아이들 또한 나에게 배려받지 못해 얼마나 속상했을까?

마음속에 하고 싶은 말을 매번 꾹꾹 담아두고 있던 나의 내면아이는 정말 답답했을 것이다. 그때의 상처받은 내면아이에게 다가가 그 아이를 안아주고 따뜻한 위로를 전한다.

네 마음을 아무도 알아주지 않아서 힘들었지? 누군가가 네 이야기를 들어주기만 해도 좋았을 것을. 얼마나 속상했을까? 네 마음 잘 알아. 이젠 내가 항상 네 곁에 있을게. 울고 싶으면 울고, 기대고 싶으면 기대. 네 마음이 풀릴 때까지 난 늘 네 곁에 있을 거야. 난 무조건 네 편이야.

내면아이를 마주보기

　내면아이(Inner Child)는 충족되지 못한 욕구와 억제된 아동기 감정, 창의성, 직관, 놀이 능력을 지닌 정신의 무의식적 일부를 뜻합니다. 존 브래드쇼의 《상처받은 내면아이 치유》에 따르면 누구든지 자신의 진정한 변화를 원한다면 거쳐야 할 과정이 있다고 합니다. 먼저, 자신의 어린 시절로 돌아가 거기서부터 다시 시작해야 합니다. 그러나 우리가 다시 어린아이가 된다는 것은 불가능합니다. 하지만 우리 안에 아직도 살고 있는 내면아이에게로 돌아갈 수는 있습니다. 상처를 치유하기 위해서는 어린 시절의 발달과정을 되돌아보고 각 발달단계에 따른 미해결 욕구와 과제를 발견하는 것이 우리가 가장 우선적으로 해야 할 일입니다. 자신의 '상처받은 내면아이'를 발견하고 부둥켜안는, 내면아이 치유 경험이 필수적입니다.

　내면아이를 마주보는 시간을 가져봅시다.

1단계: 어른들에게도 내면아이가 존재한다는 사실을 인정하기
2단계: 내면아이가 상처 입었다는 사실을 인정하기
3단계: 상처 입은 내면아이의 존재를 존중하기
4단계: 내면아이의 말을 들어주기

　저는 상처받은 내면아이에게 이렇게 말을 걸었답니다. '정민아! 아버지가 어린 너에게 소리 지르고 함부로 대한 것 때문에 힘들었지? 아무리 노력해도 따스한 눈길 한번 주지 않아 실망도 많이 했지? 누군가에게 의지하고 싶고, 함께하고 싶은데 아무도 너를 따뜻하게 안아준 사람이 없었지? 네 마음 잘 알아. 그동안 너무 외로웠을 거야. 그렇게 힘든 상황에서도 용기 잃지 않고 이렇게 잘 자라줘서 고마워. 이제는 내가 함께할게. 네 곁엔 언제나 내가 있을게.'

❖ 당신 마음속에는 무엇이 들어 있나요?

- 상처받은 내면아이에게 말을 걸어보세요.
- 상처받은 내면아이가 뭐라고 대답하나요?
- 상처받은 내면아이의 이야기를 담담히 들어보세요. 모든 말에 대답할 필요는 없습니다. 그리고 그 아이를 위로하고 안아주세요.

_____

_____

_____

_____

우리의 탐험이 끝나는 때는 시작이 어딘지 알아내는 순간이다.

– T.S. 엘리엇

상처 마주보기

상처 마주보기

이름 사건

어린 시절의 첫 기억이자 아직도 지워지지 않는 충격적인 사건이 있다. 5살에 일어난 일인만큼 이 사건은 내가 기억하고 있는 상처의 시작이라고 볼 수 있다. 지금부터 내 삶의 가장 강력한 트라우마 중 하나인 '이름 사건'을 고백하고자 한다.

어느 늦은 밤, 아버지는 퇴근 후 자고 있던 나를 깨웠다.

"일어나라." 나는 곤하게 자고 있어서 아버지께서 깨우는 소리를 듣지 못했다.

"빨리 안 일어나나?" 아버지는 나를 흔들어서 깨웠다. 잠결에 나는 무슨 일인가 하고 부스스 일어났다. 일어나보니 아버지와 엄마가 나란히 앉아 있었다. 무슨 큰일이 생긴 것 같았다.

아버지는 갑자기 이름을 물었다. "니 이름이 뭐꼬?"

난 잠도 제대로 깨지 않은 상태에서 눈을 비비며 주위를 살폈다. 그러는 중에 아버지는 화가 나서 한 번 더 나의 이름을 물었다.

"니 이름이 뭐냐고?"

집안에 울려 퍼지는 아버지의 쩌렁쩌렁한 목소리에 잠이 확 달아났다. 온몸이 긴장되기 시작했다. '무슨 일일까? 왜 갑자기 소리를 지르시지? 내가 또 무엇을 잘못한 거지?' 빨리 대답을 해야 하는데 아무런 말도 나오지 않았다. 가슴이 답답했다. 상황 파악을 하려고 했지만, 머릿속이 정지된 것처럼 아무런 생각도 나지 않았다.

"어서 대답 안 하나?"

무슨 잘못을 했는지는 모르지만, 아버지는 화가 단단히 나신 게 분명했다. 나는 말을 더듬으며 자신 없는 목소리로 가까스로 대답했다.

"어, 어... 최, 최, 최 정... 민."

간신히 이름을 말했지만, 아버지는 아무런 반응을 보이지 않았다.

"니 이름이 최정민이가?"

아버지의 차가운 반응에 순간적으로 이름을 잘못 말했다는 것을 직감했다. 나는 재빨리 이름을 수정해서 다시 말씀드렸다. "최정호"

아버지는 한심하다는 듯이 말했다. "니는 아직 이름도 모르나? 니 이름이 최정호가?"

아버지는 오만 인상을 쓰며 다시 물었다. 너무 무서웠다.

"니 이름이 최정호가?"

나는 이번에도 틀렸다는 생각에 기어들어 가는 목소리로 "아니요." 라고 대답했다.

"그러면 니 이름이 뭐꼬?" 아버지의 목소리가 더욱 커졌다.

나는 공포에 질려 아무 말도 못하고 아버지와 엄마의 표정을 번갈아 살폈다. 엄마와 잠시 눈이 마주치자 엄마는 어서 말씀드리라고 하셨다. 그 당시에 내가 알고 있는 이름은 두 개밖에 없었다. 하나는 아버지 이름인 최정호와 또 하나는 내 이름인 최정민.

그런데 아버지가 계속해서 이름을 물어보니까, 어떤 것이 진짜 내 이름인지 헷갈렸다. 내 이름인 '최정민'을 말해도, 아버지 이름인 '최정호'라고 대답해도 또다시 이름을 물어보니 무엇이 내 이름인지, 어떻게 대답해야 할지 도무지 알 수 없었다.

나는 다 죽어가는 목소리로 다시 한번 "최정민"이라고 대답했지만, 아버지는 역시나 아무런 반응도 하지 않았다. 그러면서 또다시 이름을 물었다.

"니 이름이 뭐라고?"

"최정호."

"니는 지금 몇 살인데, 아직 이름도 모르나?" 아버지는 내가 이름을 모른다며 호통을 치셨다. 갑자기 머리가 텅 빈 듯 아무것도 생각나지 않았다. 온몸이 경직되며 몸이 뻣뻣해졌다. 머리카락이 곤두설 정도로 긴장이 되어 몸을 움직일 수가 없었다. 말 그대로 얼음이 되어버렸다. 바로 그 순간 아버지의 손이 나의 뺨을 정통으로 때렸다.

"니는 5살이 다 되도록 이름도 제대로 모르나? 이 한심한 놈아! 니 이름이 뭐고? 니 이름이 뭐냐고?"

아버지의 폭행이 시작되었다.

"지 이름도 모르는 바보 같은 놈이 세상에 어디 있노?" 아버지는 화가 머리 꼭대기까지 치민 것 같았다. "니가 맞아야 정신을 차리겠나?" 이미 때리고 있으면서 아버지는 맞아야 정신을 차리겠냐고 묻는다.

"야! 이 바보같은 자식아."

나는 울음을 터뜨렸다.

자다가 일어나 무슨 영문인지도 모르는 상태에서 갑자기 이름을 묻고는 제대로 대답을 못한다고 흥분해서 마구 때리는 아버지. 아버지는 내가 5살이라는 것을 알고서도 이렇게 때리는 것일까? 힘없고 나약한 어린아이가 이런 상황에서 우는 것 말고 할 수 있는 것이 무엇이 있을까?

"당신은 집에서 뭐 했노?" 갑자기 아버지는 엄마를 질책했다. "아 이름도 안 가르쳤나?" 아버지는 엄마에게 소리를 지르더니, 다시 때리기 시작했다. 나는 더 크게 울었다. 울고 있는 나에게 아버지는 울음을 그치라고 소리를 질렀다. 울음은 진정되지 않았다. 아버지는 더욱 크게 소리를 질렀다. 나는 울음을 참으려고 했지만, 멈출 수가 없었다. 아버지는 뺨을 때릴 듯이 손을 들어 올리며 소리를 질렀다. 그렇지만 한번 터진 울음은 쉽게 사그라지지 않았다.

"안 그치나? 또 맞을래?"

아버지의 목소리가 차분해졌다. 차분한 아버지의 목소리는 흥분한 것보다 더 무서웠다. 나는 울음을 진정시키려고 애썼다.

"다시 묻는다. 니 이름이 뭐고?"

나는 아무런 대답도 하지 못했다. 어떻게 대답해야 할지 몰랐고, 대답하더라도 또다시 맞을 것이라고 생각하니 더는 이름을 말하고 싶지 않았다. 내가 아무 말도 하지 않고 가만히 있자 아버지는 본격적으로 때리기 시작했다. 그야말로 무자비한 폭행이었다.

아팠다. 아픈 것도 아픈 거지만, 그 분위기가 너무 공포스러웠다.

"당장 내쫓아라. 바보 머저리 같은 놈. 이제부터 니는 내 자식이 아니다. 어디서 이런 바보 같은 놈을 데려왔노?"

울음이 다시 터졌다.

아버지는 울고 있는 나에게 다시 손을 들어 때리려는 시늉을 이어갔다. "자꾸 울래? 안 그치나?"

나는 울음을 참으려고 애써보았지만 잘되지 않았다.

"안 그치냐고? 그만 울라고 했제?" 아버지의 손이 다시 날아왔다. 폭행은 이어졌다. 이름을 물어보며 시작된 폭행이 이제는 울음을 멈추지 않는다고 계속 되었다.

"뚝, 남자가 어디서 눈물 흘리노?"

난 아버지에게 맞지 않으려고 억지로 울음을 참았다. 양손을 입으로 가져가서 붙잡았다.

"니 같은 바보 새끼는 꼴도 보기 싫다. 당장 내보내라."

다행히 거기서 폭행은 멈췄다. '아닌 밤중에 홍두깨'라더니 아버지는 그날 밤, 자는 나를 깨운 후에 이름을 모른다고 때리고, 울음을 멈추지 않는다고 때렸다. 5살의 이름 사건은 뇌리에 너무나도 선명하게 남아 기억에서 지워지지 않는다. 그 당시에 내가 할 수 있는 유일한 일은 아버지의 분노가 해소되어 폭력이 멈추기를 기다리는 것뿐이었다.

해결되지 않는 의문점

'이름 사건'은 나의 어린 시절에 겪었던 가장 큰 사건 중의 하나이고 해결되지 않은 트라우마로 자리 잡았다. 아주 어릴 적에 있었던 일이라 기억에서 사라질 줄 알았는데, 이 사건은 이후에도 계속해서 나를 괴롭혔다.

가장 큰 의문점은 아버지는 왜 자는 나를 깨워서 이름을 물어보았는지이며, 그리고 왜 그렇게 때렸는지 그 이유가 궁금하다. 추측하자면 '그날따라 아버지는 기분이 안 좋았고, 상한 당신의 감정을 풀고 싶었는데, 그 대상으로 나를 선택하지 않았을까'라는 막연한 추측만 할 뿐이다. 아마도 아버지의 감정의 쓰레기통 역할은 그 어린 시절에도 내가 담당하고 있었던 것 같다. 오늘날에도 어린아이들을 집 밖으로 내쫓거나 학대하는 이상한 사람들이 있는 것을 보면, 예나 지금이나 아버지와 비슷한 사람들이 생각보다 많이 존재하는 것 같다. 나는 이 사건에서 궁금한 점이 세 가지가 있다.

첫 번째, 내 이름을 말했을 때 아버지가 반응하는 방식이다. 처음 아버지가 이름을 물어봤을 때, 나는 분명히 내 이름을 정확하게 말했다. 그런데도 아버지는 아무런 반응을 보이지 않았다. 오히려 내가 이름을 잘못 알고 있는 것처럼 "니 이름이 최정민이가?"라며 다시 물었다. 나는 아버지의 반응에 틀린 답을 말했다고 생각했고, 눈치껏 이름을 바꿔서 말했다. 아버지는 재차 이름을 물어보더니, 다짜고짜로 나의 뺨을 때렸다. 설령 내가 이름을 모른다고 할지라도, 나를 교육해야 할 아버지가 무서운 얼굴로 정색하는 바람에 오히려 헷갈리게 했다. 마치 함정을 파놓고 사냥감을 기다리기로 작정한 것처럼 아버지는 내가 이름을 잘못 말하도록 유인했다.

두 번째, '아버지는 왜 나만 깨웠을까?'에 대한 의문이다. 내가 5살이면 누나는 7살이었을 것이고, 분명히 누나도 집에서 자고 있었을 텐데 아버지는 '왜 나만 깨웠을까?' '누나보다 내가 만만해서일까?' '나를 혼내면서 아버지는 쾌감을 느낄까?' 보편적으로 생각해서는 답을 찾을 수가 없었다. 아무리 생각해봐도 나는 그 이유를 모르겠다.

세 번째, '내가 맞는 동안 어머니는 무엇을 했을까?'에 대한 의문이다. 엄마는 어린 아들이 맞고 있는 것을 아버지 곁에 앉아서 지켜만 보았다. 아이가 심하게 맞고 있으면 모성이 있는 엄마는 당신을 희생해서라도 아이를 지키고 보호하는 게 보통인데, 나의 엄마는 아무런 조치도 취하지 않았다.

이 질문들이 오랫동안 나의 뇌리에서 떠나지 않았다. 고작 5살밖에 안 된 어린아이가 무엇을 그렇게 잘못했기에 아버지에게 그렇게 심하게 맞아야 했을까? 어린아이인 나를 때려서 아버지가 얻는 이득은 도대체 무엇이었을까?

엄마의 빈자리

내가 7살 때의 이야기다. 아버지는 전역한 후에 마땅한 거처를 마련하지 못하고 할아버지 댁에 얹혀살았다. 할아버지는 평생을 제대로 된 직업 없이 살았지만, 할머니는 달랐다. 할머니는 집안을 일으켜 세우기 위해 최선을 다했다. 할머니는 돈이 되는 일이라면 무슨 일이든 억척같이 일하셨다.

그러다가 여인숙 사업에 뛰어들었고, 마침내 자리를 잡았다. 혼자서 숙박업을 일궈내신 할머니는 사업수완도 좋았지만, 무엇보다 강단이 있었다. 그렇지 않았다면, 여자 혼자서 여인숙 일을 해낼 수 없었을 것이다. 그런 할머니의 열정과 노력으로 집안이 조금씩 일어섰다.

아버지는 제대 후에 한동안 직업이 없었다. 출근하지 않으니 빈둥거리다가 여기저기 기웃거리는 것이 일상이었다. 반면, 엄마는 여인숙에서 나오는 청소와 이불 빨래, 식사 준비로 쉴 틈이 없었다. 할머니는 엄마를 마치 노예처럼 부리며 쉴 새 없이 잔소리를 퍼부었다. 온종일 일하는데도 할머니는 엄마에게 소리를 지르고, 시도 때도 없이 화를 내셨다. 엄마는 말 그대로 시집살이를 톡톡히 했다.

엄마는 여인숙 일을 하느라 우리를 돌볼 수가 없었다. 밤늦게 방에 들어오시면, 혼자서 식사를 하며 "오늘 처음으로 편하게 앉는다"라는 말을 하곤 했다. 당시에 나는 그게 무슨 말인지 몰랐다. 우리는 너무 어렸고 엄마가 감당하기에는 현실이 너무 버거웠다. 아버지라도 엄마를 위로해주었더라면 좋았을 텐데…. 그 누구도 엄마의 지치고 힘든 마음을 알아주는 사람이 없었다.

새벽부터 일어나서 여인숙의 모든 일을 처리해야 하는 엄마. 당시, 누나는 아홉, 나는 일곱, 동생은 겨우 두 살이었다. 어떤 때는 동생이 엄마에게 떨어지지 않으려고 해서, 가끔은 동생을 포대기로 업고 일했다. 고모가 동생을 봐주기는 했지만, 그렇다고 어린 동생을 완전히 맡겨 둘 수도 없는 형편이었다. 밤이 된다고 해서 일이 끝나는 것도 아니었다. 한밤중에 자다가 동생이 깨면 또 일어나서 막내를 돌봐야 했다.

나는 어린 나이지만, 엄마를 힘들게 하면 안 된다는 것은 알았다. 무엇 때문인지는 몰라도 엄마는 늘 일만 했기에 가까이 다가가기가 힘들었다. 낮에는 할머니의 욕을 바가지로 먹으며 여인숙을 종일토록 정리 정돈해야 했고, 밤에는 또 막둥이를 돌봐야 했다. 엄마의 삶은 일의 연속이었다. 내가 해야 할 일이 있다면 엄마에게 방해가 되지 않는 것뿐이었다. 그것이 내가 엄마를 돕는 유일한 일이었다.

그러다가 일이 터졌다. 엄마가 결핵에 걸린 것이다. 결핵은 전염성이

강해서 격리 치료를 받아야 하는 병으로 당시에는 치사율도 높았다. 그나마 다행인 것은 전국에 결핵을 전문적으로 치료하고 요양할 수 있는 국립결핵병원이 우리가 사는 마산에 있다는 것이었다. 그렇게 엄마는 오늘날 국립마산병원으로 명칭이 변경된 국립마산결핵병원에 입원하셨다.

우리는 갑작스럽게 이산가족이 되었다. 아버지는 육아를 제대로 해본 적이 없었기에 세 아이를 키워낼 재간이 없었다. 특히 동생은 이제 두 돌밖에 되지 않았는데, 아버지로서도 키우기가 난감했을 것이다.

아버지는 막내를 셋째 작은어머니께 맡기셨다. 셋째 작은어머니도 막 태어난 갓난아기가 있었는데, 감사하게도 동생을 맡아주셨다. 아버지는 원체 아이들에게 관심이 없었기에, 우리는 거의 방치되다시피 했다. 여인숙은 바쁘게 돌아갔고 나를 챙기는 사람은 아무도 없었다.

담배 사건

마산으로 이사 온 이후 우리 가족은 할머니 여인숙에 있는 좁은 단칸방에서 2년 정도 살았다. 7살 때였는데, 이사 온 지 얼마 되지 않아 아는 친구가 없었고, 엄마는 결핵으로 입원해서 나와 함께 놀 수 있는 친구는 누나가 유일했다. 우리는 공기놀이, 인형 놀이, 숨바꼭질을 하며 놀았다.

그러던 중에 우리는 아버지가 피우는 담배에 호기심을 가지기 시작했다. 분명 건강에는 좋지 않다는데, 아버지는 무엇 때문에 그렇게 담배를 피우는지 궁금했다. '담배는 무슨 맛이 날까?' '겉보기에는 연기만 마시는 것 같은데, 그 맛이 무엇일까?' '연기도 맛이 있을까?' 어쨌거나 어른들은 담배를 좋아했고 우리는 그 이유가 궁금했다.

그러던 어느 날, 우리는 담배를 피워보기로 했다. 아버지는 집을 자주 비우기도 했는데, 순진하게도 우리는 아버지가 텔레비전을 보고 있을 때 계획을 실행했다. 아버지는 할아버지가 안 계시면 늘 큰 방에서

TV를 시청하셨다.

아버지는 담배를 항상 작은 옷장 위에 올려두었다. 아버지가 피우는 담배 이름은 '거북선'이었다. 바탕색은 하얀색이고, 한가운데에 임진왜란 당시 해전에서 활약한 거북선이 그려져 있었다. 아래쪽에는 군청색 띠가 굵게 둘러싸여 있는데, 이 띠 한가운데에 '거북선'이라는 글자가 고딕체로 선명하게 적혀 있었다. 나는 아버지가 피우는 거북선이라는 담배를 볼 때마다 이순신 장군이 만든 철갑선인 거북선의 입에서 담배 연기가 뿜어져 나오는 것이 상상되었다.

나는 방 앞에서 망을 보고 누나가 담배를 먼저 피우기로 했다. 망을 보다가 아버지가 밖으로 나오면 문을 두드리기로 했다. 누나는 누가 보기라도 할까 봐 옷장 위의 담뱃갑에서 조심해서 담배 1개비를 꺼낸 후에 입에 가져다가 물었다. 누나는 성냥을 성냥갑의 면과 마찰시키지 못해 담뱃불을 붙이지 못했다. 그것을 지켜보다 나는 방으로 들어가서 성냥을 그어 누나에게 담뱃불을 붙여주었다. 누나는 담배 한 모금을 천천히 빨았다. 담배가 빨갛게 타들어가며 연기가 피어올랐다. 어떻게 된 건지 누나는 담배를 피우자마자 얼굴을 찡그리며 기침을 했다. 그러다가 피우던 담배를 나에게 주고는 밖으로 나갔다.

나는 누나가 기침을 하던 것을 보고 살짝 겁이 나기도 했지만, 궁금한 마음에 참을 수가 없었다. 잔뜩 긴장한 채로 천천히 담배 한 모금을 빨았다. 독한 연기가 목에서 뒤엉겼다. 목이 따가웠다. 고개를 숙이고 기침을 했다. 누나와 비슷한 증상이 발생했다. 기침은 멈추지 않았다.

그렇게 기침을 하고 있는데, 누군가가 다가오는 소리가 들렸다. 쿵쾅거리는 발걸음 소리는 점점 더 커졌다. 서두르는 소리가 틀림없었다. 갑자기 방문이 열렸다. 설마설마했는데, 아버지였다. 나는 담배를 손에 쥐고서 어떻게 해야 할지 몰랐다. 방안에는 담배 연기와 냄새가 가득했다.

"이놈의 자식! 어디서 담배 피우노?"

벼락같은 소리가 울려 퍼지며 아버지의 손이 나의 얼굴을 강타했다.

뺨을 얼마나 세게 맞았는지 아버지의 강한 스윙에 뒷걸음질 치다가 담뱃값이 올려져 있는 옷장에 등을 부딪쳤다. 얼굴이 화끈거리기는 했지만, 너무 무서워서인지 그렇게 세게 맞고도 아프지 않았다. 갑작스러운 아버지의 공격에 두려움이 몰려왔다. 나는 반사적으로 몸을 잔뜩 웅크리고는 두 손으로 얼굴을 감쌌다.

아버지의 손이 날아왔다. 머리와 귀 부분을 맞았다. 아버지의 강편치에 몸이 비틀거리더니 나는 그 자리에 쓰러졌다, 귀가 멍해서 소리가 잘 안 들렸다.

"똑바로 안 서!" 화가 난 아버지의 목소리가 윙윙거리며 울렸다.

아버지의 무섭고 신경질적인 목소리에 몸이 저절로 반응했다. 나는 아무 일도 없었던 것처럼 재빨리 일어섰다. 정자세로 일어났지만 두 손은 여전히 얼굴을 감싸고 있었다.

"손 내려."

얼굴을 감싼 손을 내리는 순간 아버지의 강한 손이 또다시 날아왔다.

맞은 부분이 얼얼했다. 나는 허리를 꾸부정하게 숙였다. 그러면서 다시 두 손으로 얼굴을 감쌌다.

"똑바로 안 서." 아버지는 다시 소리쳤다.

"손 내려." 나는 손을 내릴 수가 없었다. 손을 내리려고 했는데 몸이 말을 듣지 않았다.

"이 새끼가! 이제 말도 안 듣네." 아버지의 주먹이 날아왔다. 아버지의 주먹은 얼굴, 등, 어깨, 머리, 팔 등을 가리지 않았다.

"이놈의 자식! 이제 담배도 피우나? 못된 짓은 골라서 하네." 아버지는 늘 그렇듯이 흥분하면 뭔가에 사로잡힌 것처럼 보이는 게 없다.

"이 새끼가 이제 담배도 피우나? 언제부터 피웠어?" 나는 한참을 맞다가 쓰러졌다.

"일어나라." 겨우 정신을 차리고 일어났다.

"이놈의 새끼 오늘 니가 죽어봐야 정신을 차리지." 아버지의 폭행은 다시 시작되었다.

방 안에는 아버지의 고함소리와 뺨을 때리는 소리만 들렸다. 평소에도 무섭지만, 이렇게 폭력을 가할 때의 아버지는 사람이 아닌 것 같다. 오늘따라 폭행이 더 길어지는 것 같다. 이럴 땐 왜 이렇게 시간이 안 가는 줄 모르겠다. 한참을 때린 후에 아버지는 한마디를 덧붙였다.

"이래도 담배 피울래?"

"아니요." 나는 나오지 않는 목소리를 억지로 짜내어 겨우 대답했다.

아버지는 "다시는 담배 피우지 마라"라는 말을 남기고는 방을 나갔다.

그날 나는 아버지한테 얼마나 맞았는지 모른다. 담배 한 모금의 대가치고는 결과가 너무 처참했다. 맞아서 아프기도 하지만, 그보다는 아버지에 대한 공포로 인하여 심장이 멎는 줄 알았다. 나는 아버지로부터 담배를 피우면 안 된다는 교훈을 온몸으로 진하게 배웠다.

그렇게 맞으면서도 누나와 함께 담배를 피웠다는 말은 하지 않았다. 누나를 보호하고 싶은 마음도 있었고, 누나까지 담배를 피웠다는 사실을 알면 아버지가 더 날뛸지도 모른다고 생각했던 것 같다. 어쩌면 누나가 담배를 피웠다고 말하면 내가 거짓말을 한다고 더 때렸을지도 모른다. 누나를 지독히도 편애하는 아버지는 그러고도 남을 것이다.

그날 밤, 자고 있는데 누군가 내 몸에 차가운 것을 바르는 것이 느껴졌다. 내 옷을 들치고는 뭔가를 바르고 있었다. 눈치채지 못하도록 실눈을 살짝 떠보니 아버지가 내 몸에 안티푸라민을 바르고 있었다. 안 그래도 아픈 부분에 진통제를 바르니 몸이 더 욱신거리고 따끔거렸다. 혹시라도 아버지와 눈이 마주칠까 봐 무서워서 이를 악물고 자는 척했다.

우연 혹은 고자질

'아버지는 우리가 담배를 피우는 것을 어떻게 알았을까?' 누나가 나간 뒤에 갑작스럽게 방으로 들어온 아버지. 쿵쾅거리며 서두르는 아버지의 발걸음 소리. 평소와는 전혀 다른 아버지의 발걸음 소리.

나중에 누나에게 담배 피운 것을 아버지에게 이야기했는지 물어보았다. 누나는 바락바락 악을 쓰며 절대로 고자질하지 않았다고 했다. 일러바치지 않았으면 그만이지 화를 내는 것은 왜 그럴까? 오히려 그런 누나가 더 의심스러웠다.

정말 누나가 고자질하지 않은 걸까? 그렇다면 아버지에게 들킨 것이 우연한 일일까? 평소 아버지는 화장실을 갈 때를 제외하고는 거의 움직이지 않는다. 심지어 물을 마시고 싶을 때도 누운 상태 그대로 사람을 불러서 물을 가져오게 한다. 그런 아버지가 텔레비전을 보던 중에 아무런 이유도 없이 우리 방으로 서둘러 온 것을 나는 이해할 수가 없었다.

만약 누나가 아버지에게 이른 것이 아니라면, 누나가 담배를 주고 나가자마자 아버지가 급히 방에 들어온 것을 설명할 수가 없다. 아버지의 쿵쾅거리는 발걸음 소리가 지금도 귓가에 울리는 것 같다.

연탄집게 사건

어린 시절에는 누나가 힘이 셌다. 누나는 힘만 센 게 아니라, 고집도 세서 자신이 원하는 것을 끝까지 관철하곤 했다. 나와는 달리 누나는 아버지와 대화도 가능해서 아버지와 협상하며 자기가 원하는 것을 얻어내기도 했다.

아버지는 일방적으로 누나만 좋아했는데, 나는 그런 아버지를 이해할 수가 없었다. 그때는 몰랐는데, 지금 생각해보니 아버지는 '딸 바보'였다. 딸 바보라 그런지 아니면 내가 미워서 그랬는지는 모르겠지만,

아버지는 노골적으로 누나를 편애했다. 그런 아버지를 믿고서 누나는 더욱 당당하게 행동했다. 사실상 우리 집안의 서열 2위였다.

아버지가 안동에서 전역하시고 마산으로 이사 온 지 얼마 되지 않았을 때는 누나밖에 놀 사람이 없었다. 밖에 나가도 친구들이 없었고, 운 좋게 또래 아이들을 만나더라도 마산의 놀이문화와 사투리에 적응이 안 되어 친구를 사귀는 게 쉽지 않았다. 특히 아이들의 말투는 거칠고 무서운 데에다, 말의 속도까지 빨라서 무슨 말을 하는지 알아듣기도 어려웠다.

이런 형편은 누나도 마찬가지였을 것이다. 누나는 학교에 다녔기 때문에 새로운 생활에 적응하는 것이 어땠는지 모르지만, 전학 초기라 친구를 사귀기 힘든 것은 나와 비슷했을 것이다. 자연스럽게 우리는 서로를 의지하며 놀았다. 좋든 싫든 당시에는 함께 놀 친구는 누나밖에 없었다.

아이들이 놀다 보면 흔히 발생하는 문제가 있다. '어떤 놀이를 할 것인가?' '놀이 규칙은 어떻게 정할 것인가?' '미리 정하지 않은 일이 발생할 때는 어떻게 할 것인가?' 등이 그런 것들이다.

이런 문제에 대해서는 대부분 누나가 결정했다. 누나는 나이가 많고, 힘도 세기에 누나가 결정하는 것이 어쩌면 당연하다고 생각했다. 간혹 놀다가 의견이 맞지 않아 부딪힐 때가 있는데, 그때마다 누나는 '이제부터 너하고 안 놀아'라고 말하면서 하던 놀이를 그만두었다.

나는 혹시라도 누나가 정말로 놀지 않을까 봐, 미안하다고 말하며 누나가 원하는 것을 들어주었다. 그때 했던 놀이가 고무줄뛰기, 공기놀이, 인형놀이, 소꿉놀이, 숨바꼭질 같은 것들이었다. 보통 여자아이들이 많이 하는 놀이라 썩 재미있지는 않았지만, 선택의 여지가 없었다. 나는 혼자 놀 줄 몰랐고, 심심한 게 싫었다. 고무줄뛰기 같은 경우, 누나가 고무줄을 뛸 때, 나는 고무줄을 잡고 노래를 불러주는 식이었다. 그렇게 나는 누나와 온종일 붙어 지내며 친구가 되어 함께 놀았다.

담배 사건이 일어난 지 얼마 지나지 않았을 때의 일이다. 누나와 나, 단둘이서만 집에 있었다. 엄마는 병원에 입원해 계셨을 것이고, 아버지는 구직활동을 하러 가셨거나 놀러 나가셨을 것이다.

그날도 우리는 마당에서 놀고 있었다. 한참을 놀다가 어떤 이유 때문인지는 몰라도 실랑이가 벌어졌다. 보통 때면 누나가 원하는 대로 했겠지만, 그날은 누나가 억지를 쓰는 바람에 누나 말을 그대로 받아들이지 않았다. 다툼이 사그라지지 않자, 누나는 화가 났는지 폭력을 사용했다. 처음에는 몇 대를 때리고 끝날 줄 알았다. 그런데 누나는 때리는 것을 멈추지 않았다. 나는 맞기도 하고 피하기도 하다가 누나의 손을 잡았다. 손을 잡으면 누나가 더는 때리지 못할 것 같았다.

누나는 손을 못 쓰게 되자 "이 손 놔라! 안 놔나! 놔라! 놔!"하고 소리를 질렀다. 나는 누나의 손을 꽉 붙잡았다. 누나는 더 안 때릴 거라고 말했다. 나는 약속하는 거라며 누나의 말을 믿고는 손을 놓아주었다. 누나는 손이 풀려나자마자 마당에 있는 빗자루를 가져왔다. 마당에 있는 빗자루는 대가 나무로 되어있고 솔이 플라스틱 합성수지로 되어있는 요즘의 빗자루와 비슷했다.

누나는 내가 피할 틈도 없이 빗자루를 잡고 마구 때리기 시작했다. 예상치 못한 무차별적인 공격이었다. 아팠다. 빗자루에 붙어 있던 오물도 튀어서 얼굴과 옷도 더러워져 화가 났다. 나는 맞으면서 누나에게 따져 물었다.

"더 안 때린다고 했잖아."

"손으로 안 때린다고 했지, 빗자루로 안 때린다는 말은 안 했거든."

어이없는 대답이 돌아왔다. 그러면서 다시 빗자루로 때렸다. 맞는 중에도 나는 맞아야 하는 이유를 알 수가 없었다. 평소에는 그렇게 친하게 지내다 갑자기 변하는 누나를 도저히 이해할 수가 없었다.

한참을 맞다가 누나가 때리던 빗자루를 팔로 막았다. 팔이 아팠지만, 아픈 것에 신경 쓸 겨를이 없었다. 어쩌면 화가 나서 맞아도 아프지 않앓던 것 같기도 하다. 나는 누나가 빗자루로 때리려고 팔을 드는 순간 재빨리 누나에게 다가갔다. 누나에게 가까이 붙어서 팔을 휘두를 공간을 주지 않을 셈이었다. 어디서 배운 적도 없었는데, 가까이 접근하면 직감적으로 방어에 유리할 것 같았다. 실제로 빗자루가 돌아가는 회전 반경이 작으니 훨씬 덜 아팠다. 나는 빗자루의 막대 부분을 잡았다. 그리고는 필사적으로 빗자루를 흔들고 비틀어 누나에게서 빗자루를 빼앗았다. 안도감과 승리의 쾌감을 느꼈다.

빗자루를 빼앗자 맞은 것이 억울해서 순간적으로 누나를 때리고 싶었다. 하지만 차마 누나를 때릴 수는 없었다. 그 대신에 빗자루를 마당으로 세게 던졌다. 누나 대신 빗자루에 소극적인 화풀이를 한 것이다.

누나는 화가 풀리지 않았는지 씩씩거리며 주위를 두리번거렸다. 그러다가 부엌으로 가서 무언가를 들고 등 뒤에 숨겨왔다. 누나는 갑자기 뛰기 시작했다. 그러면서 공중에서 무언가를 휘둘렀다. 도망을 간다고 했지만 이미 늦었다. 바람을 가르는 소리가 나더니 뭔가가 등을 때렸다. 무엇인지는 몰라도 강도 자체가 빗자루와는 차원이 달랐다. 빗맞았는데도 등이 너무나 욱신거렸다. 나는 등을 만지며 도망을 갔다.

누나가 휘두른 무기는 연탄집게였다. 나는 더 빨리 뛰었다. 2층으로 올라갔다가 1층으로 내려왔다. 누나가 뛰어오는 것을 보고 다시 2층으로 도망갔다. 할머니의 여인숙은 2층 건물이었고 마당도 있었기에 도망 다니기에 좋았다. 누나는 지치지도 않는지 한참을 따라왔다.

한참을 그렇게 도망가다가 나는 왜 누나가 이렇게 화가 났는지 궁금했다. 특별히 내가 잘못한 것도 없는 것 같은데 왜 이렇게 도망을 가야 하는지 이유라도 알고 싶었다. 누나한테 직접 화가 난 이유를 물어보기로 했다.

"내가 뭘 잘못했는데?"

"뭘 잘못했냐면, 누나에게 건방지게 덤빈 것이 너의 잘못이야."

"난 덤빈 적 없어. 네가 화가 나서 빗자루로 때린 거지."

"아니! 네가 피했잖아."

"그러면 때리는데 피해야지. 가만히 맞고만 있으라고?"

"맞을 짓을 했으면 맞아야지."

"내가 무슨 맞을 짓을 했는데?"

"내가 맞아야 한다면 맞는 거야. 무슨 말이 많냐?"

"내가 왜 맞아야 하는데?"

"그럼 네가 맞아야지. 내가 맞을까?"

말이 떨어지기가 무섭게 누나가 휘두른 연탄집게가 또 날아왔다. 나는 순간적으로 몸을 돌렸다. 다행인지 불행인지 연탄집게는 팔 윗부분을 맞았다. 연탄집게로 맞는 고통은 빗자루로 맞는 고통과 비교가 되지 않았다. 맞는 순간 눈물이 핑 돌 정도로 아팠고, 맞은 곳이 순식간에 욱신거리며 부어올랐다. 고통스러워하는 나에게 누나는 연탄집게를 재차 휘둘렀다. 이번에는 얼굴 방향이었다. 본능적으로 머리를 숙이며 양팔로 얼굴을 감쌌다. 연탄집게에 맞은 팔이 전기에 감전되는 것처럼 찌릿한 느낌이 들었다.

누나는 완전히 정신이 나간 사람 같았다. 나 또한 몇 대를 연거푸 맞고 나니 정신이 없기는 마찬가지였다. 누나는 여전히 미친 듯이 연탄집게를 휘둘렀다. 연탄집게가 빗자루보다 무거운지 아니면 때리다가 지쳤는지, 연탄집게를 휘두르는 속도가 느려 보였다. 나는 좀 전에 빗자루를 빼앗을 때처럼, 누나가 연탄집게를 제대로 휘두르지 못하도록 최대한 누나에게 가까이 다가갔다. 그러고는 오른손으로 연탄집게를 움켜잡았다. 필사적으로 연탄집게를 잡고 놓아주지 않았기에 누나도 더는 연탄집게를 휘두를 수 없었다.

"또 때려 봐. 때려 봐. 때려 봐라."

나는 화가 나서 소리를 지르며 누나를 밀어제쳤다. 누나는 눈을 부릅뜨며 다시 연탄집게로 때리려고 안간힘을 썼다. 하지만 나의 힘에 밀려 더는 때릴 수가 없었다. 나는 누나가 쥐고 있던 연탄집게를 잡고 세게 비틀어서 연탄집게를 빼앗았다. 힘으로 완벽하게 누나를 제압하는 순간이었다.

이번에는 내 차례였다. 연탄집게를 들고 있는 손이 부들부들 떨렸다. 누나를 때리고 싶었다. 맞은 만큼 돌려주고 싶다는 생각이 간절했다. 순간적으로 고민했지만, 누나를 때리지는 않았다.

맞은 곳이 욱신거리며 부어올랐다. 누나에게 빗자루와 연탄집게로 맞아서 온몸이 멍들고 아팠지만, 오늘의 싸움은 나름대로 의미가 있었다. 바로 내 힘이 누나보다 더 세졌다는 것을 확인했다는 것이다. 이제는 누나에게 일방적으로 당하지는 않을 것이다. 처음으로 누나를 완벽하게 제압하는 순간이었다. 나도 화가 나면 가만히 있지 않을 것이라는 메시지를 누나에게 보여줬다. 이렇게 된 이상 누나도 더는 생트집을 잡으며 나에게 함부로 대하지는 못할 것이다.

다시는 누나한테 대들지 마라

다음 날 친구들과 놀고 집으로 돌아오니 아버지께서 부르셨다. 아버지 얼굴을 보니 무슨 일이 있는 것 같았다. 표정만 봐도 화가 난 걸 알 수 있었다. 덜컥 겁이 났다. 그 짧은 순간에 내가 무엇을 잘못했는가를 생각해봤지만, 딱히 떠오르는 게 없었다. 아니나 다를까 아버지는 다짜고짜 야단부터 치기 시작했다.

"어제 누나한테 덤볐다며? 어디 감히 누나한테 덤비노?"

누나가 어제 일을 고자질한 모양이다. '어제 일은 내가 잘못해서 일어난 일이 아니었다는 말을 하고 싶었지만, 아버지의 화난 목소리에 나는 아무 말도 하지 못하고 고개를 숙이고 서 있었다.

"이제 니가 좀 컸다 이거가?"

아버지는 어제 일이 모두 나 때문에 일어난 일이라고 확신하는 것 같았다.

"이 자식아! 누나한테 왜 덤볐노?"

소리를 지르는 아버지 앞에서 나는 무슨 말을 어떻게 해야 할지 몰랐다. 말을 하려고 해도, 생각을 하려고 해도 아무것도 떠오르지 않았다. 살기 위해 최대한 나를 방어하고 싶었지만 헛수고였다. 소리를 지르는 아버지의 기에 완전히 눌려버렸다. 표정만으로도 상대방을 제압할 수 있는 아버지의 얼굴에는 분노가 가득했고 목소리는 온 마당에 쩌렁쩌렁 울려 퍼졌다. 또다시 모든 것이 얼음처럼 정지되었다. '왜 아버지가 야단을 치기만 하면 나의 모든 회로는 작동이 정지되는지⋯. 오늘도 죽었구나!'

"천치 같은 놈이 힘은 센가 보네?"

어제 상황을 설명한다 한들 아버지는 믿어줄 것 같지 않았다. 이렇게 흥분해 있는 아버지에게 무슨 말을 할 수 있을까?

잠시 정신이 나간 그 순간, "이제는 누나를 때리나?"라고 아버지는 소리지르며 나의 뺨을 때렸다. 아버지는 큰 소리로 말했다.

"니가 죽을라고 환장했나?"

'힘으로 누나를 제압한 것은 맞지만, 내가 누나를 폭행한 것은 사실이 아닌데⋯' '오히려 내가 누나한테 맞았는데, 그것도 매우 심하게⋯' 라고 생각하고 있을 때, 반대쪽 뺨을 맞았다. 고통스러운 순간이 다시 시작되었다. '도대체 누나는 무엇을 어떻게 말한 거야?'라는 생각을 할 때 또다시 반대쪽 뺨을 맞았다.

억울했다. 실제로 일어난 사건은 아버지가 말씀하시는 것과 완전히 정반대 상황이었다. '제가 누나에게 대든 것이 아니라, 일방적으로 누나한테 맞았어요'라고 말하고 싶었다. 상황을 설명하고 싶었지만 아버지에게 내 생각을 말해본 적도 없었고, 말을 한다고 해서 믿어줄 것 같지도 않았다. 게다가, 화가 난 아버지를 가라앉힐 수 없다는 것을 너무나도 잘 알기에 사실상 내가 대응할 만한 방법은 없었다.

술 마시는 사람들은 흔히 이런 말을 한다. '처음에는 내가 술을 마시지만, 조금 지나면 술이 술을 마시고, 나중에는 술이 나를 마신다' 아버지는 폭력을 행사할 때, 술 마시는 사람들의 뇌 회로와 비슷한 것 같다. 처음에는 훈육의 목적이 있었을지도 모른다. 그러다가 몇 대 때리면서 흥분하고 점차 목적을 잊어버린다. 나중에는 상대를 제압하는 것이 목적인 것처럼 무자비하게 폭력을 행사한다. 상대가 이기나 내가 이기나 시합을 하는 것 같다. 아버지는 때릴 때 쾌감도 느끼는 것 같다. 한번 걸린 발동은 멈출 수가 없다.

아프기도 하고 서럽기도 했다. 맞다가 무의식적으로 피하기라도 하면 아버지는 "어디 피하노? 가만히 안 서 있나"라며 소리를 질렀다. 맞아서 휘청거리기라도 하면 아버지는 "똑바로 서? 어디서 엄살이야"라며 고함을 질렀다.

맞고 또 맞았다. 그날의 폭력은 담배 사건보다 더 오래도록 지속되었다. 훈육이 목적인지 폭행이 목적인지 구분되지 않았지만, 아버지는 때릴 때마다 한마디씩 하였다.

"야 이놈의 새끼야! 이젠 누나도 때리나?"라며 뺨을 때렸고, "겁도 없이 죽으려고 환장했나!"라며 주먹을 날렸다. "누나를 때리면 어떻게 되는지 내가 똑똑히 보여줄게"라며 때렸고 "좀 더 크면 아부지도 때리겠다. 이런 버릇은 어릴 때 뿌리 뽑아야 한다"라며 연거푸 때렸다.

아버지의 분노에 찬 얼굴과 고함 소리. 나는 두려움에 떨며 본능적으로 뺨을 두 손으로 감쌌다. 그런 다음 고개를 떨어뜨리고 몸을 최대한 숙였다. 그러면 아버지는 상대적으로 경계가 약한 옆구리와 배를 때렸다. 내가 고통으로 배를 만지면 아버지는 얼굴과 머리로 타격지점을 이동했다. 마치 아들을 상대로 링에 오른 파이터처럼. 아버지는 무방비 상태의 아들을 향하여 펀치를 날렸다.

죽으려고 환장한 건 아니었지만, 차라리 죽여주면 좋겠다는 생각이 들 정도였다. 폭행은 한동안 계속되었다. 고개를 숙이면 배를 때리고, 배를 만지면 얼굴을 때렸다. 맞고 또 맞았다. 나는 그렇게 맞을 때도 울지 않았다. 울면 더 때릴 거라는 것을 알았기 때문에 이를 악물고 참 았다. 맞을 때마다 나도 모르게 비명이 새어나왔다.

아팠다. 너무나 아팠다. 아픈 것도 그렇지만 무엇보다 억울했다. 눈 물을 흘리지는 않았지만 내 가슴은 분명 울고 있었다. 내가 왜 이렇게 맞아야 하는지를 물으면서. 속으로 흐느끼며 울고 있었다. 내가 할 수 있는 것은 아버지의 감정이 풀어지고 폭행이 끝날 때까지 그저 버티고 서 있는 것뿐이었다. 한참을 때리던 아버지는 마지막으로 한 말씀을 하 셨다.

"다시는 누나한테 대들지 마라."

목욕의 기쁨

아버지는 목욕을 좋아한다. 최소한 매주 한 번 이상은 규칙적으로 목욕을 한다. 몸이 찌뿌둥하거나 컨디션이 안 좋을 때도 목욕을 하러 간다. 가족이다 보니 가끔은 나도 아버지와 함께 목욕을 했는데, 초등학생 이후로는 주말이면 대개 아버지와 목욕을 하러 갔다.

목욕을 하러 가면 나는 아버지의 등을 밀어드린다. 어린 나이라 아버지가 시원해하지 않을까 봐, 온 힘을 다 모아서 정성껏 등을 밀어드린다. 처음에는 때가 나올 때까지 힘껏 등을 밀고 물로 씻는다. 그런 후에 마지막으로 등을 한 번 더 밀고는, 부드럽게 헹궈드린다.

아버지의 등을 미는 것은 힘든 일이긴 하지만, 내가 아버지를 위해 무엇인가를 한 것 같아 기분이 좋다. 아버지는 등을 다 밀면 비누칠을 하고, 샤워로 비누를 깨끗이 씻어낸 후에 밖으로 나간다.

아버지가 나가는 것을 보고 난 뒤, 나는 바빠진다. 아버지는 오래 기다리는 것을 싫어하기에 나 또한 등을 급하게 밀고는 대충 헹구고 밖으로 나간다. 초등학교 때부터 늘 반복되었던 일이라 그냥 그러려니 하는데, 나이가 들면서 수긍이 안 되는 부분이 생겼다.

다른 아이들은 아버지가 자식의 등을 밀어주던데, 나는 아버지의 등을 밀어주고, 내 등은 나 혼자서 민다. 그런 내가 가끔은 초라해 보인다. 아버지는 밖으로 나가고, 혼자 남겨진 나는 아버지로부터 버려진 기분이다.

아버지로 인한 좌절은 늘 있던 일이니까 하며 다시 툭툭 털고 일어난다.

머루주 사건

고등학교 2학년 때 수학여행을 갔다. 경주를 지나 7번 국도를 타고 강원도까지 올라갔다. 해안선을 타고 올라가는 길에 아름다운 바다가 눈에 들어왔다. 말로만 듣던 파랗게 펼쳐진 아름다운 동해 바다를 마주치니 마음이 탁 트이는 것 같았다. 끝없이 펼쳐져 있는 동해 바다는 장관이었다. 바다를 보며 이토록 깊은 감명을 받은 것은 이때가 처음이었다.

여행코스에 설악산 흔들바위가 있었다. 바위를 흔드는 것이 관광코스인 양 사람들은 너나없이 커다란 바위를 흔들어 보았다. 나도 친구들과 함께 바위를 산 아래로 떨어뜨릴 작정으로 힘껏 밀어보았다. 바위는 조금 움직이는 듯하더니, 다시 원상태로 돌아왔다. 친구들이 더 달라붙어 다시 밀었다. 아무리 세게 밀어도 처음 바위를 밀었을 때와 비슷한 정도로 흔들릴 뿐, 더 이상의 움직임은 없었다. 이래서 '흔들바위'라고 부르는가 보다.

산에서 내려오니 상인들이 여러 가지 기념품을 팔고 있었다. 그중에서도 머루주가 가장 인기 있었다. 상인들은 머루주를 설악산에서 자라는 머루를 빚어서 만든 술로, 아버지께서 좋아하실 거라고 설명했다. 나는 술에 대해 잘 모르지만 몇몇 친구들은 괜찮은 가격에 좋은 선물이 될 것 같다며 경쟁하듯 머루주를 샀다. 학생들에게는 상당히 비싼 가격이었지만, 나도 큰맘 먹고 1병 샀다. 아버지가 기분 좋게 머루주를 마실 생각을 하니, 효도라도 한 것처럼 기분이 좋았다.

수학여행을 다녀와서 아버지께 머루주를 선물로 드렸다. 나름 아버지를 위해 큰 선물을 드렸는데, 아버지는 별 관심이 없으셨던 것 같다. 한번 쓱 보고는 냉장고에 넣어두라고 했다. 그러고는 잊어버리셨는지 몇 달이 지나도록 손도 대지 않았다.

아버지와 함께 머루주를 마신 친구들이 더러 있었다. 어떤 친구는 머루주를 사온 것을 두고, 대견하다는 칭찬을 들었다고 했다. 그러면서 아버지와 같이 한잔 했는데 머루주가 너무 달아서 술 같지 않다고 말했다. 그 말을 듣고 또 어떤 친구는 자기도 아버지와 머루주를 마셨는데, 머루주가 술치고는 맛있다고 응수했다.

냉장고를 열 때마다 머루주가 보였다. 그러던 어느 날, 나는 누나에게 "우리 머루주 1잔만 맛볼래?"라고 제안했다. 대학생이던 누나는 가볍게 동의했다. 우리는 1잔씩 마셨다. 달짝지근하면서도 알딸딸했다. 술이 어떤 맛인지는 모르지만, 친구들 말대로 술 같지는 않았다. 달콤한 음료수 같다고 할까? 누나는 1잔만 마시고 부엌에서 나갔고, 나는 그 자리에서 2잔을 더 마셨다. 술이 그렇게 잘 넘어가는지 몰랐다.

바로 그때였다. 아버지께서 갑자기 부엌으로 들어오셨다. 아버지는 흥분해서 "이놈의 새끼! 어디서 술을 마시냐?"라며 호되게 나무라셨다.

"못된 새끼가 이제 술까지 마시냐?"

"커서 뭐가 될래?"

"니 같은 쓰레기는 내 아들이 아니다."

나는 정말 호기심으로 시음해본 것인데, 아버지는 그런 나를 이해할 수 없었던 모양이다. 아버지는 소리를 지르며, 나를 비난하고 인격적으로 무시하는 발언을 계속해서 쏟아냈다. 나는 한마디 변명도 하지 못했다. 실제로 술을 마시는 현장에서 아버지에게 발각되었으니, 할 말도 없었다. 그리고 늘 그랬듯이 이런 상황만 되면 얼음처럼 굳어버리기에 아무 말도 할 수 없었다. 그렇게 아버지는 한참 동안 욕을 퍼붓고 나가버렸다.

그래도 다행인 점은 아버지께 맞지 않았다는 것이다. 내가 아버지보다 덩치가 커진 뒤로 아버지는 더 이상 때리지 않으셨다. 때리지 않은 것만으로도 아버지께 감사하다고 해야 하나?

이런 일을 겪을 때마다 억울한 마음이 생긴다. 내가 머루주에 손을 댄 것은 술에 취하려고 마신 게 아니라, 순전히 치기 어린 마음에서 비롯된 것이다. 아버지는 아들의 호기심을 너무나 몰라준다.

술을 마신 것이 잘못된 행동이라는 것은 틀림없지만, 그렇게까지 비난받아야 할 일이었을까? 호기심으로 마셔본 것뿐이라는 것을 아버지는 왜 이해하지 못하실까?

나로서는 아버지를 기쁘게 해드리기 위해 거액의 돈을 지불하고 선물로 준비한 머루주인데, 이렇게 독이 되어 되돌아올 줄은 상상도 하지 못했다.

술도 그렇고 담배도 그렇고 세상에서 처음 접한 순간, 아버지에게 호된 꾸지람과 구타를 당했다. 물론 술, 담배가 몸에 좋지 않다는 것은 나도 잘 알고 있다. 그렇다면 왜 당신은 좋지도 않은 술, 담배를 아이 앞에서 절제하지 못하는가? 당신의 욕구는 참지 못하면서 아이의 호기심은 허용하지 않는 아버지가 너무 야속하다.

내가 아버지를 생각하는 1/10만큼만이라도 아버지가 나를 사랑해주셨으면….

생일 사건

서른 아홉 번째 생일에 일어난 일이다. 그날은 주일이라 예배를 본 후 가족들과 함께 시간을 보내고 있었다. 저녁 즈음에 아내가 기분도 낼 겸 외식을 하자고 했다. 내가 좋아하는 회와 매운탕을 먹고, 돌아오는 길에는 케이크를 사서 생일 축하 파티를 해주고 싶다는 것이다.

그러고 보니 아이들이 너무 어려, 한동안 밖에서 식사하는 것을 생각조차 하지 못했다. 오랜만에 가족들과 바람도 쐬고 생일파티도 겸해서 바깥에서 식사하기로 했다. 차를 타고 횟집으로 가는 길에 전화가 왔다.

아버지였다. 생일이라고 전화한 것은 아닐텐데…. 불길했다. 좋은 일로 통화를 한 기억이 별로 없어서 '전화를 받지 말까?'라는 생각을 잠시 했다. 혹시 급한 일이 생겼을지도 모른다는 생각에 전화를 받았는데, 아니나 다를까 아버지는 전화를 받자마자 소리부터 질렀다.

"니는 머리가 어떻게 된 거 아이가?"

"예? 아버지! 무슨 말씀이신지요?"

"오늘이 무슨 날이고? 니 생일 맞제?"

"맞습니다, 아버지."

"니는 생일이면 아버지한테 들러서 '아버지 오늘이 제 생일입니다. 저를 낳아주시고 길러주셔서 감사합니다. 오늘 제가 있는 것은 다 아버지 덕분입니다'라는 인사 정도는 해야 하는 거 아이가?"

아버지는 쉴 새 없이 말을 이어갔다.

"니는 어찌 그리 생각이 없노? 그 정도는 기본이다?"

나는 아무 말도 하지 못하고 그냥 듣고만 있었다.

"니 생일 같은 날에 혼자 있는 아버지와 함께 식사도 하고, 낳아주셔서 고맙다고 말하면 얼마나 좋노? 니는 어찌 그리 생각이 짧노? 이 얼간아!"

아버지는 크게 호통을 치고는 전화를 끊어버렸다. 한동안 멍하게 있었다. 너무 순간적인 일이라 상황 파악이 되지 않았다. 그런 나를 아내가 물끄러미 바라보고 있었다. 아이들도 분위기가 안 좋다는 것을 알아차렸는지 어느새 조용해졌다.

아버지가 큰 소리로 나무랐기 때문에 통화 내용이 어느 정도는 들렸을 것이다. 애써 정신을 차려 아내에게 설명해보려고 했지만, 무슨 말을 어떻게 해야 할지 몰랐다.

생일을 맞이한 당사자가 부모님께 감사하다고 인사를 해야 한다?

지금까지 한 번도 이런 일은 없었는데, 왜 갑자기 이러는지 이해할 수 없었다. 너무나 당연하게 말씀하시니 어떤 게 맞는지 헷갈렸다. 정말 아버지 말씀처럼 내가 잘못한 건가?

순간적으로 정신이 나간 상태로 멍하게 앉아 있으니, 아내가 답답한 마음에 몇 가지를 물어보았다.

"오늘 당신 생일인데, 아버님께 전화하지 않았다고 야단맞은 거지?"

"응."

"아버님이 지금까지 당신 생일 챙겨준 적이 있어?"

"아니."

"그렇다면 오늘이 당신 생일이란 걸 아버님은 모르고 계신다는 말인데, 어떻게 알고 전화했을까?"

나도 그게 궁금했다. 평소와는 딴판인 아버지 모습에 어리둥절할 따름이었다.

"무슨 일로 야단맞았어?"

"생일에는 낳아주시고 키워주신 부모님께 감사하다며 인사드려야 하는데, 내가 그렇게 하지 않았다고 화가 난 것 같아."

갑작스러운 아버지의 전화에 분위기가 완전히 가라앉아버렸다. 어색한 상황을 바꿔보려고, 그냥 잊어버리고 밥이나 먹으러 가자고 말했다.

"어떻게 자식의 생일을 이렇게 망칠 수 있니? 이건 순전히 당신 생일을 망치기 위해 작정한 거야. 어느 부모가 자식의 생일에 이런 식으로 전화할까? 생일 축하를 해주지는 못할망정 욕이나 잔뜩 퍼붓고⋯."

아내가 마음이 많이 상한 것 같았다. 나야 늘 아버지에게 이런 식으로 당했으니 그렇다 치더라도, 아내는 이런 상황을 받아들이기 힘들 것이다. 식당에 가는 동안 우리는 한마디도 하지 않았다. 식사하는 동안에도 냉랭한 분위기는 이어졌다. 설명할 수 없는 아버지로 인해 아내에게 미안했다. 아버지를 생각하면 나도 어떻게 할 수 없는 답답한 삶의 무게를 느낀다.

생일의 주인공은 대체로 생일을 맞은 당사자인데, 아버지는 반대로 당신이 주인공이 되고 싶어 한다. '생일을 못 챙겨줘서 미안하다' 또는 '생일 축하한다'라는 말을 하려고 전화를 한 것이 아니라, 오히려 당신을 챙기지 않았다고 화를 내신다.

이런 어이없는 일이 발생하면 생활에 집중력이 생기지 않는다. 하도 많이 겪는 일이라 익숙해질 법도 하지만, 나의 삶을 가로막는 아버지로 인해 속상한 것은 어쩔 수가 없다. 늘 일방통행에다 자식을 괴롭힐 생각만 하는 아버지. 아버지에게 화를 낼 수도 없고, 그렇다고 싸우기도 애매하고, 그냥 그렇게 답답함만 쌓여간다.

스리 쿠션

내 생일도 잘 모르는 아버지가 이런 일을 혼자서 했다는 것이 믿어지지 않았다. 이번 생일 사건을 아버지가 계획했다고 믿기에는 시나리오가 너무나 완벽했다. 아버지는 폭발적인 분노를 쏟아 내며 사람들의 관심을 끄는 데는 전문가이지만, 계획적인 사람은 아니다. 즉흥적이기에 디테일이 떨어진다. 그런 이유로 '이 일의 배후에는 누군가가 있지 않을까?'라는 강한 의구심이 들었다.

지금까지 아버지는 내 생일을 맞이하여 '생일 축하한다'라는 말을 한 적이 없다. 아버지와 한집에 살 때도, 엄마가 미역국을 끓여놓으면 그제야 내 생일인 걸 알아차리는 아버지가 갑자기 내 생일이라고 전화를 한다는 게 이상했다.

그냥 아무 일도 없이 넘어가는 것이 가장 아버지다운데, 갑자기 패턴을 바꾼 이유가 무엇일까? '이런 날 아버지와 식사하며, 아버지에게 낳아주시고 길러주셔서 감사하다. 오늘 제가 있는 것은 모두 다 아버지 덕분이다'라는 말을 한다는 것은 우리 부자와 전혀 어울리지 않는다. 드라마 속 주인공의 대사도 아니고, 인공적인 조미료가 너무 많이 첨가되었다.

게다가 평소에는 아버지가 원하는 것을 맞춰주더라도 아들의 생일 같은 때에는 적어도 아버지가 아들에게 맞춰줘야 하는 것 아닌가? 아무리 아버지가 충동적이어도 이 정도로 막 나가지는 않았다. 막무가내로 나의 생일에 함께 식사하지 않았다는 것을 건수로 삼아 고래고래 소리 지르며, 아들의 생일을 망쳐놓는 것은 그동안의 아버지 모습과 견주어볼 때 지나치게 어색하다.

아버지가 내 생일을 챙기고 싶었더라면, 급한 성질에 전화를 기다리지도 않았을 것이다. 아침 일찍부터 전화해서 '오늘 니 생일이니 집에 와서 밥이나 같이 먹자'라고 말씀하셨을 것이다.

아무리 생각해봐도 이 사건에는 누군가가 개입했다는 강한 확신이 들었다. 그렇다면 누구일까? 우리 집안에서 이 정도로 뛰어난 기획력과 상상력 그리고 창의력을 가진 사람이 누구일까? 이런 사람은 누나밖에 없다. '누나가 이 사건에 개입해서 나의 뒤통수를 친 게 아닌가?'라는 합리적인 의심이 들었다. 누나 말고는 이렇게까지 나를 완벽하게 골탕 먹일 수 있는 사람은 없다. 그렇다고 해서 아무런 증거 없이 무작정 누나라고 단정 지을 수도 없다. '적당한 기회에 직접 확인해 봐야겠다.'

그러던 어느 날, 아버지께서 기분이 유난히 좋아 보일 때, 나는 생일에 있었던 일들에 관해 살짝 여쭈어보았다.

"아버지! 혹시 제 생일이 언제인지 아세요?"

"(잠깐 생각하시다가) 3월 16일이잖아. 아부지가 아들 생일도 모르겠나?" 아버지는 자랑하듯 말씀하셨다.

"제 생일을 기억하고 계시네요?"

"자식 생일도 기억 못하는 아비가 어디 있노?" 짜증이 난 듯 말씀하셨다.

"아버지! 며칠 전, 제 생일에 전화하셨잖아요."

아버지는 기억이 없으신 것 같았다.

"그날 '아버지께서 저녁을 같이하면 좋지 않았겠냐? 생일은 낳아주시고 길러주신 부모님에게 감사함을 표현하는 날이다'라고 하셨잖아요."

"그래! 그래! 생각난다."

"제가 '지금까지 잘 지내온 것이 아버지 덕분이다'라는 말을 했더라면 얼마나 좋았겠냐고 말씀하셨잖아요. 기억하시죠?"

"그럼. 기억하지. 생일날 부모를 챙기면 얼마나 좋노?"

"제가 생각이 짧아서 미처 거기까지 생각하지 못했습니다. 죄송합니다. 아버지! 아버지 말씀을 듣고 생각해보니까, 그제야 저도 아버지의 깊은 마음을 이해하게 되었습니다. '제 생일에 아버지를 모시고 식사라도 같이하면서 감사의 말씀을 전했더라면 참 좋았을 텐데…'라는 생각이 들었거든요. 역시 아버지는 생각이 깊으시고 현명하십니다."

"이제 니가 철이 드는구나!"

"그런 것 같습니다. 그런데 아버지! 어떻게 이런 생각을 하셨습니까? 전에는 제 생일에 이렇게 한 적이 한 번도 없었잖아요?"

"안나가 그라데! 이런 날은 부모하고 식사하는 날이라고. 부모한테 감사 표현을 하는 날이라고. 감사 표현으로 용돈도 준비해야 한다고 하더라. 느그 누나가 이렇게 속이 깊다."

"그렇게 말입니다. 저는 누나 따라가려면 한참 멀었습니다. 다음 생일에는 식사도 하고 용돈도 드리겠습니다."

"안 그래도 안나가 아들 교육 좀 제대로 시키라고 하더라. 가만 놔두면 버릇 나빠져서 안 된다면서. 무슨 말인지 알긋나? 니도 느그 누나 반만 좀 닮아봐라."

아니나 다를까 이 일은 전적으로 누나의 작품이었다. 명분상 아버지의 가정교육 형식을 취했지만, 실제로는 아버지를 조종해서 우리 가정의 평화와 행복을 짓밟아버린 것이다.

아버지는 어떤 일을 꼬투리 잡아 사람을 괴롭히는 것은 잘하지만, 이렇게 세부적으로 일을 계획하면서 처리하지는 않는다. 어느 정도 지각이 있는 아버지라면 누나가 이렇게 말하더라도 그 말을 무시하고 아들의 생일을 축하해주는 게 당연하겠지만, 아버지는 완벽하게 누나의 계획에 놀아났다. 누나가 계획을 하더라도 아버지가 동조하지 않으면 그만인데, 매번 건수를 찾고 있는 아버지에게 누나가 적절한 기회를 제공해준 것인 줄도 모르겠다. 어쨌거나 두 사람은 나를 괴롭히는 방면에서는 환상적인 호흡을 자랑한다.

누나는 아버지 말대로 속이 깊다. 누나는 아버지를 도발해서 나의 생일을 망치려고 여러 가지를 계획했을 것이다. '무엇으로 아버지를 도발할까? 어느 시간이 가장 좋을까? 어떻게 하면 자기가 주도했다는 것을 들키지 않을까?'와 같은 것들을 고심했을 것이다.

누나는 도발 시간을 저녁때로 골랐던 것 같다. 오전에는 주일을 맞이하여 내가 교회에 갈 것이기에 그 시간에 생일파티를 하기는 이른 시간이라 생각했을 것이다. 예배를 드리고 휴식을 취한 다음, 가족들끼리 좋은 시간을 보낼 것 같은 저녁 시간에 맞춰서 아버지를 도발시킨다. 아버지는 화가 나서 전화를 걸어, 나에게 화풀이를 한다. 결국에는 누나의 의도대로 내 생일은 엉망이 된다. 우리 가족들이 가장 기분 좋고 행복하게 보낼 것 같은 시간대를 골라 누나는 아버지를 동요시켰고, 우리 가정의 행복에 찬물을 끼얹었다.

한 사람은 먹잇감을 찾아 먹기 좋게 토스해주고, 또 한 사람은 강 스파이크로 화풀이한다. 나는 아무런 이유도 모른 채, 갑자기 날아오는 스파이크를 맞고서 비틀거린다. 두 사람의 환상적인 콤비 플레이다.

그러고 보니, 어린 시절부터 풀리지 않던 수수께끼가 해결된 것 같다. 앞에서 언급한 담배 사건이 일어났을 때, 누나는 한사코 자기가 아버지에게 고자질하지 않았다고 주장했다. 너무 강력하게 주장해서 물어 본 사람이 미안할 정도였다. 하지만 내 생일에 이런 식으로 나를 골탕 먹이는 것을 보면, 누나의 말이 거짓말이라는 것을 알 수 있다. 앞에서는 깨끗한 척, 안 한척 하지만 뒤에서는 늘 일을 꾸민다.

매번 이런 식으로 누나는 아버지를 이용해 왔을 것이다. 또한 누나가 동생인 나를 어떻게 골탕 먹여왔는지 알지 못했기에, 이와 비슷한 일들은 오랫동안 반복되었을 것이다. 알아차리더라도 시간이 한참 지났거나 증거가 없어서 따지기도 애매했다.

이렇게 누나는 당구의 스리쿠션처럼 아버지를 이용해서 나의 뒤통수를 내리쳤다.

바르게 인사하는 방법

아버지는 인사에 대단히 예민하다. 아버지가 집으로 돌아오면 그 즉시 하던 일을 멈추고 현관으로 뛰어가서 고개를 다소곳이 숙인 다음에 "아버지! 다녀오셨습니까?"라는 인사를 해야 한다. 만약 인사를 그렇게 하지 않으면 "아부지가 왔는데 인사도 안 하고 뭐하노?"라며 온 집안이 시끄럽다.

아버지의 고함 소리가 거기서 끝나면 그래도 다행인데, 어머니를 붙들고 "가정교육을 어떻게 했냐?" "도대체 자식 교육을 어떻게 했기에 아이들이 인사도 할 줄 모르냐?"로 불똥이 옮겨 붙으면 그날은 여지없이 아버지의 분노가 폭발한다.

내가 집으로 들어갈 때도 마찬가지이다. 문을 열고 아버지에게 공손하게 인사를 한 다음에야 개인적인 생활이 가능했기에, 집에 들어갈 때는 아버지가 계시는지부터 살폈다. 인사를 할 때의 요령은 다음과 같다. 아버지를 바라보고 공손하고 예의 바르게, 그리고 반드시 고개를 적당한 각도, 적어도 30도 이상은 숙여야 한다. 인사를 한 후에도 아버지의 심기를 살피고, 아무 일도 일어나지 않는다는 것을 확인한 다음에야 모든 과정이 끝난다.

만약 인사를 하지 않았다거나, 아버지의 생각보다 늦게 인사를 했거나, 고개를 숙였는데 아버지 마음에 들지 않는다든가 또는 큰 소리로 인사를 하지 않는다면 아버지는 소리부터 내지른다.

"니는 아부지한테 인사도 할 줄 모르나?"

우리 집에 놀러 오는 친구들도 아버지의 까다로운 인사법 때문에 피곤하기는 마찬가지였다. 친구들의 인사 각도가 완만하거나 소리가 잘 들리지 않으면 인사도 제대로 할 줄 모르냐며 핀잔을 줘서 아들의 입장을 난처하게 했다. 내가 미안하다고 사과하면 친구들은 이런 집에서 어떻게 사냐며 놀랍다는 듯 반응했다.

한편으로는 친구의 말이 공감되기도 했고, 다른 한편으로는 아버지를 비난하는 것 같아 마음이 상하기도 했다. 어쨌든 이런 일이 반복되자 친구들은 우리 집에 오기 전에 '너희 아버지 집에 계시니?'라는 말부터 먼저 물어보았다. 혹시라도 아버지가 집에 계실 때면 친구들은 복장부터 정리하고 아버지 앞에 공손하게 서서 "안녕하십니까? 친구 누구입니다"라며 인사를 했다. 그렇게 인사를 하고 내 방으로 가면서 숨이 콱콱 막힌다는 말도 함께 덧붙였다.

전화 통화를 할 때도 인사와 관련된 일은 여전히 문제였다. 아버지는 전화를 몹시도 퉁명스럽게 받아서 전화거는 사람의 기분을 상하게 한다. 전화기는 큰방에 놓여 있었는데, 전화벨이 울리면 아버지가 전화를 받을까 봐, 가족들이 뛰어가서 전화를 받았다. 가끔 아버지가 전화를 받으면, 평소 이야기를 잘하는 친구들도 갑자기 말을 더듬는다. 인사로 인해 야단맞을까 봐 또는 평소보다 공손하게 말하려다 실수를 한다.

심지어 아들인 나도 아버지가 전화를 받으면 갑자기 용건이 생각나지 않을 때가 있다. 퉁명스럽고 화난 듯한 아버지의 목소리에 할 말도 잊어버리고 그대로 수화기를 내려놓는다.

한번은 누나와 아버지의 전화 받는 방식과 관련해서 이야기를 나누었다. 누나도 아버지와 통화를 할 때면, 나와 비슷한 경험을 했었던 것 같다. 누나는 아버지가 전화 받으면 기분이 나빠져서 통화하기가 싫다며, 이를 해결할 방법이 없냐고 물었다.

나는 "해결책은 모르겠고, 아버지가 전화를 받을 때 분위기가 안 좋다 싶으면 아무 말도 하지 않고 그냥 끊어버린다"라고 대답했다. 누나는 내 의견에 전적으로 동의하면서 "그거 정말 좋은 방법이네. 나는 왜 그런 생각을 못했지!"라며 감탄하듯 말했다.

대학생일 때, 집 근처의 건널목에서 아버지와 마주친 적이 있다. 신호등을 마주하며 반대편에서 신호를 기다리다가 초록색으로 신호가 바뀌었다. 나는 아버지 앞을 지나가면서 가볍게 "아버지"라고 부르며 인사를 했다. 아버지는 사람들이 서둘러 지나가는 횡단보도 한 가운데에서 소리를 버럭 질렀다. "야 이놈아! 니는 아부지한테 인사도 할 줄 모르나?"

당황스러웠다. 지나가는 사람들은 '무슨 일이지?'하는 표정으로 나와 아버지를 번갈아 쳐다보았고, 나는 부끄러워서 고개를 들 수가 없었다. 자존심이 무너져내렸다. 그렇게 소리를 지르던 아버지는 아무렇지도 않은 듯이 당신의 갈 길을 가버렸다.

수치심은 남아 있는 사람의 몫이다. 나는 순간적으로 다리가 풀렸는지 걷지도 못하고, 건널목 한가운데에서 어정쩡하게 있다가 신호가 바뀔 무렵에야 서둘러 길을 건넜다. 이런 경우를 맥이 빠진다고 하나?

길거리에서 아버지를 만나면 어떻게 인사를 해야 하는 걸까? 가는 길을 멈춰 45도의 각도로 고개를 숙이면서 공손하게 '아버지 안녕하십니까?'라고 인사해야 하나?

레이저 빔을 쏘는 아버지

신용평가회사에서 계약직으로 근무하고 있던 동생이 서울에서 내려왔다. 취업한지 얼마 되지 않아 회사에 적응하느라 정신이 없었다고 했다. 동생은 서울에서는 회가 너무 비싸다며 어시장에서 회를 먹고 싶다고 했다.

아내가 허리가 아파 한의원에서 침을 맞고 있어서 민준이를 데리고 아버지와 동생을 만나러 갔다. 허리가 아픈데, 혼자서 두 애를 보기 힘들 것 같아 큰아이만 데리고 나왔다. 둘째도 데려가고 싶었지만, 너무 어려서 엄마에게서 떼어낼 수가 없었다.

오랜만에 만나는 자리인데, 아버지는 며느리가 참석하지 않은 것 때문에 언짢아 했다. 요즘 애들은 기본이 안 되었다느니, 가정교육을 제대로 못 받아서 그렇다느니.

"죄송합니다. 허리가 아파서 참석하지 못했습니다"라고 얘기해도 며느리는 매번 아프다는 소리만 한다며 듣기 싫다고 하셨다. 핑계 대지 말란 말인 것 같았다. 이내 못마땅한 눈초리로 나를 쏘아보셨다.

"니가 마누라한테 잡혀 사니까 이 모양 아니냐?"

그러면서 눈빛이 민준이에게로 이동했다. 이제 겨우 네 살인 민준이는 할아버지의 쏘아보는 눈빛에도 아랑곳하지 않고, 이곳저곳을 다니면서 혼자서 놀고 있었다. 그런 민준이의 움직임을 따라서 아버지의 레이저 빔도 같이 움직였다.

어릴 때, 아버지의 눈빛을 바라보면 마치 먹이를 노리는 뱀과 같다고 느꼈다. 아버지의 강렬한 레이저 눈빛을 바라보면 온몸의 기가 빠지는 것 같았다. 그만큼 강렬해서 상대를 압도하는 힘이 있었다. 그래서인지 지금도 난 아버지의 눈을 똑바로 쳐다보지 못한다. 그런데 그 눈빛이 아들, 민준이를 향하고 있다.

보통의 할아버지, 할머니는 자녀가 마음에 안 들어도 손자는 눈에 넣어도 안 아프다던데… 아들이 마음에 안 드니 손자까지 싫은 건가?

민준이를 날카롭게 바라보는 아버지를 보고 있으니 마음이 불편했다. 빨리 식사하고 일어나야겠다는 생각을 하고 있는데, 민준이가 다가와 조용히 말했다. "아빠! 너무 무서워! 집에 가고 싶어." 마음이 아팠다. 민준이도 할아버지의 눈빛을 느끼고 있었던 것이었다. 눈빛만 그랬을까? 할아버지의 모든 것이 손자인 민준이를 부정하고 있었을 것이다.

민준이에게 조금만 참아달라고 해야 하나? 아니면 아버지에게 그 눈빛을 거두어달라고 부탁드려야 하나? 난감했다. 어쨌든 나는 민준이를 보호해야 했다. 마음속으로 '나는 민준이의 아버지다. 내가 아니면 누가 우리 아들을 보호하랴'라고 혼잣말하며 용기를 내어서 아버지께 말씀드렸다.

"아버지! 손자가 그러는데 할아버지가 너무 무섭다고 합니다. 할아버지가 너무 무서워서 집에 가고 싶다고 합니다. 제가 이 상황에서 아버지와 식사를 해야 할지, 아니면 민준이를 데리고 집으로 가야 할지 고민이 됩니다."

그렇게 말하자 아버지의 못마땅한 눈빛이 조금은 누그러졌다. 나는 점심을 되는대로 먹고 재빨리 일어섰다.

할아버지는 사랑이 없는 사람이야

한번은 아버지와 우리 가족이 마산 어시장에 있는 보쌈집에 갔다. 우리 딸, 지민이가 걸어 다닐 때니까 아마도 세 살 정도였을 것이다. 그날따라 지민이가 기분이 좋았는지 할아버지에게 살랑거려서 분위기가 좋았다. 아버지도 기분이 좋으신지 손녀에게 말도 붙이시고, 용돈이라며 만 원을 주셨다.

"아무도 주지 말고 혼자 맛있는 거 사 먹어라."

여기서 '아무도'라는 사람은 손자를 말할 것이다. 민준이는 쏙 빼놓고 지민이에게만 용돈을 주시는 아버지. 나의 아들인 민준이에는 용돈은커녕, 인사를 안 한다고 잔소리만 늘어놓으셨다.

마음이 아팠다. 이제 겨우 5살 난 아이에게 무슨 잔소리를 그렇게 심하게 하시는지. 황희 정승은 소에게도 귀가 있어서 비교당하면 알아듣고 서운해한다고 했는데, 대놓고 아이들을 차별하시니 기분이 너무 안 좋았다.

집에 오는 길에 민준이에게 "네게는 잔소리하고 지민이에게는 용돈을 준 것은 할아버지가 잘못한 거야. 민준이 네가 잘못한 게 아니야"라고 말해주면서 만 원을 줬다. 그때 한 민준이의 말은 잊히지 않는다.

"할아버지는 사랑이 없는 사람이야."

인사를 강요하는 이유

인사를 왜 할까? 나름대로 생각해본 인사의 개념은 다음과 같다. 인사는 마주하는 상대방을 존중하고 예의를 지키겠다는 마음의 표현이다. 당신을 인격적으로 대우하겠다는 마음을 담는 것이고, 인사를 통해 상대방의 경계를 누그러뜨리고, 허물없이 대화를 시작하자는 것이다.

아버지도 인사에 상대방을 존중하는 마음을 담았더라면, 이토록 자식에게 상처를 주고 자존감에 생채기를 입히지는 않았을 것이다.

아버지는 왜 그렇게 인사에 민감했을까?

아버지께서 인사에 예민한 이유를 생각해보았다. 아버지는 인사를 강조하지만, 당신 또한 그렇게 인사를 잘하는 편은 아니다. 무뚝뚝한 성격에 인사를 받더라도 그에 상응하는 답례도 잘 하지 않는다. 그 바람에 인사한 사람이 무안할 때도 더러 있다. 인사를 하지 않으면 비난과 질책을 하지만, 상대방이 인사를 한다고 해서 특별하게 반응하지도 않는다.

아버지가 인사를 강조하는 것은 상대에게 존중과 예의를 표하기 위한 것이 아니라, 아버지 당신이 존중받고 대접받고 싶기 때문이다. 상대가 고개 숙여 예의 바르게 인사하면 당신을 존중하는 것이라 여기고, 그렇지 않으면 무시하는 것이라 받아들인다. 아버지는 인사의 친근함이나 표정, 말투, 눈빛, 태도에서 나타나는 존중과 예의에 대해 알지 못한다.

자녀들에게 인사의 중요성을 가르치는 것이 목적이라면, 인사에 대한 당신의 생각을 자녀가 알아듣게 말하고 아이들이 인사의 중요성에 대해 이해하도록 도와야 한다. 인사의 중요성을 가르친다고 자녀들에게 불같이 화를 내면, 인사에 대해 상처만 남길 뿐이다.

부모가 사랑의 눈빛으로 아이들을 바라보며 인사의 중요성을 설명하고 본인이 먼저 이웃들에게 존중하는 마음을 담아 깍듯하게 인사한다면, 이를 따르지 않을 아이는 없을 것이다. '인사란 기쁜 마음으로 상대를 존중하는 것이구나!'라고 이해할 때, 아이들은 인사의 중요성을 자연스럽게 습득할 것이다.

인사에 대한 좋은 경험을 갖지 못한 아이들이 인사를 잘하기란 어려운 일이다. 상대를 존중하는 마음으로 인사하는 게 아니라, 인사를 하지 않으면 무서운 부모에게 혼나기 때문에 쫓기듯 인사를 하게 된다. 그런 인사에는 따스함과 자율성이 담길 수 없다.

배움은 기쁨을 동반해야 한다. 기분 좋은 경험만이 사람에게 배움의 동기를 부여한다. 누가 강요하지 않더라도 오랫동안 지속하게 하는 힘이 있다. 억지와 강요로 시작한 배움은 오래가지 못한다. 감정에 생채기만 남긴다. 인사도 마찬가지다.

아버지는 자식들에게 인사를 받으면서 집안의 가장으로서 인정받는다고 느끼신 것 같다. 성인임에도 불구하고, 아버지의 내면세계에는 존중받지 못하고, 인정받지 못한 어린아이가 있다. 아버지가 인사를 강조하는 이유는 상처받고 무시당한 아버지의 내면아이가 '나도 존중받고 싶다'라는 것을 표현하는 것이 아닐까. 어린 시절 채워지지 않았던 인정과 존경, 사랑에 대한 갈증을 자식들로부터 채우고 싶었기 때문은 아닐까.

대면

독일의 심리학자 베르벨 바르데츠키는 《너는 나에게 상처를 줄 수 없다》라는 책에서 상처에서 회복하는 방법에 대해 다음과 같이 말합니다. "상처가 끔찍할수록 꽁꽁 감추는 일은 위험합니다. 억눌린 상처가 인생 전체를 파괴해버릴 수도 있기 때문입니다. 상처를 치유하기 위해서는 시간이 얼마나 걸리더라도, 설사 고통을 다시 겪게 되더라도 한 번은 상처와 마주해야 합니다. 유배된 상처가 저절로 낫는 일은 없습니다."

자신의 상처와 마주하는 것을 심리학에서는 대면 또는 직면이라고 하는데, 대면은 상처를 극복하기 위해 반드시 거쳐야 하는 출발선입니다. 상처를 대면하지 않고서는 자기 안에 있는 상처의 뿌리와 깊이를 알 수 없습니다. 대면만이 내 안에 있는 해결되지 않은 상처를 바라볼 수 있게 해줍니다. 상처에서 벗어나기 위해서는 역설적으로 상처받은 내면아이를 다시 한번 마주쳐야 합니다. 그 아이의 간절한 바람에 귀를 기울이고 해결되지 않은 감정을 마주해야 합니다.

문제는 자기 안의 상처와 대면하는 일은 대단히 어렵다는 것입니다. 그렇기에 사람들은 자신의 상처를 바라보려고 하지 않습니다. 그런데 상처에서 도망가는 패턴이 고착되면 자신이 사용하는 방어기제와 불편한 감정을 알기가 어려워집니다. 결국 반복되는 상처에서 벗어나지 못하게 되고 타인과의 관계는 점점 더 힘들어집니다.

저 또한 마찬가지였습니다. 저는 삶에서 마주하는 문제를 무의식적으로 방치하곤 합니다. '시간이 지나면 해결되겠지. 경제적으로 풍요로워지면 괜찮아지겠지. 누군가가 도와주겠지'라는 생각으로 문제 자체를 회피하려고 합니다.

저는 인생에서 마주치는 중요한 문제를 해결하지 않고, 계속해서 미루는 이유를 알아냈습니다. 문제를 피하려고 하는 삶의 태도는 사실 아버지와의 관계에서 발생하는 것입니다. 완고하고 신경질적인 아버지를 설득할 자신이 없었기에 그 명령들에 순응했던 것처럼, 저는 상처를 대면하는 일에도 비슷한 패턴으로 대응했습니다. 무서운 아버지를 대면하는 것이 너무 두려워서 제가 하고 싶은 말을 마음속에 꾹꾹 눌러왔던 것처럼, 상처 또한 저절로 사라지기를 기다리며 애써 외면하고 있었습니다.

그런데 그때 형성된 저의 패턴이 지금도 영향을 미치고 있습니다. 아버지와의 관계가 개선되지 않은 상황에서 아버지가 저를 사랑해주기를 하염없이 기다리는 것처럼, 삶의 중요한 상황에 임해서도 '저는 문제를 해결하려고 적극적으로 움직이기보다는 기다리면 해결될지도 모른다'라며 당면한 과제를 회피하고 있었습니다.

이렇게 형성된 회피라는 방어기제를 친구와 동료, 심지어는 연인과의 관계에서도 사용하였습니다. 상대를 아버지로 바라보았기에 내 삶의 결정권을 상대방에게 넘겨주었고 그들의 결정을 아무런 비판 없이 따랐습니다.

이렇게 살아가는 데에도 장점은 있습니다. 삶의 결정권을 상대에게 넘겨주었기에 결과에 대한 책임 또한 그들의 것이라는 것입니다. 그렇기에 저는 아무런 잘못이 없다는 것입니다. 얼핏 보면 그럴듯하지만, 이는 결정적인 오류를 지니고 있습니다. 타인에게 삶의 책임을 넘긴다는 것은 자신의 자유를 박탈하는 행위입니다. 책임 없는 자유란 있을 수 없습니다. 내가 한 행동에 대한 책임은 당연히 스스로가 지는 것이 맞습니다. 그것이 성숙한 삶의 태도입니다.

제가 성장하면서 터득한 인생의 진리는 '문제는 부딪혀서 해결하지 않으면 절대로 사라지지 않는다'라는 사실입니다. 부딪혀서 해결한다는 것이 바로 심리학에서 말하는 대면이라고 할 수 있습니다. 상처와 대면해서 그 문제를 해결할 때, 우리는 상처 밖으로 빠져나올 수 있습니다. 그러면서 우리를 좀 더 객관적으로 바라볼 수 있고, 자신이 누구인지도 알게 됩니다. 나 자신을 알고 있는 깊이만큼 다른 사람을 이해하는 폭도 넓어집니다.

대면에는 여러 종류가 있습니다. 상처를 줬던 상대방과 직접 만나서 해결할 수도 있고, 자신이 느낀 감정을 상대에게 글로 쓰는 방법도 있습니다. 상대가 아니라 자신의 상처받은 내면아이에게 편지를 쓰는 방법도 있습니다. 중요한 것은 상처의 그 순간에 느꼈던 감정을 피하지 않고 대면하는 것입니다. 어린 시절에는 어쩔 수밖에 없었던 상황에서 새로운 것을 선택하는 용기를 낸다는 것입니다.

부모님과 대면하는 것에 죄책감을 느끼는 분들이 많습니다. 하지만 부모님께서 우리를 존중하고 사랑하셨더라면, 그 힘들고 어려운 대면을 부모님과 할 이유가 없을 것입니다. 부모님과 대면하는 이유는 더 이상 부모님의 뜻대로 사는 것이 아니라 우리의 고유한 모습을 회복하기 위해서입니다. 그렇기에 우리는 경계를 확실히 설정해서 상대가 누구라도 우리의 영역에 마음대로 침범하지 못하도록 해야 합니다. 명심하십시오. 사유지를 방치하면 공유지가 됩니다.

❖ **당신 마음속에는 무엇이 들어 있나요?**

- 상처와 대면한 적이 있나요?
- 상처와 대면했을 때의 감정은 어땠나요?
- 힘들고 괴롭더라도 그 감정을 들여다보는 시간을 가져보세요.

삶의 위대함은 사랑에 있다.
받는 것보다 주는 것이 즐겁다.
주는 행동은 박탈당하는 것이 아니라,
내가 살아 있다는 증거이기 때문이다.

– 에리히 프롬

여전히 상처회복 중입니다

여전히 상처회복 중입니다

첫 휴가

입대한 지 11개월 만에 정기휴가를 갔다. 기차를 타고 마산역에 도착하니 감격스러웠다. 건물 중앙에 마산역이라고 씌어 있는 커다란 간판을 보며 '정말 여기가 마산인가?' 라며 혼잣말을 했다. 살면서 고향에 대한 향수를 한 번도 느껴본 적이 없었는데, 군 생활을 하면서 처음으로 고향이 그리웠다. 택시 운전기사가 호객행위를 하며 "어디 갑니꺼?" 라고 묻는데, 한마디의 사투리만으로도 고향에 왔다는 것을 확인할 수 있었다. 여기저기에서 들리는 경상도 말투에 입꼬리가 올라갔다. 마산에 도착한 것만으로도 이렇게 기분이 좋을 줄은 상상도 하지 못했다.

집에 도착하니 가족들이 환한 얼굴로 반겨주었다. 오랜만에 가족들을 만나니 군에서 겪었던 고생과 피로가 눈 녹듯이 사라지는 것 같았다. 이틀간 잠도 푹 자고 맛있는 것도 많이 먹었다. 벽에다 베개를 여러 겹 쌓아놓고서는 편안하게 기대어 TV를 봤다. 행복했다. 집에서는 나도 말년 병장이다. 아무것도 하지 않고 눈치를 안 봐도 된다는 것이 이렇게 좋을 줄이야.

토요일 저녁에 부모님께서 친목계 모임에 참가하시느라 집을 비우셨다. 나는 친구를 만나러 나가는 길에, 아버지의 엘란트라가 집 앞에 주차된 것을 보았다. 내가 군에 가 있는 동안 아버지가 구입한 첫 번째 승용차였다. 갑자기 친구들과 드라이브를 하고 싶다는 생각이 들었다. 때마침 나는 운전병으로 자대에 배치받았고, 초보운전을 막 뗀 상태였다. 군대 차와 사제 차는 어떻게 다른지도 알고 싶었다.

문제점이 있다면 우리 집은 아파트가 아니기에 집에 들어오면서 주차 상태를 언제든지 확인할 수 있다는 것이다. 혹시라도 차의 위치가 옮겨진 것이 발각된다면, 아버지께서 가만두지 않을 것이다. 그래도 드라이브하고 싶은 마음이 너무 강하게 들었고, 아버지보다 일찍 집에 도착하면 괜찮겠지, 하는 생각으로 차를 몰고 나갔다. 매일 군용트럭만 몰다가 승용차를 운전해보니 너무 좋았다. 가속페달을 밟는 데로 차가 반응해서 그 민감함에 당황할 정도였다. 승차감은 부드럽고, 소음도 없었으며, 브레이크도 잘 들었다. 막 발매된 서태지와 아이들의 '난 알아요'를 크게 틀어놓고 마산 시내를 누비는데, 스트레스가 다 풀리는 것 같았다. 마산의 도심을 가로지르는 것만으로도 이렇게 기분이 좋을 줄이야. 사람들이 드라이브하며 기분전환을 한다더니 그 마음을 알 것 같았다. 너무 늦기 전에 친구들과 헤어지고 집으로 돌아왔다.

그날따라 아버지는 평소보다 일찍 귀가하셨다. 나름대로 여유 있게 도착한다고 했는데, 일이 잘못되려고 그랬는지 아버지께서 먼저 도착해 있었다.

어떻게 하는 일마다 이렇게 꼬일까? 군에 가 있는 동안 아버지에 대한 경계심이 풀어졌나 보다.

들어가면서 조심스럽게 아버지께 인사를 드렸다. 아버지는 나를 보자마자 소리를 내질렀다.

"야! 이놈의 새끼야! 아부지 차를 니 맘대로 끌고 다니나?"

어떤 말도 통하지 않는다는 것을 알지만, 그래도 이제 성인인데 비겁하게 피하지 않겠다는 마음으로 내 생각을 차분하게 말씀드렸다.

"아버지 몰래 차를 몰고 나가서 죄송합니다. 다시는 이런 일이 없도록 하겠습니다."

"잘못인 걸 알면서도 일을 저지르나? 그따위로 할 거면 당장 부대에 복귀해라."

"죄송합니다, 아버지. 아버지 차를 한번 몰아보고 싶었습니다. 군대 차하고 비교도 해보고 싶었습니다. 죄송합니다. 화를 푸시고 용서해주십시오."

"이게! 어디서 꼬박꼬박 말대꾸하노? 이제 대가리 컸다고 아버지한테 말대꾸까지 하나?"

"아닙니다. 아버지!"

"아니긴 뭐가 아니야! 이 호래자식아!"

아버지는 예상대로 격노하셨다. 대답하면 말대꾸한다고 화를 냈고, 가만있으면 묻는 말에 대답하지 않는다고 소리를 질렀다. 아버지 허락 없이 차를 몰고 나간 것은 잘못한 일이 분명하기에, 더 할 말도 없었다. 게다가 아버지께서 묻는 말에 대답이라도 하면 계속해서 말꼬리를 잡고 늘어져서, 더는 대답하기도 싫었다.

아버지는 화가 단단히 나셨다. 나는 묵묵히 아버지의 꾸중을 들었다. 그러자 아버지는 다시 벙어리냐며 소리를 질렀다. 아버지께서 뭐라고 하시든지 가만히 있기로 했다. 어차피 아버지의 분노한 감정이 해소되어야 이 사태가 진정될 것이다.

"꼴도 보기 싫으니 당장 이 집에서 나가라. 니는 이제부터 내 자식이 아니다."

나는 그날 저녁으로 집을 나갔다. 그리고는 욱성이라는 친구네 집에 가서 술을 진탕 마셨다. 휴가 나온 해방감과 아버지로 인해 화가 난 감정이 뒤섞여 술을 조절하지 못했다. 술을 마시면서도 아버지에 대한 넋두리는 일절 하지 않았다. 아버지에 대해 이야기해봤자 공감하기 힘들뿐더러 어차피 내 얼굴에 침 뱉는 격이라는 것을 알고 있었기 때문이다.

그렇게 술을 마시다 어느덧 새벽이 되었고 나는 집으로 향했다. 택시 탈 돈이 없어서 무작정 걸었다. 이전에도 돈이 없을 때면 종종 걷던 길인데, 그날따라 술을 너무 먹어서인지 도저히 걸어갈 수가 없었다.

나는 공중전화를 찾아 일권이라는 친구에게 전화를 했다. 새벽 2시가 넘었는데, 다행히도 일권이가 전화를 받았다.

"일권아! 욱성이랑 술 마시다가 집에 가는 길인데, 술에 너무 취해서 그런지 더 이상 걸어가지 못할 것 같아. 나 좀 데리러 올래?"

친구는 내가 있는 곳을 묻고는 조금만 기다리라고 말했다. 일권이를 기다리면서 지금의 마산 합포우체국 근처에 있는 자판기에서 포카리스웨트를 뽑았다. 음료를 한 모금 들이켜는데, 갑자기 입에서 분수가 뿜어져 나왔다. 옷을 버렸다. 몸을 가눌 수 없을 정도로 비틀거렸다. 머리도 어지러웠다. 나는 그냥 길바닥에 큰 대자로 뻗었다. 음료 캔이 손에서 빠져나가 길바닥에 널브러졌고 토사물이 바로 옆에 있었다.

얼마쯤 잤을까? 누군가가 깨우는 걸 느꼈다. 일권이였다. 일권이는 말없이 나를 부축해줬다. 택시를 타고 집으로 돌아오는 차 안에서도 나는 정신을 차릴 수가 없었다.

남은 휴가 기간 내내 아버지를 피해서 다녔다. 어떤 날은 친구 집에서 잠을 잤고, 또 어떤 날은 밤늦게까지 놀다가 아버지 몰래 집에 들어갔다.

아버지와 마주치면 무슨 날벼락이 떨어질지 몰랐기에 집에 들어가는 것 자체가 불편했다. 그렇다고 해서 친구들과 술 마시며 노는 것도 즐겁지만은 않았다. 마음이 불편한데다가, 용돈까지 떨어져서 친구들과 어울려 다니기도 힘들었다.

그렇게 황금 같던 14박 15일간의 휴가가 끝나버렸다. 전혀 예상치 못한 사건으로 시간만 어영부영 지나가버렸다. 거의 1년 만에 만난 아버지에게 욕만 얻어먹고 부대로 복귀하려니 마음이 아파 발걸음이 떨어지지 않았다. 군복을 챙겨입고 그대로 복귀하려는데, 엄마가 조용히 불렀다.

"아부지한테 죄송하다고 말씀드려라. 집에 있는 사람도 살아야 하지 않겠나? 이래서야 어디 시끄러워서 살겠나?"

아버지에 대한 화가 풀리지 않아 엄마의 말씀을 받아들이고 싶지 않았지만, 그렇다고 엄마의 부탁을 외면할 수도 없었다. 혹시라도 아버지에게 사과하지 않고 집을 떠난다면, 남아있는 가족들이 고통받을 것이다. 화가 풀리지 않은 아버지는 계속해서 가족들을 괴롭힐 테니까. 특히 엄마를.

'나만 희생하면 모든 것이 해결된다'라는 생각에 아버지께로 나아갔다. 아버지께 먼저 큰절을 올렸다. "아버지! 소란을 피워서 죄송합니다. 이제 부대에 복귀하려고 합니다"라고 말씀드리며 무릎을 꿇었다.

아버지는 내가 무릎을 꿇는 것을 보고는 그동안에 있었던 나의 잘못에 대해 조목조목 따졌다. 아버지의 일장 연설이 시작되었다. 아버지는 군에 복귀하는 아들을 앉혀놓고 거의 1시간 동안 잘못을 지적하며 잔소리를 퍼부었다. 나는 아버지의 잔소리를 잠자코 들어주었다. 가정의 평화를 위해서 내가 할 수 있는 것은 아버지의 마음을 풀어드리는 것밖에 없었다.

그렇게 아버지의 화가 걷히고, 나는 다시 큰절을 올리고 집에서 나왔다. 입대 후 11개월 만에 나온 아들의 첫 휴가, 그렇게 기다리고 기다리던 첫 휴가가 이토록 허무하게 끝났다.

상처회복 에너지

휴가에서 복귀해야 하는 날이라서 아침부터 서둘렀지만, 아버지의 말씀이 길어지는 바람에 출발이 지연되었다. 엄마가 아버지의 설교 중간에 "아, 복귀해야 되니까 그만 마무리 좀 하이소"라며 아버지를 말리지 않았더라면, 기차를 놓쳤을지도 모른다.

나는 아버지의 말씀이 끝나자마자 큰절을 올린 후, 서둘러서 택시를 잡아탔다. 기사님께 휴가에서 복귀하는 길이라고 말하며, 시간이 얼마 없으니 서둘러 달라고 부탁드렸다. 택시 운전기사의 곡예 운전 덕분에 다행히 기차 출발시간 전에 마산역에 도착했다.

나는 기차를 타면서 부대의 고참들처럼 '선데이 서울'을 샀다. 당시의 '선데이 서울'은 지금의 '맥심'과 비슷한 잡지인데, 선정적인 사진과 가십거리의 기사로 군인들에게 인기 있었다. 지금 같으면 '선데이 서울'과 같은 잡지는 부끄러워서 살 생각도 못했을 것 같은데, 당시에는 군인이라는 이유 하나만으로도 거리낌이 없었다.

서울로 향하는 긴 여정 동안에 '선데이 서울'을 보기도 하고 잠을 청하기도 했다. 휴가 기간 내내 밤새 술 마시고, 친구들과 돌아다녀서 몸이 무척 피곤했는데, 잠은 오지 않았다. 창밖으로 보이는 경치도 무료하기만 할 뿐 아무런 감흥을 주지 못했다. 그날따라 아무 일도 하지 않고 시간을 보내는 것이 따분하기만 했다.

잠을 청하려고 다시 눈을 감아봤지만, 마찬가지였다. 그 대신에 아버지에게 야단맞는 장면만 머릿속에서 맴돌았다. 아버지의 화난 얼굴과 모욕적인 말이 머릿속에서 계속 울려 퍼졌다.

"야! 이놈의 새끼야! 아부지 차를 니 맘대로 끌고 다니나?"

"잘못인 걸 알면서도 일을 저질러? 그따위로 할 거면 당장 부대로 복귀해라."

"이게! 어디서 꼬박꼬박 말대꾸하노? 이제 대가리 컸다고 아버지한테 말대꾸까지 하나?"

"군대 가면 좀 달라질 줄 알았더니, 어떻게 변한 것이 하나도 없노?"

"꼴도 보기 싫으니 당장 이 집에서 나가라. 니는 이제부터 내 자식 아니다."

한 귀로 듣고 한 귀로 흘린다고 했지만, 오늘따라 아버지가 했던 말이 마음속에 걸린다. 보통은 시간이 지나면 기분 나쁜 감정도 사라지던데, 그날따라 아버지의 분노가 오랫동안 마음속에 남아 있었다. 그러면서 아버지에게 하지 못했던 억울한 말이 하나씩 올라왔다.

내가 그렇게도 죽을죄를 지었나? 휴가 때, 차 한 번 몰고 나간 것이 그렇게도 잘못한 일인가? 그 정도의 일로 내가 아들이 아니라고? 그게 휴가 나온 아들한테 할 말이야? 휴가 나온 아들한테 당신 기분 나쁘다고 용돈도 안 주고. 휴가 복귀하는 날까지 아들한테 화풀이나 하고? 차가 있으면 뭐 해. 아들이 복귀하는데, 역까지 태워주지도 않으면서? 아들은 기차 시간 놓칠까 봐 발을 동동 구르는데, 당신은 화풀이하느라 시간 가는 줄도 모르잖아! 아들이 중요해? 아니면 차가 중요해? 내가 쓰레기통이야? 더러운 감정은 다 나한테 풀게.

이럴 때마다 나는 상처받고 방황한다. 혼자 힘으로는 도저히 풀 수 없는 수학 문제를 풀고 있는 것처럼, 출구가 봉쇄된 미로에 갇힌 것처럼, 나는 끝없이 헤매고 있다.

생각해보면, 어린 시절부터 비슷한 일로 많은 에너지를 소비했다. 아버지는 어떤 일이 생기면 그냥 넘어가는 법이 없다. 자식에게 쌍욕을 퍼붓고, 가혹하게 처벌해야지만 직성이 풀린다. 그런 아버지의 학대로 좌절하고 쓰러진다. 안간힘을 써서 겨우 제자리를 찾아갈 무렵에 새로운 사건이 발생하고, 또 다른 아버지의 폭력과 폭언이 동반된다. 나는 다시 쓰러진다. 그렇게 시간은 흘러가고 또 일상으로 돌아가기 위해 아등바등한다.

이렇게 엄청난 에너지를 소모한 뒤에야 원래 내가 있던 자리로 되돌아온다. 운동선수들이 말하는 일종의 루틴처럼 이런 패턴이 일상에서 반복된다. 사건 발생, 비난과 폭력, 거리두기, 사과와 잔소리, 회복. 우리 부자에게 있어서 일련의 공식처럼 굳어져버린 부정적인 사이클이다.

상처를 딛고 회복하기까지는 많은 에너지가 필요하다. 나의 성장과 발전을 위해 사용되어야 할 에너지가 실제로는 아버지가 안겨준 상처에서 벗어나기 위해 소모되었다. 청소년기의 1년은 그야말로 수많은 변화와 도전이 연속되는 시기인데, 나는 나의 발전과 성장을 위하여 에너지를 사용한 것이 아니라, 아버지가 준 상처에서 벗어나기 위해 사용하지 않아도 될 에너지를 너무 많이 낭비했다.

그 소중한 시기에, 아버지는 당신의 허기진 욕구를 채우려고 아들을 몰아세웠고, 나는 당신의 욕구 해소를 위한 제물로 바쳐졌다.

상처의 그림자

기차를 타고 부대에 복귀하는 동안에도 마음속은 여전히 불편했다. 휴가를 통해 몸과 마음을 재충전하는 것이 아니라, 스트레스만 잔뜩 받았기 때문일 것이다. 나 때문에 온 집안이 쑥대밭이 된 것 같아 남겨진 가족들에게도 미안했다. 그러면서도 아들의 잘못을 포용하지 못하고 내치기만 하는 아버지가 원망스러웠다.

한 번만이라도 나의 잘못을 감싸주고 달래주었더라면….

당시에는 이런 상황을 어떻게 대처해야 할지 몰라서 힘겨운 시간을 보냈다. 상처를 마주하며, 힘든 나를 달래고 감싸주는 것이 아니라, 잘못한 나를 질책하고 나무라기만 했다. 가족 중에서도 나의 감정을 공감해주거나 힘든 마음을 달래주는 이가 없었기에 불편한 감정을 어떻게 처리해야 하는지 알지 못했다.

평소처럼 그러려니 하고 넘어가려는데, 불편한 이 감정을 떨쳐내기가 쉽지 않았다. 아버지의 호된 꾸지람이 계속해서 떠올랐고, 그때 느꼈던 기분 나쁜 감정이 되살아났다. 마음속으로는 툴툴 털어버리고 싶은데, 정작 나는 아버지가 쏟아내었던 분노를 곱씹으며 아버지를 대신해서 나 자신을 비난하고 있었다.

조금만 더 빨리 집에 도착했더라면 이렇게까지 혼나지 않았잖아. 너 때문에 집안이 엉망진창이 되어버렸어. 왜 차를 몰고 나가서 온 집안을 이 난리통으로 만들었니? 그럼, 네가 그렇지! 네가 언제 일을 제대로 처리한 적이 있었니? 아이고 이 멍청아!

기차를 타고 부대로 복귀하는 동안에도 이런 메시지는 사라지지 않고 계속해서 나를 괴롭혔다. 그러면서 아버지의 비난과 질책을 반복해서 재생산해냈다. 아버지는 눈앞에 존재하지 않는데, 나는 아버지를 대신해서 나의 잘못에 대해 나무라고 있었다.

물리적으로는 나 혼자서 서울을 향해 출발했지만, 무의식적으로는 아버지와 동행하며 서울까지 이동한 것과 다름없었다. 아버지의 영향력만으로도 나는 아버지의 생각을 떨칠 수가 없었고, 서울로 이동하는 동안에도 아버지를 대신해서 쉴 새 없이 나 자신을 비난하고 몰아붙였다. 그랬기에 지극히 피곤한 상태에서도 잠을 이루지 못했고, 제대로 된 휴식도 취하지 못했다.

나는 오직 나에게만 친절할 수 있다

사람들은 질병에 걸리거나 몸이 아플 때 의사를 찾는다. 의사와 상담하고, 주의사항을 들으며, 약을 처방받는다. 병원에 가지 않더라도 몸에 무리가 가지 않도록 최대한 휴식을 취한다. 축구를 하다가 넘어져서 무릎이 까져 상처가 났을 때도 마찬가지다. 다친 곳을 깨끗이 소독하고 연고를 바른다. 심한 경우 의사를 찾아 가서 X-ray를 촬영하고 다친 곳을 치료한다. 이처럼 아픈 몸을 돌보고 치료하는 행위는 자신을 존중하고, 있는 그대로를 인정하는 공감적인 행위이다.

겉으로 드러난 신체의 상처를 치료하는 것처럼 마음의 상처를 치유하는 것도 비슷한 방법을 사용해야 한다. 일단 마음의 상처를 인지했다면 적어도 아픈 마음을 알아주고, 그 상처를 어루만져줘야 한다. 혼자 해결하기 힘들다면 신뢰할 수 있는 사람에게 고민을 털어놓는 것도 좋은 방법이다. 정도에 따라서는 자신이 처한 상황을 의사에게 이야기하고, 약을 처방받거나 휴식을 취해야 한다.

상처의 시발점을 따라가서 무엇이 당신 마음을 어지럽히는지를 살펴보는 것도 좋은 방법이다. 운이 좋으면 상처의 뿌리를 찾을 수도 있을 것이다. 뿌리를 찾지 못해도 좋다. 당신이 상처에서 빠져나오려고 노력한다는 사실이 중요하다. 당신이 고민하는 것을 무의식도 인식하고 당신을 도울 것이다. 상처를 발견하려는 시도만으로도 치유는 이미 시작되었다.

상처를 돌보지 않고 계속해서 방치하다 보면, 이후에 공황장애나 우울증과 같은 더 큰 어려움을 겪을 수도 있다. 본인이 지각하지 못할지라도 마음속의 깊은 상처는 어떠한 상황에서도 되살아날 수 있기 때문이다.

지금까지는 상처받은 내면아이를 어떻게 달래줘야 하는지, 또 어떻게 안아줘야 하는지를 몰랐다. 어쩌면 상처가 깊어서, 또는 그 아픔을 정면으로 마주할 용기가 없었기에, 가슴 한구석으로 아픈 상처를 밀어

넣고는 지금까지 피해왔을지도 모른다.

하지만 이제는 달라지려고 한다. 반복되는 상처의 패턴을 끊어내고 새로운 길을 가고자 한다. 나를 둘러싸고 있는 상처라는 껍질을 깨뜨리고, 나 자신을 치유하고자 한다. 더 이상 자란 환경을 탓하며 상처 안에서 비겁하게 머물러 있는 것이 아니라 상처의 문턱을 조심스레 넘어가려고 한다.

나는 오직 나에게만 가장 친절할 수 있고, 나 자신만이 이 어려움에서 온전하게 나를 구할 수 있다. 나 자신을 스스로 용서하지 못하고, 힘든 마음을 따스하게 안아주지 못하면, 진정으로 나를 구원해줄 수 있는 사람은 이 세상에 아무도 없다.

그러고 보니, 나에게 가장 따뜻하고 친절하게 대할 수 있는 사람은 오직 나 자신밖에 없는데, 나는 지금까지도 받지 못한 아버지의 사랑을 갈구하며, 바꿀 수 없는 과거에 얽매여 그 상처에서 벗어나지 못하고 있었다.

내가 힘들게 사는 이유가 아버지 때문이라고 합리화하며 아버지를 원망하고 있었다. 물론 어린 시절 지속적인 학대를 했던 것은 명백히 아버지의 잘못이고, 또 아버지께서 책임질 부분도 있다. 하지만 아버지는 당신의 잘못을 인정하지 않을 뿐만 아니라 책임질 생각도 없다. 그렇기에 '아버지를 원망하며, 이 일에 대한 책임은 아버지가 져야 한다'라고 말하는 것은 논리적으로는 합당하지만, 현실적으로는 적절하지 않다.

그렇기에 이제는 내 상처에 대해 다른 사람을 탓할 것이 아니라, 나 스스로 상처를 대면하고 감싸 안아야 한다. 나약하고, 책임감 없고, 꾸준하지 못하며, 문제를 회피하려는 나를 용서해야 한다. 그렇게 나의 상처를 객관적으로 바라보고 상처받은 내면아이를 치유할 때, 비로소 나는 성장하고, 이 상처의 늪에서 빠져나올 수 있을 것이다.

서울로 향하는 기차에서 아버지의 모진 말을 반복해서 되뇌며 아픈 상처를 후벼 팔 것이 아니라, 상처받은 나의 내면아이를 부드럽게 달래주고, 따뜻하게 안아줘야 했다. 사랑으로 끌어안고, 나를 살리는 따뜻한 위로의 말을 전해야 했다. 그렇게 나 자신에게 친절하고 따뜻하게 대할 때, 마음속에 쌓여 있는 상처도 하나씩 녹아내릴 것이다.

나를 응원한다

나는 어린 시절에 아버지의 부정적이고 비판적인 이야기를 너무 많이 듣고 자랐기 때문에 나에 대한 긍정적인 자존감을 형성하지 못했다. 일을 잘못 처리하거나 실수라도 하게 되면 아버지가 말한 대로 나 자신을 비판하고 자책한다.

야 이 얼간아! 그것도 못하나. 머리는 장식으로 달고 다니나?

아버지의 부정적인 메시지를 대하는 나의 태도가 달라지지 않는다면, 그것은 곧 저주가 되어 나의 발목을 잡을 것이다. 그렇기에 이제는 나를 옭아매는 과거의 부정적이고 비판적인 아버지의 메시지를 떠나보내려고 한다. 이제부터는 나의 작은 장점부터 찾아내어 나 자신을 칭찬하고 격려하고 응원할 것이다. 부정적인 내면의 목소리는 걸러내고, 사랑이 담긴 따뜻하고 부드러운 목소리를 나에게 들려줄 것이다.

다시, 휴가 기간에 아버지의 차를 허락도 없이 몰고 나가 욕을 먹고 방황하던 나의 내면아이를 만나러 가자. 이미 지나간 과거의 사건이고 아픈 상처로 남아 있지만, 현재의 나는 여전히 그 당시의 상처받은 내면아이를 만날 수 있다. 기차를 타고 휴가에서 복귀할 때 느꼈던, 속상하고 원망스러운 감정은 내가 외면하고 회피하지 않는다면 언제든지 대면할 수 있다. 필요한 건 이 어지러운 감정을 대면할 용기를 내는 것이다. 상처받은 순간의 감정을 해결하지 않고 계속해서 방치한다면, 다시 말해 마음속에서 들려오는 울림에 귀 기울이지 않는다면, 상처는 또 다른 모습으로 찾아올 것이다.

상처받은 내면아이가 불쑥 찾아올 때는 이렇게 대응하라. 먼저 이 내면아이는 우리를 괴롭히려고 찾아온 것이 아니라 회복시켜주기 위해 찾아온 것이라는 것을 인식해야 한다. 그렇기에 고통스러운 상처를 동반한 내면아이가 찾아오면 무시하고 외면할 것이 아니라 그 아이의 힘들고 괴로운 감정을 들여다보아야 한다. 힘든 감정에 머무르며 아이의 감정을 깊이 느껴보고 공감해줘야 한다. 상처를 받았던 것은 이미 과거에 발생한 일이기에 어쩔 수 없다 하더라도, 이를 대하는 우리의 태도는 이전과 달라질 수 있다. 상처 안에 갇혀 있지 말고 이제는 상처를 정면으로 바라보고 대응해야 한다. 상처 받은 내면아이를 만나서 그의 아픔을 따뜻하게 안아주고 위로해줘야 한다. 놀라서 어쩔 줄 모르는 아이와 함께 하고, 그를 사랑으로 감싸줄 때, 상처받은 내면아이는 치유의 길에 들어설 수 있다. 나는 상처받고 방황하며 휴가에서 복귀하는 나의 내면아이에게 이런 말을 들려줬다.

아버지에게 심하게 혼나서 마음이 많이 아팠지! 아버지 차로 친구들과 드라이브하고 싶었던 네 마음을 이해해. 그럴 수 있는 일이야. 아버지 허락 없이 차를 타고 나간 것은 잘못이지만, 휴가 기간 내내 따스한 눈길 한 번 받지 못할 만큼의 큰 잘못은 아니야. 살다 보면 실수할 수도 있어.

이제는 너 자신을 용서해. 아버지가 말하는 것처럼 너는 그렇게 나쁜 아이가 아니야. 너도 잘 알고 있잖아! 아버지의 말 한마디가 너의 삶과 인격을 결정하는 것이 아니라는 사실을. 너는 지금까지 사회 규범도 잘 지켰고, 다른 사람들에게 피해도 주지 않고 열심히 살아왔잖아. 이제, 너 자신을 용서하고 아픈 감정을 흘려보내자.

난 너를 믿어. 너는 정말 괜찮은 아이야! 이렇게 억울한 상황에서도 가족을 위해 희생하고 묵묵히 너의 길을 가고 있잖아. 너는 참 멋진 아이야! 나는 널 응원해! 늘 너와 함께하길 약속할게. 기운 내!

회피가 아닌 회복

지금까지 상처를 회복하는 방법의 예시로 내가 첫 휴가 때 겪었던 사건을 함께 나누었다. 이 사건을 특별히 길게 설명한 이유는 상처를 치유하는 방법이 이와 비슷한 과정으로 진행되기 때문이다. 사람들은 누구나 비슷하다. 힘든 일이 닥치면, 그 일을 떠올리기 싫어서, 또는 감당하기가 힘들어서, 현실에서 도망치려고 한다. 상처를 마음속 깊은 곳으로 밀어넣고는 아무 일도 없는 것처럼 행동한다. 그렇게 기억 속에서 지우고, 사라졌다고 생각하지만, 무의식은 그렇지 않다.

우리의 무의식은 해결되지 않은 과거의 상황을 내가 살고 있는 지금, 이 순간으로 가져와서 자신도 모르게 끔찍했던 과거의 경험을 재현한다. 어린 시절에 겪었던 아픈 경험을 지금 당신이 있는 곳으로 가지고 와서 고통스러운 과거의 경험을 재생하며, 그 당시에 마주했던 혼란스러운 감정을 반복한다.

그렇기에 우리는 상처를 들여다보고, 상처에서 벗어나기 위해 끊임없이 노력해야 한다. 사건이 일어났을 때의 상황을 회상해보고, 그 시절로 돌아가서 상처받은 내면아이를 안아주고, 달래주어야 한다. 그때는 어려서 또는 힘에 겨워 어쩔 수 없이 당했더라면, 성인이 된 지금은 그렇지 않다. 상처받은 내면아이의 감정을 충분히 공감해주고, 놀라서 당황하는 아이를 위로해주고, 사랑으로 안아줄 수 있다.

나 또한 그런 과정을 거쳐서 조금씩 나아지는 것 같다. 그리고 이 작업을 거친 후에 나는 '잃어버린 눈물'을 되찾았다. 억압받고 표현하지 못해서, 억눌리고 기가 죽어서 사라졌던 나의 울음이 거짓말처럼 되돌아왔다. 눈물은 막혀 있던 나의 감정의 물줄기를 열었고, 슬픔이라는 감정을 회복시켜주었다. 그렇게 나는 무기력하게 보냈던 어린 시절의 나를 위해 진정으로 울어주었다.

어린아이가 걷다가 넘어질 때, 부모들이 어떻게 하는지 생각해보자.

부모는 '아이에게 왜 넘어졌냐?'라며 야단치지 않는다. 그냥 달려가서 안아주고, 괜찮냐고 위로해준다. 아이는 놀라서 또는 아파서 울지만, 금방 또 회복한다. 넘어졌다고 해서, 다시 말해 상처가 생겼다고 해서 걷는 것을 포기하지 않는다.

우리에게도 이런 태도가 필요하다. 아픈 상처를 파헤치고, 자기 자신을 비난하고 질책하는 대신에 스스로를 용서하고 포용해야 한다. 힘든 마음을 안아주고 공감해야 한다. 나 자신을 안아주고 친절하게 대할 때, 우리는 상처에서 벗어나 새로운 성장의 국면으로 나아갈 것이다.

존재 그대로 사랑하기

아이를 키우면서 '혹시 내 아이가 천재가 아닐까'라는 생각을 가져보지 않은 부모는 없을 것입니다. 아이가 어떤 영역에 조금이라도 관심을 보이면 부모는 자신의 아이가 대단한 재능을 가진 걸로 착각합니다. 'TV에서 들었던 노래를 따라 부르면 혹시 아이가 BTS와 같은 세계적인 가수가 되지 않을까? 열심히 그림을 그리고 있으면 피카소처럼 위대한 미술가가 될 거야. 축구에 빠져 있으면 틀림없이 손흥민과 같은 월드스타가 될 거야'라고 생각하는 것입니다.

저 또한 비슷한 경험을 한 적이 있습니다. 4~5살밖에 안 된 아들이 유튜브에서 DNA와 관련된 동영상을 보게 되었습니다. 영상은 초현실이고 독특해서 아이의 관심을 끌 만했습니다. 하지만 영어로 만들어진 데에다 인체를 다루는 내용이었기에 관련 분야에 대한 식견 없이는 이해하기가 어려웠습니다. 다행히 분자생물학을 전공한 아내의 도움으로 아이는 눈높이에 맞춰 영상을 시청할 수 있었습니다. 처음에는 재미로 보았는데, DNA에서 RNA로 넘어가더니, 혈관과 혈액에 관한 영상을 보는 것이 아니겠습니까? 나중에는 소화와 인체까지 그 관심의 영역이 확장되었습니다.

몇 달 동안 생명과학에 빠진 아들을 보고, 제 마음은 흐뭇했습니다. '우리 아들이 과학영재가 아닐까? 나중에 생명과학연구원이나 의사로 키워줘야겠다'라는 생각도 했습니다. 호기심 있는 아이가 생명과학까지 좋아하니 의사가 될 자질이 충분하다고 생각했습니다. 그런 아이의 미래를 상상하는 것만으로도 흥분되었습니다.

하지만 그것은 저만의 착각이었습니다. 시간이 지나면서 아이는 점점 과학 분야에서 시선을 거뒀습니다. 아이의 뇌는 유연하고 좋아하는 것도 변하기 때문에 당연하다고 생각했습니다.

문제는 시간이 지나도 아이가 학업에 관심을 두지 않는다는 것이었습니다. 고등학생이 되어도 스마트폰과 게임에 빠져 있으니 제 마음은 점점 불안하고 초조해지기 시작했습니다. 아이에게 공부하지 않는다고 은근히 압력을 가했고 아이의 학업성취에 만족하지 못해 화를 내기도 했습니다. '한창 DNA를 좋아할 때, 공부하도록 밀어붙여서 의학 쪽으로 진로를 잡도록 할걸' 하는 후회도 했습니다. 하지만 아이의 성적에 집착할수록 아이와 관계만 나빠졌습니다. 아이도 저를 슬슬 피하는 것 같았습니다. 서로 할 말이 사라지고, 긴장감만 흘렀습니다.

　　그러면서 저는 아들과의 관계를 되돌아보는 시간을 가졌습니다. 가만 보니 지금 제가 아들과 만들어가는 관계는 어렸을 때 아버지께서 저에게 요구하던 관계와 비슷하다는 것을 알았습니다. 아버지께서 현실을 파악하시지 못하고 저에게 의사가 되라고 기대감을 품으셨던 것처럼, 저 또한 아들에게 제가 기대하는 모습을 강요하고 있었다는 것을 깨달았습니다. 제가 그토록 싫어하고 힘들어하던 부자 관계를 이제는 아버지를 대신해서 아들과 반복하고 있었던 것이었습니다.

　　그런 제 모습을 발견하고는 깜짝 놀랐습니다. 아버지께서 제게 전해준 상처를 아들에게 전가하는 제 모습에 한없이 부끄러웠습니다. 아마도 저는 아버지의 기대를 충족시켜드리지 못해 생긴 죄책감을 제 아들의 성공을 통해 해소하려고 했던 것 같습니다.

　　저는 아들이 좋습니다. 다른 이유가 아니라 그냥 제 아들이라서 좋습니다. 아들이 다른 누구의 아들도 아니고 제 아들로 태어나줘서 얼마나 고마운지 모릅니다. 처음 아들을 보며 느꼈던 순수한 그 마음이 여전히 제 안에 있습니다. 다행히 저는 제 안에 있는 쓸데없는 욕심을 알아차렸고 순수했던 처음 그 모습으로 되돌아가려고 합니다.

'아들! 네가 있어서 좋다'

❖ **당신 마음속에는 무엇이 들어 있나요?**

- 부모님께서 조건을 붙인 사랑을 준 적이 있나요?
- 부모님의 사랑을 받기 위해 어떤 노력을 했나요?
- 자녀를 조건을 붙여 사랑한 적이 있나요?
- 당신에 대한 다른 사람들의 평가를 어떻게 받아들이고, 그것에 어떻게 의지하고, 그것을 토대로 어떻게 행동하는지 살펴보는 시간을 가져보세요.

진정으로 용서하면 우리는 포로에게 자유를 주게 된다.
그리고 나면 우리가 풀어준 포로가 바로
우리 자신이었음을 깨닫게 된다.

– 루이스 스메데스

CHAPTER 08

자유

자유

마음도 자동이체가 될까?

새벽부터 전화기의 진동음이 울렸다. 이른 시간에 전화 올 곳이 없는데, 문득 불안감이 몰려왔다.

새벽부터 누굴까? 무슨 이유로 전화를 걸었을까?

발신자를 확인해보니 아버지였다. 시간은 5시 20분. '이른 새벽에 무슨 일일까? 혹시 어디 편찮으신가?'

"예, 아버지!"

"아들아! 내 말 잘 들어라. 아부지는 지금까지 니한테 최선을 다했다. 대학 공부시켜줬고, 결혼도 시켜주었다. 결혼할 때는 조그만 집도 한 칸 마련해줬다. 니도 알겠지만, 니가 편입까지 하는 바람에 아부지가 많이 힘들었다. 다행히 지금은 니가 자리를 잡고 잘살고 있구나! 그러니 이제 아부지한테 돈을 부쳐라. 물론 아버지는 연금을 타고 있기에 먹고사는 데는 문제가 없다. 하지만 아부지가 니 뒷바라지 하느라 고생했으니, 니도 이제 장남의 역할을 하거라. 오늘부터 매달 20만 원씩 부쳐라! 계좌번호 불러줄 테니 자동이체하거라. 자! 그럼 받아 적어라! 준비됐나?"

계좌번호를 적으면서 '도대체 이게 무슨 상황이지?'라는 의문이 들었다. '이럴 때는 어떻게 해야 하지?'라고 나 자신에게 물어보았지만 아무런 생각도 나지 않았다. 손이 떨리고 심장이 두근거렸지만 내가 아버지에게 했던 말은 "다 적었습니다"라는 한마디뿐이었다. 아버지는 계좌번호를 확인하고는 곧바로 전화를 끊었다.

아버지는 늘 이런 식이다. 새벽부터 빚쟁이로부터 독촉 전화를 받은 기분이었다. 나는 잠시 정신이 나간 사람처럼 소파에 멍하게 앉아 있었다.

얼마 전이 어버이날이었다. 아버지에게 용돈을 드리고, 평소 드시고 싶어 하던 장어구이도 사드렸다. 장어구이에 용돈까지 드리니 아버지는 참 좋아했다. 오랜만에 아버지의 웃음을 보았다. 상당한 금액의 지출이 있었지만, 아버지 마음에 흡족하다면 그것으로 충분했다. 그렇게 어버이날이 지난 지가 1달도 채 안 되었는데, 아버지는 또다시 돈을 요구하신다. 이번에는 아예 20만 원이라는 금액까지 못 박았다.

모르긴 해도 아버지는 '어떻게 돈을 달라고 할까?'를 고민하느라 잠도 잘 못 주무셨을 것이다. '어떻게 하면 돈을 받아 낼 수 있을까?' 생각하다가, 더 이상 기다리지 못하고 전화한 시간이 5시 20분. 새벽부터 전화를 걸어서 일방적으로 당신의 요구사항만 말하고는 전화를 끊어버리는 아버지. 아들의 사정은 아랑곳하지 않고, 당신이 믿고 싶은 대로 믿고, 하고 싶은 대로 행동하는 아버지, 돈만 밝히는 속물인 우리 아버지.

지난달에 눈 윗부분에 혈관이 터져서 눈에 주사를 맞느라 매달 100만 원씩 병원비가 들어갈 정도로 건강이 좋지 않은데, 아버지는 어떻게 저렇게 당당하게 돈을 요구하시는지 모르겠다. 의사 선생님이 눈이 완전히 회복되지 않을 수도 있으니, 스트레스 받지 않도록 특별히 조심하라고 했는데, 아버지는 일부러 나를 괴롭히려고 작정하신 것 같다.

지독한 마법에서 벗어나다

지금까지 가슴 깊이 새겨진 상처와 힘들게 대면했던 이유는 그 누구에게도 일방적으로 끌려다니지 않고 나의 삶을 살기 위해서였다. 부당한 것에 대해서, 그리고 내가 받아들일 수 없는 것에 대해서 당당하게 내 생각을 밝히기 위해서였다. 이전처럼 아버지의 요구에 쉽게 순응한다면, 다음 순간에는 더 큰 것을 요구할 것이다.

돈을 드리더라도 내 상황에 맞춰서, 내 마음에 흡족하게 드려야 한다. 뭔가가 마음에 걸리고, 개운하지 않은 상태에서, 빼앗기듯 돈을 드리는 것은 옳은 일이 아니다. 게다가 아버지는 이렇게 돈을 받는다고 해서 고마워할 사람도 아니다. 오히려 '진작 돈을 달라고 할 걸…'하면서 늦게 요구한 것을 후회할지도 모른다.

아버지는 변하지 않는다. 아버지에게서 변화에 대한 일말의 기대를 품는다는 것은 어리석은 짓이라는 것을 이제는 안다. 변화의 열쇠는 내가 쥐고 있다. 내가 변하면 나의 변화된 에너지의 파장으로 아버지도 변할 수밖에 없다. 힘들더라도 이번에는 우리 부자의 관계를 개선해보고자 한다. 그러기 위해서는 나의 상황을 아버지께 설명해야 할 것 같다는 생각이 들었다. 길게 심호흡을 한 다음, 아버지에게 전화를 드렸다.

"아버지, 그동안 서운하셨나 봅니다. 아버지 마음을 제가 헤아리지 못해서 대단히 죄송합니다. 좀 전에는 잠이 깨지 않아 제가 제대로 말씀드리지 못했는데, 아무래도 제 사정을 설명해드리는 것이 아버지께서도 저를 좀 더 이해하기가 쉬울 것 같습니다."

"이해할 게 뭐가 있는데?" 아버지는 짜증을 내셨다.

무심한 어조로 나는 준비한 얘기를 이어갔다.

"아버지께서도 아시다시피, 얼마 전에 오른쪽 눈의 혈관이 파열되어 눈이 잘 보이지 않습니다. 눈에 맺히는 상이 찌그러져서 수업 중에 책이 잘 보이지 않을 정도로 상태가 심각합니다. 눈이 너무 피로하고 일상에 집중하기가 어려워서 몇 달 전부터, 부산의 서면까지 가서 통근치료를 받고 있습니다. 의사 선생님은 '눈 윗부분에서 혈관이 터졌는데, 그 피가 망막에 맺혀서 상이 뚜렷하게 보이지 않는 것'이라고 말씀했습니다. 그래서 루센티스라는 약물을 이용해서 망막에 맺힌 피를 제거하고 있습니다. 눈에다 주삿바늘을 찔러서 약물을 투여하기에 위험하기도 합니다. 게다가 보험도 적용되지 않아 매달 주사비만 100만 원이 듭니다. 병원비하고 약값까지 들어가니 요즘 저희가 경제적으로 어렵습니다."

"그래서."

"그리고 민준이가 이제 곧 중학생이 됩니다. 중학생이 되면서 학원을 몇 군데 다니기 시작했는데, 학원비가 제법 들어갑니다. 지민이도 초등학교 고학년이 되면서 수학학원과 미술학원에 다니는데, 비용을 다 충당하지 못해 제가 대출도 좀 받았습니다. 지금은 여러 가지 사정으로 돈이 많이 들어갑니다. 그래서 하는 말인데, 죄송합니다만 10만 원만 부쳐드리겠습니다."

침묵이 흘렀다.

"알았다."

아버지는 기분이 상했는지 곧바로 전화를 끊어버렸다. 새벽부터 용돈을 타내려고 했는데, 내가 순순히 응하지 않아서 화가 났을 것이다. 당신 말에 토를 다는 것을 싫어하시기에 나의 긴 설명이 괘씸하기도 했을 것이다.

하지만 그것은 아버지의 사정이다. 이 일은 아버지께서 벌인 것이고, 아버지께서 감당해야 할 부분이다. 지금까지는 아버지 말씀이라면 죽는시늉까지 했지만 이제 더는 아버지에게 끌려다녀서는 안 된다. 이제는 아버지로부터 독립해서 나의 삶을 살아가야 할 때이다. 그러기 위해 지금까지 치열하게 나의 상처를 대면하고 치유해왔지 않은가.

잠시 후에 다시 아버지로부터 전화가 왔다.

"돈 부치지 마라!"

"아버지! 아닙니다. 부쳐 드리겠습니다. 아버지! 그리고 제가 형편이 좋아지면 20만 원 부치겠습니다. 이번 달부터 자동이체 하겠습니다."

"부치지 마라! 다른 집은 칠순 때 자식들이 손님들을 초대해서 잔치도 치러주는데, 니는 도대체 하는 일이 뭐고? 니는 아버지 칠순 때도 안 온 불효막심한 놈 아니가? 며느리도 그렇고 너는 자식으로 해야 할 도리를 다하지 못했다."

"아버지! 칠순 때 제가 찾아가지 않은 것은 아버지께서 '넌 내 자식이 아니니, 다시는 내 앞에 나타나지 마라'라고 말씀하셨기 때문입니다."

"그건 화가 나서 하는 말이었고. 너는 아직 그런 것도 구분 못하나?"

"아버지! 화가 나도 할 수 있는 말이 있고, 그렇지 않은 말이 있습니다. 화가 난다고 말을 함부로 막 하는 것은…."

"뭐라고? 내가 잘못했다는 말이가?"

"아버지께서 잘못했다는 말씀이 아닙니다. 사실이 그렇다는 것입니다."

"어디 두고 보자. 이놈!" (뚝)

"아버지! 아버지!"

전화는 이미 끊겨 있었다. 아들의 이야기는 무시하고 당신의 생각만 일방적으로 전달하는 아버지가 야속하기만 하다. 아버지로 인해 억울하기도 하고 화도 나지만, 늘 있던 일이라 그리 새롭지 않다.

하지만 오늘의 대화는 나름대로 의미가 있었다. 아버지 앞에서는 찍소리도 못하는 내가, 지금 처해 있는 상황을 차분하게 설명했기 때문이다. 늘 하고 싶은 얘기를 마음속에 담아두기만 하던 내가 아버지에게 끝까지 당당하게 나의 상황을 설명했다는 것은 이전과는 다른 큰 변화이다. 게다가, 당신 생각을 통보만 하시던 아버지가 내 이야기를 끝까지 들었다는 것도 색다른 경험이다.

어린 시절부터 아버지는 내 생각을 말하면 화가 나서 견디지 못한다. 내 이야기는 듣지도 않으면서 소리부터 지르고, 격노하는 바람에 의사소통을 할 수가 없었다. 그 어떤 것도 통하지 않는 고집불통의 아버지. 지금까지 아버지 앞에만 서면 몸이 얼음처럼 마비되어 아무 말도 하지 못했는데, 오늘의 나는 완전히 달랐다. 이제야 이 지독한 마법에서 벗어나는 것 같다.

앞으로 더 이상 감정의 쓰레기통 역할은 떠맡지 않을 것이다. 내가 나를 소중히 여기고 존중한다면 다른 이들도 나를 존중할 것이다.

이제는 아버지도 나를 마음대로 조종할 수 없을 것이다. 그리고 당신이 원하는 삶을 내가 살아갈 수 없다는 사실을 아버지도 받아들여야 할 것이다. 점점 더 아버지로부터 자유로워지는 나를 느낀다. 나는 이렇게 또 성장한다.

아버지를 끌어안다

아버지가 나에게 준 상처에 집중하다 보니, 우리 부자 사이에는 안 좋은 일만 가득한 것 같다. 물론 좋지 않았던 기억이 훨씬 더 많은 것은 사실이지만, 당연히 좋았던 추억도 있다는 것을 밝히며, 그에 대한 이야기를 해볼까 한다.

언젠가 아내와 함께 아버지를 찾아갔다. 그날도 아버지는 이것저것 트집을 잡으며 우리 부부를 혼냈다. 특별한 이유도 없는 것 같은데, 소리를 지르고 화를 내시는 아버지를 이해할 수가 없었다. 화가 많고 매서운 아버지의 아들과 결혼하는 바람에 아내까지 무릎을 꿇고, 아버지의 호통을 감내해야 한다는 것에 아내에게도 미안했다. 시아버지 앞이라 아무런 말도 못했겠지만 아내의 눈에 맺힌 눈물이 모든 상황을 말해주고 있었다.

늘 당하던 일인데도 그날따라 너무 속상했다. 아버지와의 관계가 왜 이렇게 힘든지 왜 우리 부자는 이렇게 지내야 하는지 이해할 수가 없었다. 가슴이 무너졌다. 마음속에서는 분노가 치밀어 올랐지만, 그러면서도 또 한편으로는 슬펐다.

이쯤에서 우리 관계를 포기해야 하나?

집으로 돌아가려고 아버지에게 인사를 드리고 큰방 문을 열었다. 발걸음이 떨어지지 않았다. 무슨 이유 때문인지 몰라도 이렇게 헤어지면 다시는 보지 못할 것 같다는 생각이 들었다.

나는 방향을 바꾸어서 아버지에게 다가갔다. 아버지는 당황한 듯 어정쩡한 자세로 나를 바라보았다. 왜 그랬는지는 모르지만 나는 무작정 아버지를 안아드렸다. 아버지도 나도 그냥 그렇게 잠시 서 있었다. 나를 그토록 비난하고 욕하는 아버지도 그 순간만큼은 아무 말씀도 하지 않으셨다. 아버지의 뼈대는 생각보다 앙상하고 야위었다. 하기야 칠순이 넘은 아버지가 젊은 시절처럼 단단하다면 그게 더 이상할 것이다.

나는 아버지에게 "그동안 키워주셔서 감사드립니다. 그리고 사랑합니다"라고 말씀드렸다. 가끔씩 이런 장면을 상상해보곤 했는데, 어쩌다 보니 꿈에서나 일어날 것 같은 일이 현실에서 생겨버렸다. 나는 도망치듯 아버지에게 인사를 드리고 나왔다. 얼떨결에 아버지를 안기는 했지만 그 자리가 어색한 것은 나도 마찬가지였다.

운전 중에 아내가 아무 말도 하지 않아서 옆을 바라보았더니 혼자서 울고 있었다. 오늘은 아내가 많이 운다. 아내가 우는 모습을 보니 나도 눈물이 났다. 우리의 눈물처럼 아버지와 나의 얼어붙은 관계도 녹아 내렸으면 좋겠다.

이후로 우리 부자는 잠시나마 관계가 좋아졌다. 볼 때마다 잔소리를 하시던 아버지의 태도도 조금씩 바뀌는 것 같았다. 한번은 용돈을 하라며, 500만 원을 송금해주셨다. 세상에서 돈을 가장 사랑하는 아버지께서 거금 500만 원을 보냈다는 것이 믿어지지 않았다.

법의 심판을 달게 받아라

이후에 아버지는 누나와 동생, 심지어는 매형과 제수씨까지 합세해서 소송을 걸어왔다. 소송 당사자에 아버지 이름은 빠져 있지만, 정황상 아버지의 방조가 없었다면, 있을 수 없는 일이다. 이제 좀 아버지와 가까워지나 했는데, 또다시 변한 당신을 이해할 수 없었다. 다만 이번에도 '누나가 아버지를 조종해서 우리를 공격한 것이 아닐까?'라는 추측만 할 뿐이다. 어쩌면 아버지와 급속도로 가까워진 우리를 경계하는 것일지도 모르겠다.

생각해보면 소송이 들어오기 전에 전조가 없진 않았다. 소송을 걸어오기 1년쯤 전에, 아버지는 나에게 편지를 썼다. 살면서 아버지의 자필 편지를 받은 적은 그때가 처음이었다. 분명 좋은 일로 편지를 쓰시지는 않았을 것이다. 평소에도 좋은 말을 하지 않는데, 과연 편지에는 무슨 말이 들어있을까? 더욱이 편지를 받았던 그 당시에는 아버지와 서로 연락도 방문도 하지 않을 때였다.

아버지와 연락을 끊고 지냈던 이유가 있었다. 엄마가 뇌종양으로 돌아가신 후, 아버지는 아내가 살림을 돕지 않는다고 불만을 강하게 제기하였다. 엄마가 돌아가셨기에 아내가 아버지 댁에 자주 방문해서 아버지의 식사를 준비하고 살림도 해야 하는데, 그렇게 하지 않는다는 것이었다. 처음 몇 번은 그러려니 하고 넘겼는데, 방문할 때마다 똑같은 말씀을 하시니, 사람이 미칠 지경이었다. 운전도 하지 못하는 아내가 어린아이 둘을 데리고, 버스로 편도 2시간이 걸리는 거리를 방문해서 아버지의 식사 준비를 한다고 생각하니 기가 막혔다. 아무리 생각해봐도 아버지의 말씀을 이해한다는 것은 불가능했다.

아버지에게 '아이들이 아직 어리기에 손이 많이 가고, 나중에 차를 한 대 더 사면 며느리가 식사준비와 살림을 도울 것이다'라고 말씀드리는데, 아버지는 소리부터 질렀다.

"니는 벌써부터 아내 편을 드나?"

"니는 니 마누라만 중요하고 느그 아부지는 눈에 안 보이나?"

"이제 니는 더 이상 내 아들이 아니다. 다시는 집에 오지 마라."

너무 무리한 요구를 하시는 아버지에게 용기를 내어 조심스럽게 한 말인데, 아버지의 분노에 마음이 무너졌다. 늘 듣던 "너는 더 이상 내 아들이 아니다"라는 아버지의 말씀이 그때는 너무나 서운하게 들렸다. 왜 아버지는 나에게 함부로 대하는지, 왜 나를 그렇게 아프게 하는지 이해할 수 없었다.

나 또한 두 번 다시는 아버지를 만나지 않겠다며 소리를 지르며 돌아섰다. 그러고는 아버지 댁을 방문하지 않았다. 아버지를 감정적으로 대한 것이다. 아버지가 걱정되는 마음은 변함없었지만, 직접 찾아가지는 않았다. 이미 내 몸이 아버지를 거부하고 있었다.

그렇게 2년의 시간이 흘렀다. 그런 이후에, 아버지로부터 받은 편지이기에 편지를 읽기가 더욱더 두려웠다. 조심스럽게 편지를 뜯어보니, 아니나 다를까, 편지에는 온갖 협박이 다 들어 있었다.

'아버지는 교사로 은퇴했기에 교육감과 창원시의 교장을 잘 안다. 친구들 또한 창원시의 교육계에서 다들 한 자리씩 차지하고 있다. 이들과 함께 교육감과 너희 학교의 교장을 만나서 너의 가증스러운 모습을 밝히고 직장을 그만두게 하겠다. 하나님은 네 부모를 공경하라고 했다. 네가 출석하는 교회의 담임목사를 찾아가서 너의 실체를 낱낱이 밝히고, 교회도 못 다니게 하겠다. 결혼할 때 마련해준 너희들의 보금자리를 소송으로 돌려받겠다.'

편지의 내용 하나하나가 나와 아내를 비난하는 내용이었고 실제로 일어난 사실과는 너무나도 다르게 왜곡되어 있었다. 게다가 직장과 교회를 못 다니게 하겠다는 아버지의 협박에 나 또한 제정신이 아니었다.

아무리 자식을 미워하더라도 자식의 직장을 자르고, 출석하는 교회를 못 다니게 하겠다니 말이 되는가?

너무나 화가 나고 억울해서 견딜 수가 없었다. 나는 분노했고 아버지를 찾아가서 편지와 관련해서 치열하게 싸웠다. 살면서 아버지와 이토록 심하게 싸운 적은 없었다. 편지에는 누나와 동생에게만 말했던 은밀한 내용도 실려 있어서 그들에게도 심한 배신감을 느꼈다. 그동안 가족들이 나를 따돌리며, 없던 일도 만들어내어 아버지를 조종하고 있었다는 것도 알게 되었다. 그렇게 한참을 싸우고 나니, 아버지와의 관계는 더욱 소원해졌다. 바로 그런 상황에서 소송이 들어온 것이다.

억울한 마음에 전면전으로 대응할 생각도 해봤지만, 경제적, 시간적인 손실이 너무 클 것 같았다. 나는 가족들에게 사과하고 소송을 취하하는 방향으로 나갔다. 몇 번이나 아버지를 찾아가 무릎을 꿇고 용서를 구했다.

"아버지의 심기를 불편하게 해드려 죄송합니다. 제가 죽을죄를 지었습니다. 제발 한 번만 용서해주십시오. 아버지, 저 말고, 손자들을 봐서라도 딱 한 번만 용서해주십시오. 다시는 아버지를 실망시켜 드리지 않겠습니다. 한 번만 봐주십시오. 이렇게 무릎 꿇고 간절히 빕니다."

이후에도 아내와 함께 아버지를 몇 번이나 찾아가 소송을 취하해달라고 간절하게 빌었다. 자존심도 버리고 모든 것을 아버지 처분대로 따르겠다며 바짓가랑이를 붙잡고 무릎을 꿇고 간절하게 울며 매달렸지만, 아버지는 일언지하에 거절하셨다. 그 어떤 방법을 사용해도 아버지는 변함이 없으셨다.

"법의 심판을 달게 받아라."

다시 또 아버지에게 버려진다. 왜 매번 이런 고통을 반복해서 겪어야 하는지 모르겠다. 억울한 마음에 심장이 터질 것만 같았고 화가 나서 잠을 이루지 못하는 날들이 많아졌다.

소송을 어떻게 대응해야 하는지 몰라 준비도 제대로 못하고 법정에 섰다. 판사님은 상대의 주장을 인정하지 못하겠으면, 소송의 법적 절차와 관련된 공식 문서를 준비하라고 말씀하셨다. 소송대리인을 임명한 다음, 준비서면과 답변서를 만들어 다시 출두하라고 하셨다.

소송에 휘말리면 피가 마른다. 변호사를 구하고 소송에 대응하느라 일상이 무너져버렸다. 소송에 대응하느라 밤새 준비서면과 답변서를 만들었다. 잠을 제대로 못 자서 학교 업무와 수업에 집중할 수 없었다. 일과 중에 자료 증명을 위해 관공서와 금융기관을 돌아다녔고, 재판을 받기 위해 법원에도 가야 했는데, 시간을 내기가 너무 어려웠다.

가족들로부터 소송을 제기당했다는 것을 직장에 알릴 수가 없어서 온갖 핑계를 댔다. 살면서 재판을 받기 위해 법원과 변호사 사무실에 들락거리게 될 줄은 상상조차 못했기 때문에 현실에서 일어나는 일들을 받아들이기 힘들었다.

법정에 서는 일은 상상하지 못할 고통과 수치심을 가져다주었다. '어떻게 이런 일이 나에게 생길 수 있지?'라며 현실을 부정하고 싶었고, 심리적인 압박감에 소송에서 빠져나올 수만 있다면 무슨 일이든 다 할 수 있을 것 같았다. 그들의 목적은 돈이 아닐까, 라는 생각에 아버지와 누나에게 돈을 드리겠다는 의사도 밝혔지만, 그들은 끝내 소송을 취하하지 않았다.

낮에는 아무 일도 없는 것처럼 직장생활을 해야 했고, 밤에는 재판을 위한 방어논리를 만들었다. 극도의 스트레스로 신경이 예민해졌고, 입맛이 사라졌다. 잠도 잘 이루지 못했다. 사람이 예민해지니 쉽게 짜증을 냈고, 별일 아닌 일로 학교 선생님과 다투기도 했다. 운전 중에 별일도 아닌 일로 경음기를 크게 울리기도 했고, 또 어떨 때는 자동차의 핸들을 꺾어 맞은편에 오는 차와 부딪혀버릴까 하는 생각도 했다. 나도 모르게 나오는 이상 반응이었다.

엄마와 아빠가 법원에 들락거리느라, 어린아이 둘만 집에 있게 되었다. 아이들은 엄마, 아빠에게 많은 것을 요구하지 않았다. 소송이라는 게 무엇인지는 모르지만, 아이들도 집안에 큰일이 발생했다는 것을 직감적으로 아는 것 같았다. 아이들은 '우리 걱정은 하지 말고, 꼭 이겨서 돌아와' '더 이상 할아버지와 고모로 인해 억울하게 살지 마'라고 말하는 것 같았다.

법정 싸움이 지속될수록 몸은 점점 상해갔고, 마음도 지쳐갔다.

앞이 안 보인다

어렵게 소송이라는 긴 터널을 빠져나왔다. 너무나 힘들게 방어했기에 모든 에너지가 바닥난 것 같았다. 온몸에 힘이 다 빠져 기운이 하나도 없었다.

기쁨도 잠시, 갑자기 눈이 보이지 않았다. 오른쪽 눈에 맺히는 상이 희미했다. 수업 중에 글씨가 쭈글쭈글해져서 스펠링을 읽는 것이 힘들었다. 상의 정중앙에 삐뚤삐뚤한 점이 몇 개가 보였고, 거리 조절도 잘 되지 않았다. 마치 영화에서나 볼 수 있는 특수효과를 내 눈이 만들어 내는 것 같았다.

직장 근처의 안과를 가보니 여기서는 원인을 알 수 없으니, 큰 병원으로 가라고 했다. 대학병원에 가서 정밀검사를 했더니 눈 윗부분에서 혈관이 터졌다고 했다. 터진 피가 망막에 맺혀 그 자국 때문에 상이 뚜렷하게 보이지 않는다고 했다. 일반적으로는 개복해서 피를 제거하는데, 눈은 매우 민감해서 수술할 수가 없다고 했다. 그러면서 눈에 주사를 놓을 거라고 했다. 주사약이 망막에 맺혀있는 피를 제거할 거라고 했다. 다만, 처음과 비슷한 시력은 회복하기가 힘들 테니 마음을 단단히 먹어야 한다고 했다.

혈관만 터진 것이 아니었다. 혈압을 재보니 수축기혈압이 170에서 190이 되었고, 콜레스트롤이 과도하게 높았다. 혈액검사를 해보니 크레아티닌의 수치가 높아서 신장 기능이 떨어져 있었고, 요산의 수치가 높아 통풍이 올 거라고 했다.

갑자기 온몸이 걸어 다니는 병동이 된 기분이었다. 건강은 건강할 때 지켜야 한다더니 한순간에 모든 것이 무너져버렸다. 소송을 치르면서 무너진 일상과 스트레스로 인해 발생한 일일 것이다. 가족으로 인해 생기는 상처와 스트레스가 몸으로 나타난 것이다.

40대 중반에 큰 위기가 찾아왔다. 건강을 잃었다는 충격이 한동안 사라지지 않았다. 아직 나에게는 어린아이가 둘이나 있는데, 어떻게 이런 일이 발생할 수 있냐며 원망도 했다.

건강을 돌보는 것이 시급했기에 일과가 강제적으로 바뀌었다. 병원에 입원한 후에 의사 선생님의 처방대로 하나씩 치료를 받았다. 우선 가장 시급한 눈부터 치료했다. 의사 선생님은 루센티스라는 약물을 투여해야 한다고 했다. 눈에다 주삿바늘을 찔러서 약물을 주입하는 시술이었다. 한 달에 한 번씩 주사를 맞으면서 핏자국이 사라지는지 확인한 후, 효과가 없으면 스테로이드 계열의 주사를 맞자고 하셨다. 루센티스를 먼저 주입하는 이유는 스테로이드계보다 부작용이 덜하기 때문이라고 했다.

주사를 통해 약물을 세 차례 정도 투여하니, 조금씩 시력이 회복되는 것 같았다. 눈에 주삿바늘을 찌를 때의 공포감 때문에 두렵고 힘든 시술이었지만 효과가 상당했다. 몇 달 후에 최종적으로 검사를 해보니 망막 부위의 핏자국이 사라졌다. 기적적으로 깨끗해진 것이다. 시력도 이전과 크게 차이 나지 않을 정도로 회복되었다.

내과 치료도 함께 진행했다. 학교 선생님의 추천으로 실력 있는 의사 선생님을 만나서 내 몸에 맞는 혈압약을 찾았다. 콜레스테롤 수치를 정상화하기 위해 고지혈증약을 먹었고, 크레아티닌 수치를 낮추고 통풍 잡는 약을 쓰면서 몸이 조금씩 회복되기 시작했다.

약을 먹으니 좋은 점도 있다. 아침잠이 많아 식사를 건너뛴 적이 많았는데, 약을 먹기 위해서라도 아침을 챙기기 시작했다. 걷기 운동도 시작했다. 주변을 걸으며, 좀 더 천천히 그리고 느리게 살기로 했다. 약을 꾸준히 복용하고, 운동도 규칙적으로 하니 몸도 많이 회복되었다.

사랑한다고 모든 것을 내어줄 수는 없다

가만 보면 내 인생의 과제는 아버지로부터 진정으로 독립하는 일이다. 하지만 나의 사례에서 보듯이 역기능적인 가정을 벗어나기란 너무나 많은 어려움과 고통이 뒤따른다. 그럼에도 불구하고 나와 가족이 행복해지기 위해서는 마음을 굳게 먹고, 어떤 어려움이라도 이겨낼 것이라는 단호한 결의가 필요하다.

아무리 부자지간이지만 일방적인 관계는 있을 수는 없다. 아버지를 사랑하는 것은 분명 마땅한 일이지만, 그 순수한 사랑을 이용하여 아들을 조종하는 것은 비겁한 행동임에 틀림없다. 불균형적이고 불공평한 일은 가족관계뿐만 아니라 세상 그 어디에서도 일어나서는 안 된다. 그것은 올바른 관계도 아니고 진정한 사랑도 아니다.

나는 이제 왜 이토록 오랜 시간을 방황하며 헤맸는지를 안다. 내가 아버지에게 이토록 헌신적이었던 이유는 아버지의 사랑을 받지 못한 갈급함과 채울 수 없는 공허함 때문이었다. 그리고 '아버지의 말씀을 잘 듣고 따른다면, 언젠가는 아버지도 나를 사랑해주겠지'라는 믿음 때문이었다. 그 미련을 버리지 못해 오랫동안 아버지 주위를 맴돌며 방황했다.

하지만 이제는 그것이 헛된 소망임을 잘 안다. 아무리 아버지를 사랑한다고 해도, 그 사랑을 받기 위해서 아버지에게 얽매이는 일은 없을 것이다. 아버지는 충분히 나를 이용했다. 그리고 나는 아버지를 위해 헌신적으로 노력했다. 아버지 말씀대로 살았고, 아버지가 원하는 일을 했다. 그랬기 때문에 나 또한 자식으로서 아버지에게 할 만큼은 했다고 생각한다. 이제는 더 이상 아버지에게 이용당하는 일은 없을 것이다.

사랑한다고 나의 모든 것을 줄 수는 없기에.

　다행히도 나는 힘들고 어려운 이 상황에서도 내 삶을 포기하지 않았다. 감정적인 양육과 보살핌은 받지 못했지만, 어떻게든 여기까지 왔다. 힘든 발걸음이었지만 쉬지 않고 거닐었던 나 자신에게 수고했다는 말을 전한다. 그리고 그 기간을 이겨낸 것에 대해서도 감사의 말을 전한다. 그렇게 오랫동안 나를 찾기 위해 노력했고 나의 그늘진 부분을 들여다보았기 때문에 조금씩 상처에서 빠져나와 고유한 나 자신의 모습을 회복하고 있다.

우리 인생의 목적은 무엇일까?

　나는 아버지에게 받지 못한 사랑을 채우고자 사람들에게 많은 것을 양보하고 배려하며 살았다. 아버지와의 관계에서 살아남기 위해서 형성된 습관이기도 하지만, 아버지에게 받지 못한 사랑을 타인에게서 채우고자 한 욕구도 있었다.

　상대에게 인정받고 사랑받기 위해 그들의 감정과 정서를 보살폈고, 주어진 상황에 맞게 행동하려고 무던히도 노력했다. 이는 내 주장을 해서 위험한 관계를 만드는 것보다는 그들이 원하는 것을 들어주면서, 나를 떠나지 않게 하려는 심리가 강하게 작용했기 때문이다. 늘 나를 버리고 함부로 대하던 아버지로부터 사랑받기 위해 형성된 내면의 상처가 다른 사람을 대할 때도 작동했기 때문이다.

　앞으로도 채워지지 않은 공허함과 외로움에 방황할 수도 있지만, 지금의 나는 많이 편안해졌다. 그 이유는 나의 상처가 어디에서 왔는지, 내가 왜 이렇게 힘들고 어렵게 살아왔는지를 알기 때문이다. 이제는 아픈 내 마음을 스스로 살펴보고, 따뜻하게 감싸줄 수 있는 여유도 생겼다.

　그러고 보니 나도 많이 성장했다. 또한 아버지로부터도 많이 자유로워졌다. 지금까지의 과정이 쉽지는 않았지만, 독립하겠다는 의지가 있다면, 내 상처를 바라볼 용기가 있다면, 그리고 포기하지 않는다면, 성장과 변화는 언제나 나의 편이다.

가만 보면, 지금의 나는 꽤 행복한 사람인 것 같다. 많은 약점과 결점에도 불구하고, 우리 집 안에 내려오는 상처를 파헤쳐서 조금씩 치유하고 있고, 부족하지만 개선된 삶을 살고 있다. 또한 어린 시절에 꿈꿔오던 행복한 가정을 만들어가고 있다. 점점 더 좋은 사람, 더 좋은 남편, 더 좋은 아빠가 되어가고 있다는 것을 나 스스로 느끼고 있으니, 지금 나보다 더 행복한 사람은 누구일까?

대한민국의 민주주의는 쉽게 얻어지지 않았다. 민주주의를 위해서 시민들은 오랫동안 투쟁했다. 자유와 권리를 쟁취하기 위해 국가 권력과도 싸웠다. 군사정권과 독재체제에 맞서 싸운 순국선열들 덕분에 지금의 우리가 자유를 누리며 살고 있다.

집안에서의 갈등도 마찬가지다. 오랫동안 반복되고, 눈에 보이지도 않기에 문제를 인지하기 어렵다. 게다가 사랑하는 부모로부터 가해지는 행위이기에 학대를 당해도 그것이 학대인지 모른다. 부모에게 버려질 수도 있다는 두려움을 안고 있는 절대적인 약자인 자녀가 이에 대항하여 부모와 싸운다는 것은 죽기보다 힘든 일이다.

하지만 싸우지 않으면 아무것도 얻을 수 없다. 부모로부터의 진정한 독립은 그냥 주어지지 않는다. 끊임없이 요구하고 개선하기 위해 노력해야지만 조금씩 변화된다. 좋아졌다가 다시 물러나기도 한다. 그럼에도 불구하고 한걸음씩 나아가야 한다.

내가 인생에서 잘한 일을 한 가지만 꼽으라면 '아버지와의 관계를 변화시키기 위해 끊임없이 노력한 것'이다. 내가 아무리 노력하더라도, 아버지는 바뀌려고 하지 않고, 또 그런 나를 인정하지도 않는다.

하지만 아버지가 바뀌지 않는다고 해서 나의 노력이 실패한 것은 아니다. 무엇보다도 내가 좀 더 독립적으로 살게 되었고, 내 삶의 만족도가 높아졌다. 주위의 강요가 아니라 스스로의 선택을 통해 삶을 살아간다.

나를 인정하지 않고 이전의 나와 동일하게 바라보는 것은 아버지의 선택이다. 아버지는 여전히 화를 내고 소리를 지르지만, 그런 아버지에게도 내 의견을 말할 수 있고, 나의 길을 담담히 걸어가는 것은 나의 선택이다.

나는 '당당함'과 '자신감'을 어느 정도 회복한 것 같다. 이제야 인생을 독립적으로 살고 있는 것 같다. 내가 나 자신을 존중하고, 아버지에게 일방적으로 휘둘리지 않는다는 것만으로도 나는 충분히 '나'다워졌다.

이따금 우리의 인생 여정의 목적이 무엇인지를 생각해본다. '아버지는 도대체 왜 나를 못살게 굴까? 나는 무엇 때문에 이렇게 힘들게 살아갈까?'로부터 시작된 의문이 내 인생의 목적에 대한 탐구까지 이어졌다. 그렇게 나를 헷갈리게 하고 힘들게 하던 그 답을 나는 오늘에서야 찾았다.

그 질문에 대한 답은 바로 나를 찾는 것이 아닐까. 나 자신을 찾는 것만큼 중요한 것은 과연 무엇이 있을까. 내가 누구인지 어떤 사람인지를 알아가는 것은 우리의 인생살이에서 가장 중요한 과제이자 목적이다.

다행히 나는 제대로 된 길을 찾은 것 같다. 상처가 걷히면서 편견 없이 사람들을 대하고 그들의 사적 공간을 내 마음대로 들어가지 않는다. 하루가 즐겁고 밝은 에너지를 뿜어내니 사람들이 나에게 더 많은 공간을 내어준다. 좋은 사람들을 많이 만나게 되고 일상에서 훨씬 더 밀도 있고 행복한 삶을 살아간다. 이젠 누가 나를 흔들더라도 내가 올바르다고 생각하는 것을 선택하고 도전하는 용기가 생겼다.

그러기에 지금 나에게 주어진 이 순간이 너무나 소중하다. 내 삶을 사랑하고 지금 내가 있는 곳에 만족한다. 이상하게 들릴지도 모르지만, 이렇게 변화된 삶을 살아가는 나 자신이 아름답다.

이 책을 읽는 여러분도 나와 함께 이 길을 걸어가면 좋겠다.

자아존중감

권혜경 박사님의 《감정조절》이라는 책에는 방어기제와 관련한 내용이 자세하게 나옵니다. "안전이 위협받는 가운데 감정조절이 되지 않으면 우리는 생존을 위해 싸우기, 도망가기, 얼어붙기 등의 방어기제를 쓰게 됩니다. 그리고 이렇게 방어적인 상태가 되면 생각하는 능력, 기억력, 이미 알고 있는 정보에 접근하는 능력, 사고와 감정 및 신체의 유연함이 현저하게 떨어지고 주변 환경과 사람들을 모두 적으로 간주해 싸움, 전쟁, 살인, 신체적·감정적·언어적 폭력 등이 필연적으로 일어나게 됩니다."

상대에게 압도되거나 비난받을 때 또는 실수할 때, 저는 말 그대로 얼음이 되어 버립니다. 아무것도 생각나는 것이 없어서 자신을 변호하지도 못하고 그 자리를 뜨지도 못합니다. 마치 뇌가 정지한 것 같습니다. 그럴 때는 정말 사람이 아닌 것 같습니다. 한참이 지난 후에야 상대에게 대응도 하지 못한 것을 깨닫고는 저에게 실망합니다.

그렇게 '얼어붙기' 방어기제를 사용하던 제가 지금은 조금씩 깨어나고 있습니다. 저는 요즘 많은 것을 새롭게 배우는 중입니다. 그러면서 실수도 저지릅니다. 처음엔 실수하는 제가 실망스러워 저를 탓하기도 했습니다. 하지만 실수투성이면 어떻습니까? 그것도 제 모습인데요. 이제는 실수하는 것도 그렇게 두렵지 않습니다. 어쨌든 저는 점점 더 좋아질 테니까요. 그렇게 저는 상처에서 회복되면서 점점 고유한 자아로 나아가고 있습니다. 요즘 저에게 자주 해주는 말이 있습니다.

'지금까지 잘 해왔다. 괜찮아! 앞으로도 잘할 거야. 너를 응원할게'

진정한 사랑과 자유에 대해

사랑은 우리의 내면이 가득 채워질 때 나타납니다. 마지못해 억지로 짜내는 것은 사랑이 아닙니다. 그것은 희생일 뿐입니다. 희생은 그에 대한 대가를 기대하기 마련입니다. 다시 말해서 희생은 조건에 따라 달라질 수 있습니다.

'자녀가 마음에 들면 사랑을 주고, 그렇지 않으면 사랑하지 않을 것입니까?' 사랑은 받는 것이 아니라 주는 것입니다. 그렇기에 희생과 같은 조건적인 사랑은 사랑이라고 볼 수 없습니다.

그러면 무엇이 진정한 사랑일까요? 가수 휘트니 휴스턴은 〈The greatest love of all〉에서 'Learning to love yourself, it is the greatest love of all(가장 위대한 사랑이란 자신을 사랑하는 법을 배우는 것)'이라고 노래합니다. 그녀가 말하는 사랑의 정의에 저도 동의하는 바입니다. 진정한 사랑이란 자신을 사랑하는 것부터 시작한다고 생각합니다. 자신을 사랑하지 않는데, 어떻게 상대를 사랑할 수 있겠습니까?

진정한 자유는 무엇일까요? 진정한 자유란 '방어기제를 버리는 것'이라고 생각합니다. 방어기제가 사라지면 우리는 상대를 의식하는 가면을 벗어던질 수 있습니다. 그러면 우리는 자유로워지고 상대에게 내어주었던 우리의 에너지를 되찾아올 수 있습니다.

엘리자베스 퀴블러로스와 데이비드 케슬러의 《인생수업》에는 이런 내용이 나옵니다. "누군가 미켈란젤로에게, 어떻게 피에타상이나 다비드상 같은 훌륭한 조각상을 만들 수 있었냐고 물었습니다. 그러자 미켈란젤로는 이미 조각상이 대리석 안에 있다고 상상하고, 필요없는 부분을 깎아내어 원래 존재하던 것을 꺼내주었을 뿐이라고 대답했습니다. 이미 존재하고 있었고 앞으로도 영원히 존재할 완벽한 조각상이 누군가가 자신을 꺼내주기를 기다리고 있었습니다. 마찬가지로 당신 안에 있는 위대한 사람도 밖으로 나오기만을 기다리고 있습니다. 사람은 누구나 내면에 위대함의 씨앗을 가지고 있습니다. 위대한 사람이란 다른 사람이 갖지 못한 특별한 무언가를 가진 사람이 아닙니다. 그는 단지 가장 뛰어난 자신을 드러내는 데 장애물이 되는 것을 제거해버렸을 뿐입니다."

그렇습니다. 우리는 우리를 드러내는 데 장애물이 되는 방어기제를 버려야 합니다. 사람을 만날 때, 갑옷을 입고 무기를 손에 쥔 채로 만난다고 상상해보십시오. 어디 불편해서 자유롭게 행동할 수 있겠습니까? 마찬가지로 방어기제는 우리의 타고난 모습을 보이지 않도록 차단하고 상처에서 도망가게 만듭니다. 겉으로는 완벽해 보이지만, 우리를 잔뜩 경계하는 상대에게 어떻게 나약한 모습과 허점을 보여줄 수 있겠습니까?

우리는 신이 아닙니다. 완벽이라는 속삭임에 넘어가지 않기를 바랍니다. 오히려 갑옷을 벗은 채로 때로는 실수하며, 있는 그대로 살아가는 법을 배우는 것이 훨씬 더 편리합니다.

우리는 방어기제를 버려야 합니다. 방어기제를 버리고 진정한 자신이 될 때, 우리는 자유로워질 수 있습니다. 바로 그때 우리는 우리의 고유한 모습을 되찾을 수 있습니다. 우리가 고유한 자아가 되면, 상대를 구속하지도 억압할 필요도 느끼지 못합니다. 우리의 고유한 모습을 스스로가 존중할 때, 상대의 고유한 모습도 인정해줄 수 있기 때문입니다. 그렇기에 방어기제를 버리는 것, 바로 그것이 진정한 자유입니다.

❖ 당신 마음속에는 무엇이 들어 있나요?

- 자신이 가지고 있는 방어기제는 무엇인가요?
- 언제 방어기제가 작동되나요?
- 어떻게 하면 방어기제와 멀어지고, 진정한 자유를 누릴 수 있을지 생각해보세요.

Epilogue

네 잘못이 아니야

영화 《A Star Is Born》(스타 이즈 본)이라는 영화를 본 적이 있다. 무명의 가수 지망생 앨리(레이디 가가)가 톱스타 잭슨 메인(브래들리 쿠퍼)의 도움으로 스타가 되는 과정을 담은 영화이다. 극 중 앨리는 잭슨의 콘서트에서 자신이 작곡한 노래 'Shallow'를 수많은 관중 앞에서 멋들어지게 부르고는 일약 스타덤에 오른다. 이후 그녀는 유명 기획사를 만나 싱글 가수로 성공하고 그래미상 후보에 오른다. 그래미 신인상 수상자로 앨리의 이름이 호명되고 그녀는 수상을 위해 무대에 오른다. 앨리가 수상소감을 발표하고 있는데 잭슨이 등장한다. 알코올 중독자인 잭슨은 술에 잔뜩 취한 채로 나타나 그녀의 시상식을 망쳐버린다.

잭슨은 자신의 실수를 바로잡으려고 약물치료를 하고 돌아오지만, 결국 그는 그녀의 짐이 되는 자신을 비관하고 생을 마감한다. 앨리는 사랑하는 잭슨의 죽음을 받아들이지 못한다. 앨리는 잭슨을 위해 유럽 공연도 취소할 정도로 헌신적이었지만, 그의 죽음을 막을 수가 없었다. 잭슨을 사랑했고 그에게 최선을 다했지만 그렇다고 해서 잭슨의 죽음에 자유로울 수는 없었다. 그녀는 잭슨의 죽음을 자신의 탓으로 돌린다. 추측이긴 하나 그녀는 '조금만 더 잭슨에게 관심을 가졌더라면' '조

금만 더 잭슨에게 나의 공간을 내어줬더라면' '조금만 더 잭슨과 함께
할 시간을 만들었더라면'이라는 말로 자신을 몰아붙였을 것이다.

고통 속에서 헤어나오지 못하고 깊은 실의에 빠져있을 때 잭슨의 형
이 찾아온다. 그는 잭슨을 떠올리며 이런저런 이야기를 하는데, 앨리는
감정이 북받쳐서 그만 울음을 터뜨린다. 어깨를 들썩이며 눈물을 쏟아
내는 바로 그 순간, 앨리에게 이렇게 말한다.

"It was not your fault(네 잘못이 아니야)."

이 장면을 보고 있는데 갑자기 눈물이 핑 돌았다. 잭슨과 후회 없는
사랑을 하고 행복하게 지내려고 노력한 앨리. 그녀는 잭슨을 구하기 위
해서 자신이 할 수 있는 일이 없다는 것을 이미 알고 있었을 것이다.
그런데도 앨리는 잭슨의 죽음에 죄책감을 느끼며 상실의 고통에서 빠
져나오지 못하고 있었다. 잭슨의 죽음을 떠나보내지 못하고 슬픔에 잠
겨 자신을 자책하고 있었다.

사람들은 가슴속에 감당하지 못할 많은 아픔을 안고 살아간다. 잭슨
의 죽음이 계속해서 앨리에게 떠오르듯이 우리 또한 마음속 깊이 밀어
넣어둔 상처로 인하여 마음이 힘들고 괴롭다. 때론 이 상처를 떠나보내
지 못해 자책하며 가슴을 후벼파기도 한다. 본인 때문에 일이 잘못된
것 같아 시간이 흘러도 아픈 과거를 떠나보내지 못한다. 그렇게 자신을
비난하며 우리 마음을 갉아먹고 있다.

그런 당신에게 잭슨의 형이 앨리에게 했던 말을 들려주고 싶다. "네
잘못이 아니야." 이제는 당신을 용서했으면 좋겠다. 이 짧은 한마디가
당신을 위로하고 당신의 영혼을 쉴 수 있게 해줬으면 좋겠다. 그렇게
당신의 과거를 놓아주면 좋겠다. 상처받은 아이를 진정으로 포용하고
안아줄 사람은 당신뿐이기에.

인생에서 일어나는 일들을 머리로 이해한다고 해서 아는 것이라고

말할 수는 없다. 가슴속의 울림이 있어야 진정으로 아는 것이다. 그 울림의 메시지가 여기에 담겨 있다. '네 잘못이 아니야' 내가 어린 시절의 아픔을 떠나보낸 것처럼 당신 또한 오랫동안 당신을 괴롭히고, 당신의 마음을 콕콕 찌르고 있는 상처를 놓아주면 좋겠다.

감사의 말

영화 《As Good As it Gets》(이보다 더 좋을 순 없다)를 보면 강박증 환자인 소설가 멜빈(잭 니콜슨)이 식당 종업원인 캐롤(헬렌 헌트)에게 구애하는 장면이 나온다. 까칠한 성격의 멜빈은 캐롤의 마음을 얻고 싶지만, 강박증의 예민한 성격이라 따뜻한 말로 마음을 전하는 것이 어렵다. 그러던 멜빈이 캐롤의 마음을 움직이는 결정적인 한마디를 한다.

"You make me wanna be a better man(당신은 나를 더 좋은 사람이 되고 싶게 합니다)."

나도 우리 가족들에게 이 영화에 나오는 명대사를 전하고 싶다. 내가 여기까지 올 수 있었던 이유는 어린 시절의 상처를 극복할 수 있게 내게 힘을 주고, 나를 응원해준 우리 가족들이 있었기 때문이다. 그렇기에 가족들에게 감사의 말을 전하고 싶다.

"My family makes me wanna be a better man(가족 여러분은 나를 더 좋은 사람이 되고 싶게 합니다)."

나는 앞으로도 건강하고 행복한 가족을 이루기 위해서 내 안에 있는 상처를 계속해서 찾아내고 내 삶을 개선하기 위해 노력해나갈 것이다. 그렇게 나는 상처를 치유하고, 어린 시절의 꿈인 '행복한 가정'을 이룰 것이다.

이 글을 쓰는 동안 나를 지지해주며 함께해준 아내에게 특별히 감사함을 전한다. 상처 많은 사람과 산다는 것 자체가 힘들고 어려운 일인데, 함께 살아주는 아내가 고맙다. 평소에 내 마음을 잘 드러내지 않고, 애정 표현도 잘 하지 않는 사람이라 사랑하는 마음을 전달하지 못하는 것 같다. 이 기회에 아내에게도 내 마음을 전하고 싶다. "지현 씨! 사랑합니다. 그리고 내 인생에 함께해줘서 진심으로 감사합니다."

나의 개인적인 일상에 관한 책을 쓰다 보니 가족들의 일상도 그대로 노출되는 경우가 있다. 분명 자존심이 상하고 만족스럽지 못한 내용이 있을 텐데, 있는 그대로의 사실을 싣도록 허락해준 가족들에게 감사하다.

글 쓰기는 치유라고 하더니 정말 그런 것 같다. 책을 쓰며 어린 시절의 상처를 마주하며, 그때의 감정을 다시 경험하였다. 그 시절에 흘려보내지 못한 감정들을 대면할 때마다 내 안에 웅크리고 숨어 있는 불쌍한 내면아이를 만난다. 그때마다, 힘들고 괴로워하는 그 아이를 안아주고 위로해준다. 상처받은 내면아이의 이야기를 들어주고, 섬세하게 감정을 돌봐줄 때, 꽉 막혀 있던 감정의 물줄기가 터지는 것을 경험한다. 힘들었던 어린 시절의 나를 지금이라도 만나서 위로해줄 수 있으니 글을 쓰길 잘했다는 생각이 든다.

한 번 잔소리를 시작하면 끝이 없는 아버지로 인하여 긴 것을 싫어하는 내가 무려 6년 동안 이 글을 붙잡고 있는 것도 의미 있는 작업이다. 그런 나에게도 '수고했다'라는 말을 전한다. 이렇게 오랫동안 나의 상처를 되돌아보는 작업을 해왔다는 것만으로도 상처에서 회복되는 기적을 느낀다. 그리고 그 일을 해냈다는 것에 기분이 좋다.

책을 낼 수 있게 도와준 출판사 피와이메이트에도 감사의 말씀을 전한다. 사람들에게 요구를 잘 못하는 편인데, 이번에는 좀 까탈스럽게 굴어서 죄송한 마음이 크다. 저자의 까다로운 요구에도 싫은 소리 한 번 하지 않고, 아니 늘 격려의 메시지로 책을 낼 수 있도록 안내해줘서 감사하다. 특히 원고를 교정하고 책의 모양을 갖출 수 있도록 수고해준 이아름 편집자님에게 진심으로 감사하다는 말씀을 전한다.

상처는 소명

어느 날 극동방송을 듣는 중에, 목사님의 설교 말씀이 가슴 깊게 들어왔다. 크리스천이 살아가는 길에 부딪히는 많은 역경과 상처는 하나님의 선물이라고 하셨다. '그 어려움에서 주님께서 건지실 때, 우리는 정금 같이 다시 태어나 하나님의 부르심을 받는 사자가 된다'라는 것이었다. 그러면서 상처는 소명이라고 말씀하셨다.

상처는 소명

그 말씀이 내 가슴에 들어왔다. 가족이 물려준 상처를 극복하는 것은 나의 소명이기도 하다. 상처로 인해 무너지지 않고, 다시 일어나고, 또다시 일어나, 이제는 그 소명을 실천할 때인 것 같다.

사람들에게는 저마다의 스토리가 있다. 나에게 아픈 과거가 있었던 것처럼 내가 근무하는 학교에도 마음이 힘들고 괴로운 아이들이 있다. 그런 아이들의 힘든 마음을 공감하고, 털어놓기 어려운 이야기를 들어주고, 방황하는 아이들에게 쉴 수 있는 그늘을 제공하는 것이 나의 소명이라고 생각한다.

끝으로 책을 쓴다는 것을 생각도 해보지 않은 나에게 새로운 세계에 도전할 수 있는 마음을 허락하시고, 내가 힘들고 방황할 때마다 나를 달래주시고, 어루만져주시며, 할 수 있다고 위로해주신 하나님께 이 영광을 올려드린다.

저자소개

최 정 민

영어교사. 자연을 사랑하고 여행을 좋아하는 교육 전문가.

아이들을 억압과 통제라는 수단으로 양육하고 있다는 것을 발견하고 자기 안에 해결되지 않은 상처가 크다는 것을 알았다. 자녀들을 사랑한다고 말하지만, 자신보다 부모에게 안테나를 맞추는 아이들을 보며 변화를 결심했다. 육아서와 심리서를 닥치는 대로 읽으며, 탐정처럼 어린 시절을 추적하고 내면을 파헤치는 여행을 떠났다. 그렇게 마음 속에 방치되어 있던 내면아이를 만났고, 그때의 상처를 어루만지며 치유하고 있다.

상처에 노련한 사람이 어디 있을까? 지난날의 상처를 들여다보는 작업은 수많은 감정이 되살아나서 견디기 힘들다. 어지러운 감정을 대면하지 못해서 방황하고 같은 실수를 반복하며, 결국엔 사랑하는 사람의 가슴을 후벼파기도 한다.

상처의 어두운 그림자를 지날 때는 삶이 무너지는 것처럼 느껴지지만, 아픈 과거를 헤쳐나오면 그만큼 또 살아갈 힘이 생긴다. 그러기에 상처를 '자산'이라고도 말하는 것 같다. 여러분에게 내면세계를 안내하고 상처를 대면할 용기를 북돋아주고 싶다. 어둡고 긴 상처의 터널을 밝히는 햇불이 되고 싶다.

자아를 찾아 떠나는 여행은 우리의 과거와 화해하며 가슴 뛰는 현재를 살게 하고, 더 나은 미래로 우리를 연결할 것이다. 상처에서 회복한 만큼 우리는 다양한 감정을 느낄 수 있고, 다채로워진 감정만큼 삶의 빛깔도 확장된다. 모두가 상처로부터 자유로워져서 삶의 선택을 한 뼘씩 넓혀가면 좋겠다.

이 짧은 이야기를 읽고 변화할 수 있다면 그 얼마나 편한 첫걸음인가.

내 마음속에는 무엇이 들어 있을까?: 아버지가 힘든 당신을 안아드립니다

초판발행   2022년 10월 1일

지은이   최정민
펴낸이   노 현

편 집   이아름
기획/마케팅   조정빈
표지디자인   BEN STORY
제 작   고철민 · 조영환

펴낸곳   ㈜ 피와이메이트
             서울특별시 금천구 가산디지털2로 53, 한라시그마밸리 210호(가산동)
             등록 2014. 2. 12. 제2018-000080호

전 화   02)733-6771
f a x   02)736-4818
e-mail   pys@pybook.co.kr
homepage   www.pybook.co.kr
I S B N   979-11-6519-278-5 93370

정 가   19,000원

박영스토리는 박영사와 함께하는 브랜드입니다.